数据资产财务核算与财务管理

王咏梅 著

中国财经出版传媒集团
中国财政经济出版社
·北京·

图书在版编目（CIP）数据

数据资产财务核算与财务管理 / 王咏梅著. -- 北京：中国财政经济出版社，2025. 8. -- ISBN 978 - 7 - 5223 - 4156 - 9

Ⅰ. TP274；F275

中国国家版本馆 CIP 数据核字第 20254F3T58 号

责任编辑：温彦君　　责任校对：胡永立

责任印制：张　健

数据资产财务核算与财务管理

SHUJU ZICHAN CAIWU HESUAN YU CAIWU GUANLI

中国财政经济出版社 出版

URL：http：//www. cfeph. cn

E - mail：cfeph@ cfeph. cn

社址：北京市海淀区阜成路甲 28 号　邮政编码：100142

营销中心电话：010 - 88191522

天猫网店：中国财政经济出版社旗舰店

网址：https：//zgczjjcbs. tmall. com

涿州汇美亿浓印刷有限公司印刷　各地新华书店经销

成品尺寸：170mm × 240mm　16 开　24 印张　403 000 字

2025 年 8 月第 1 版　2025 年 8 月河北第 1 次印刷

定价：96. 00 元

ISBN 978 - 7 - 5223 - 4156 - 9

（图书出现印装问题，本社负责调换，电话：010 - 88190548）

本社图书质量投诉电话：010 - 88190744

打击盗版举报热线：010 - 88191661　QQ：2242791300

前　言

在数字经济蓬勃发展的当下，数据资产财务管理、财务核算的重要性越发凸显。为显化数字资产的价值，真实反映企业的经营状况和财务状况。为企业的管理决策和投资者的投资决策提供有用的信息，同时促进数字资产的流通和使用，实现数据资源的经济价值，对数据资产进行规范的财务管理、财务核算，将其纳入资产负债表进行资产确认势在必行。

对数据资产进行管理与核算，有着深厚的政策背景支撑。从国家战略层面来看，习近平总书记多次强调要发挥数据的基础资源作用与创新引擎作用，推动形成以创新为核心支撑的数字经济。党的二十大报告也明确提出加快建设数字中国与发展数字经济的要求。

随着数据要素市场建设的不断推进，社会各界对数据资源在会计处理中的诸多问题极为关注，如，数据资源能否确认为资产，如何确认为资产，应归属哪类资产以及如何进行确认、计量和信息披露等。部分企业对于数据资源能否“入表”以及归入何种资产类别心存疑虑，迫切需要相关指引。在此背景下，《企业数据资源相关会计处理暂行规定》应运而生，这是落实国家战略的关键举措，也是借助专门规范来明确企业数据资源相关会计处理，充分发挥会计基础作用的重要一步。它有助于推动和规范数据相关企业执行会计准则，使企业能够准确反映数据相关业务及其经济实质。同时，也为持续深入开展相关会计问题研究积累中国实践经验，助力我国在国际会计准则相关研究制定工作中增强话语权。

此外，2023 年 12 月财政部印发的《关于加强数据资产管理的指导意见》，明确了数据的资产属性，提出了依法合规推动数据资产化等要求，旨在促进数据合规高效流通使用。2024 年 2 月，财政部又印发了《关于加强行政事业单位数据资产管理的通知》，旨在对行政事业单位的数据资产管理予以规范。这些文件共同构成了数据资产财务管理、财务核算的政策框架，能够引导企业与各类机构规范数据资产管理，充分挖掘数据资产价值，推动数字经济健康、有序、高质量发展。

本书在国家数据资产化相关政策的指引下，结合财务核算、财务管理相关规定，对数据资产的财务核算、财务管理、资产化确认、信息披露等进行了详细的探讨与研究。

由于本人专业知识有限，加之编写经验不足，书中不当之处在所难免，敬请读者批评指正。

王咏梅

2025 年 6 月

目　录

第一章

数据资源资产化财务核算的背景

数据资源资产化财务核算、财务管理是数字经济、数字科技高速发展的要求，更是资产财务管理规范化的要求。

第一节　数字经济发展历程及现状

一、数字经济的发展历程

数字经济作为继农业经济、工业经济后的主要经济形态，其发展历程可划分为三个阶段：

（一）起源与初步发展阶段：信息经济阶段（20世纪40年代—90年代）

以电信、计算机硬件和软件为核心，信息技术初步应用于生产与生活，代表性产业包括基础通信和数据处理。20世纪40年代，微电子领域取得重大技术突破，第二代晶体管电子计算机和集成电路得以发明，人类的知识和信息处理能力大幅提高，数字技术对经济生活的影响初步显现。1962年，马克卢普提出了“信息经济”概念。20世纪80年代，大规模集成电路和微型处理器的发明，软件领域的革命性成果都加速了数字技术的扩散。20世纪90年代，随着互联网技术日趋成熟，数字技术与网络技术相融合，全球范围的网络连接生成海量数据，云计算、大数据等数字技术快速发展。1996年，美国学者唐·泰普斯科特在《数字经济时代》中正式提出了“数字经济”概念。

（二）快速发展阶段：网络经济阶段（2000—2010年）

互联网的普及推动了电子商务、搜索引擎和社交网络的崛起，数字经济内涵扩展至“网络经济”，平台经济初现雏形。随着新一代数字技术如人工智能、大数据、电子商务、区块链等出现并逐渐普及，数字经济被赋予新的内涵。各国纷纷出台相关政策推动数字经济发展，如，2012年美国推出了“大数据”计划；2015年英国颁布了《数字经济战略（2015—2018）》，印度提出了“数字印度”倡议；2016年德国发布了《数字化战略（2025）》等。

（三）全面深化阶段：产业数字化与融合阶段（2010年至今）

数字技术深度渗透传统产业，智能制造、智慧农业等新兴业态涌现，数字经济与实体经济深度融合，形成“数实融合”新范式。数字经济在全球范围内持续深入发展，成为各国经济增长的重要引擎。2017年中国《政府工作报告》中首次提到“促进数字经济加快成长”。2022年，数字经济以15.6%的增速超过GDP名义增速2.5个百分点，全球经济增速达5.8%，创下近48年来最高水平。2016年，G20杭州峰会首次提出数字经济官方定义，2021年，《“十四五”数字经济发展规划》进一步明确其作为“关键经济形态”的战略定位，标志着中国数字经济进入系统性发展阶段。

二、数字经济发展现状

（一）数字经济国际社会发展现状

1. 数字技术创新活跃。互联网、大数据、云计算、人工智能、区块链等数字技术不断取得新突破，推动数字经济快速发展。例如，2010年以来，智能手机年出货量增长了一倍多，2023年达到12亿部；预计从2021年到2028年，5G网络信号覆盖率将从25%上升至85%。

2. 电子商务持续增长。互联网和智能终端的快速普及，带动了电子商务产业持续增长。43个国家和地区（约占全球经济总量的3/4）的数据显示，2016—2022年，这些国家和地区的电子商务销售额增长近60%。

3. 数字经济发展不平衡。发达国家在数字技术研发、应用和数字产业发展方面占据领先地位，发展中国家面临数字鸿沟挑战，在获取数字技术、基础设施建设和数字人才等方面存在不足。

（二）中国数字经济发展现状

1. 规模庞大且增长迅速。数字经济规模由2012年的11.2万亿元增长至2023年的53.9万亿元，2024年中国数字产业完成业务收入35万亿元，同比增长5.5%，实现利润总额2.7万亿元，同比增长3.5%。

2. 数字基础设施全球领先。建成了全球最大的光纤和移动宽带网络，5G基站数量全球第一。截至2024年12月，中国网民规模达11.08亿人，互联网普及率达78.6%。以5G和千兆光网组成的“双千兆”网络，全面带动智能制造、智慧城市等各个领域创新发展。

3. 数字产业创新能力提升。数字技术研发投入逐年上升，在量子计算原型机、类脑计算芯片、碳基集成电路等基础前沿领域取得原创性突破，人工智能、区块链、物联网等新兴领域形成一批自主底层软硬件平台和开源社区。

4. 产业数字化转型加速。工业企业关键工序数控化率、数字化研发设计工具普及率不断提高，“5G+工业互联网”建设项目超过3100个。服务业数字化水平显著提高，网络零售市场规模连续9年居于世界首位。农业数字化转型稳步推进，智慧农业新模式得到广泛推广。

中国数字经济已从规模扩张转向质量提升阶段，成为经济高质量发展的核心动力，但仍需在技术创新、治理优化和均衡发展上持续发力。

第二节　数字经济发展趋势

未来，数字经济将呈现数实深度融合、数据要素市场化、绿色与可持续发展等趋势。

一、数实深度融合，从“数字赋能”到“双向重构”

（一）技术驱动下的产业升级

一是人工智能、工业互联网等技术深度嵌入制造业，推动智能制造示范工厂和“灯塔工厂”建设，如2024年累计培育421家国家级智能制造示范工厂，中国“灯塔工厂”总数占全球的42%。农业领域通过物联网与大数据实现精准管理，资源利用率提升20%以上，智慧农业成为乡村振兴的重要抓手。

二是通用人工智能大模型进一步分化，随着大模型训练成本上升和应用场景开发不足，大模型企业将进一步分化，头部企业通用大模型能力不断增强。产业和生活类智能应用（AI Agent）将成为热点，如企业AI智能合约、个人AI助理等，可优化企业业务流程，提高个人工作效率和生活便捷性。

三是计算技术取得突破，脑科学进步推动神经计算能力快速提升，脑机接口应用范围扩大。同时，量子计算将取得更大进展并开始商业化，可应用于药物研发、密码学等领域，推动相关领域发展。

四是数字经济基础设施建设全面提速，可信数据空间发展行动计划落地，城市、行业、企业可信数据空间建立，推动可信数据互联和跨域互操作技术及系统完善。数字信用体系建设和以信用为核心的产业互联网平台将得到快速发展。

（二）政策与制度的协同推进

国家政策重点支持“人工智能+”行动，如《“十四五”数字经济发展规划》提出数实融合制度完善，地方政府通过试点城市探索转型路径（如东莞电子信息产业集群）。数字经济与实体经济的关系被重新定义，专家指出“未来的实体经济就是数字经济”，二者通过技术、数据与流程的双向重构形成新质生产力。

二、数据要素市场化，从“资源积累”到“价值释放”

一是数据基础制度与市场体系持续完善，公共数据授权运营和可信数据空间建设加速，2024年已有243个地方政府开放37万个数据集，数据交易机构互认协议推动流通效率提升26%，数据资产入表试点推进，企业数据确权、交易和收益分配机制逐步规范，催生数据标注、模型训练等新兴服务产业。

二是应用场景的多样化拓展，工业领域“数据要素×”模式创新，如供应链精准协同与质量智能检测；金融领域数据驱动的信用评估和风险控制成为核心竞争点。

三是新质生产力加速新质生产关系变革，数据要素市场和智能技术的发展促使各产业组织模式发生革命性变化，以数据打通为基础的产业集群发展模式将快速涌现，组织运作方式将因数据透明而改变，更加自动化的组织形态将产生。

四是数据要素市场体系建设日益完善，数据要素市场相关宏观政策体系将进一步完善，产生一系列技术标准，国家级数据管理平台将涌现，政府主导的"数登所"将在全国完善系统化布局，各地数据交易机构将加速分化。

三、绿色与可持续发展及伦理治理

人工智能全面赋能，从"技术突破"到"行业渗透"。

（一）垂直领域的大模型应用

行业垂类大模型（如制造业、医疗行业）结合专有数据定制化开发，推动业务流程智能化，如"大模型＋小模型"融合提升决策效率。边缘AI与物联网结合，实现低延迟、高隐私保护的本地化智能应用（如智能终端设备）。

（二）绿色与伦理的双重挑战

AI算力需求激增导致能源消耗问题，预计2030年数据中心耗电占比将达全球电力的3%—4%，倒逼绿色计算技术发展。伦理治理框架逐步完善，如《全球数据跨境流动合作倡议》推动国际规则协同，平衡创新与隐私保护。

四、数字产业集聚与全球化竞争加剧

（一）区域集群化发展

由于数字经济上下游产业的高度依赖，数字产业将呈现产业集群化发展的趋势。例如：无锡物联网、上海集成电路等先进制造业集群形成规模效应，杭州、郑州等地聚焦数据要素产业，打造算力中心与数商生态。跨境电商平台（如Temu、SHEIN）带动中小企业"组团出海"，中国卖家在亚马逊全球站点占比超60%，形成国际化竞争力。

（二）国际规则博弈加剧

美欧主导的数字贸易规则与中国加入CPTPP、DEPA等协定的进程交织，数据跨境流动与数字主权矛盾突出。中国通过"丝路电商"等合作机制扩大数字市场开放，推动多边治理框架构建。

五、数据治理成为数字经济治理的核心

数字经济治理将基于全国一体化数据市场，运用人工智能等数字技术，在可信数据空间基础上，通过“监管沙箱”等手段规避风险，实现行业稳步发展。治理体系越来越现代化，数据安全法与个人信息保护法深化实施，企业合规成本上升但长期利好市场秩序，如隐私计算技术（同态加密）促进安全共享。政府主导的敏捷监管模式兴起，如北京、上海试点AI伦理审查与算法备案制度。

六、涉农数据资源价值得到重视

数据要素与农业生产流通过程深度融合，“农产品+数据”成为农业流通主要对象，各地将建设涉农数据服务基础设施，形成政府主导的涉农数据服务平台产业，实现数据富农。

七、制造业数字化转型呈现集群化趋势

传统制造业将与上下游企业打通数据，通过产业互联网手段形成产业集群，以信用为核心、数据为纽带的组织模式可提高产品品质、降低成本，避免内卷式竞争。

八、数字文化产业发展迎来更多机遇

数字文化产业基于数据要素市场和人工智能技术，将催生更丰富的内容创新。随着相关技术革新，地方政府将注重城市数字空间规划与开发，推动游戏产业进入虚实融合的新发展阶段。数字技能教育成为重点，微证书与在线课程普及，但区域数字鸿沟仍存（如中西部与东部差距）。人工智能催生新职业（如AI训练师）与传统岗位转型需求并存，政策需平衡就业结构调整与社会稳定。

九、中国引领数字经济领域国际合作新模式

中国倡导的数字经济治理理念和开放公平数字平台将支持形成全球数据领域新合作格局和合作平台，推动全球数据跨境流动合作，打造共赢的国际合作格局。

总结与展望：2025 年数字经济将进入“量质并重”的新阶段，核心特征包括：技术驱动的深度融合、数据要素的价值释放、人工智能的行业渗透、国际规则的高位竞争。未来需重点关注以下方向：（1）技术创新与制度创新的协同，如量子计算与数据产权制度的突破；（2）绿色数字经济模式探索，平衡 AI 能耗与可持续发展；（3）全球化治理合作，避免规则碎片化并提升中国话语权。数字经济的未来不仅是技术迭代的竞赛，更是制度、伦理与全球协作能力的综合较量。

第三节　数字经济发展对数据资源资产化财务管理的影响

现代信息技术的飞速发展为数字经济的发展奠定了坚实的基础，在数字经济飞速发展的背景下，数字经济规模越来越庞大，数字经济在整个国民经济中占比越来越高，数据资源的确权、计量、入表等资产化财务核算显得尤为重要，也越来越紧迫。数据资源入表是数字经济发展的必然，主要原因如下：

（一）在数字经济发展的前提下数据资源资产化财务管理能够准确反映企业资产状况

在数字经济时代，数据资源已成为企业重要的生产要素和核心资产之一。例如，互联网公司依靠海量用户数据优化算法、精准推荐，提升用户体验和广告投放效果；金融机构通过分析客户交易数据评估信用风险，开展精准营销。将数据资源纳入会计报表，能够更全面、准确地反映企业的资产价值和财务状况，使财务报表更真实地体现企业的实际价值和发展潜力。

（二）在数字经济发展的前提下数据资源资产化财务管理能够促进数据要素市场流通

数据资源入表为数据资产的定价、交易和流通提供了基础。明确数据资源的

资产属性和价值，有助于建立规范的数据交易市场，让数据能够像其他资产一样在市场上进行合法、有序的交易和流转。这不仅可以激发数据所有者盘活数据资产的积极性，还能促进数据在不同主体间的共享和优化配置，提高数据资源的利用效率，推动数字经济产业的协同发展。

（三）在数字经济发展的前提下数据资源资产化财务管理能够推动企业数字化转型

数据资源入表能够促使企业更加重视数据资产的管理和开发利用。企业为了准确计量和报告数据资产，需要建立完善的数据管理体系，包括数据收集、存储、整理、分析和安全保护等环节。这将进一步推动企业在数字化基础设施建设、数据人才培养、数据分析技术应用等方面加大投入，加速企业的数字化转型进程，提升企业在数字经济时代的竞争力。

（四）在数字经济发展的前提下数据资源资产化财务管理能够优化资源配置

在数字经济环境下，数据资源是稀缺且有价值的资源。数据资源入表使投资者、债权人等利益相关者能够更清晰地了解企业的数据资产状况，从而更准确地评估企业的投资价值和风险，引导社会资源向拥有优质数据资源和较强数据利用能力的企业流动，实现资源的优化配置，促进数字经济领域的优胜劣汰和产业升级。

（五）在数字经济发展的前提下数据资源资产化财务管理能够完善数字经济统计核算体系

数据资源入表有助于完善数字经济的统计核算体系。随着数字经济在国民经济中的比重不断提高，准确统计和核算数字经济的规模、结构和贡献变得至关重要。将数据资源纳入会计核算范畴，为数字经济的统计提供了微观层面的数据基础，使宏观层面的数字经济核算更加准确和全面，为政府制定数字经济发展政策、进行宏观调控提供了可靠依据。

数字经济的持续发展会对数据资产财务核算和财务管理产生影响，主要体现在以下几个方面：

（一）改变资产确认与计量方式

数字经济促使数据成为重要的生产要素，数据资源逐渐被确认为资产。传统的资产确认和计量方法难以适用于数字资源，需要探索新的方法，如根据数据的成本、市场价值或未来收益等因素来确定其价值。同时，数据资产的价值具有不确定性和动态性，会随着时间、使用频率、市场需求等因素而变化，这要求财务管理人员不断更新评估方法，以准确反映数据资产的价值。

（二）推动财务管理流程再造

数字经济时代强调业财融合，要求财务与业务在流程、系统、数据等方面深度融合。业务流程设计要考虑财务核算的前置，财务要从业务最前端推动，实现业务端到财务端的流程贯通与线上化。同时，财务共享服务中心将不断发展和完善，从简单的存储数据向收集、加工、利用数据的大数据中心转型，为财务管控及企业决策提供服务，助力管理会计体系与财务管理价值创造的实现。

（三）增加风险管理难度

数据资源资产化带来了新的风险，如数据安全风险、隐私保护风险、技术更新风险等。数据安全和隐私保护问题关乎企业的声誉和合规性，一旦出现数据泄露或违规使用，可能导致巨大的经济损失和法律风险。此外，数字技术的快速发展使数据资产的价值可能在短时间内发生巨大变化，技术更新换代也可能使某些数据资产失去价值，这些都增加了财务管理中风险管理的难度和复杂性。

（四）促进财务决策优化

数字经济发展使企业能够获取更大量、更全面的数据，通过数据分析和挖掘技术，财务管理人员可以为决策提供更准确、更及时的信息。例如，通过对市场数据、客户数据、业务数据等的分析，帮助企业更好地了解市场需求、客户行为和业务绩效，从而优化资源配置、制定更合理的战略决策和财务计划。

（五）对财务人员的财务核算与数据资产财务管理能力提出新的要求

数字经济背景下，财务人员需要具备更全面的能力，除了传统的财务知识和技能外，还需要掌握数据分析、信息技术、风险管理等方面的知识。财务人员要能够理解和运用数字技术，从大量的数据中提取有价值的信息，为企业的财务管理和决策提供支持。同时，要具备风险管理意识和能力，能够应对数字资源资产化过程中出现的各种风险。

（六）拓展融资与投资渠道

数据资源资产化后，企业可以将数据资产作为抵押物或质押物进行融资，拓宽了融资渠道。例如，一些企业通过将其拥有的大数据资源进行评估和质押，获得银行贷款或其他形式的融资。此外，数字经济的发展也为企业提供了更多的投资机会，企业可以投资于数字技术创新、数据资产开发等领域，获取潜在的收益。

（七）推动监管与规范发展

随着数字经济的发展和数据资源资产化的推进，政府和相关监管部门将加强对数据资产管理的监管和规范。例如，财政部印发了《关于加强数据资产管理的指导意见》，对数据的权责、使用、开发、价值评估、收益分配、信息披露等作出明确规定，以促进数字经济的健康发展。企业需要遵守相关的法律法规和监管要求，规范数据资源资产化的财务管理行为。

总之，数据资源资产化财务核算、财务管理，是现代信息化技术与数字经济飞跃发展的必然。在新质生产力下数据成为核心资产，用户行为数据、物联网数据等从“副产品”升级为可量化的生产要素，需构建新型估值模型（如基于数据质量、稀缺性、应用场景的定价机制）。例如：蚂蚁集团通过数据资产质押融资超百亿元，倒逼财务核算突破传统“成本法”，转向“收益法”或“市场法”。无形资产占比爆发式增长，科技企业无形资产占比普遍超 40%（如腾讯 2023 年 Q2 财报显示无形资产达 48%），传统会计准则难以反映真实价值，需加速修订新的会计准则，将数据资产纳入财务核算、财务管理范畴（如 IASB 拟将数据资源纳入表内资产）。

第四节 数据资源纳入财务核算需具备的条件

数据资源纳入财务核算需要满足以下条件。

一、与数据资源相关的条件

数据资源纳入财务核算，数据资源自身要满足以下条件。

（一）可定义性

数据资源要符合资产的定义，即由企业过去的交易或者事项形成的、由企业拥有或者控制的、预期会给企业带来经济利益的资源。例如，企业通过自身的经营活动收集、整理的客户数据、市场调研数据等，这些数据能够为企业的营销、产品研发等活动提供支持，带来潜在的经济利益。

（二）可计量性

数据资源的成本或者价值能够可靠地计量。这需要企业建立合理的计量方法，如根据数据的获取成本、开发成本、市场价值或未来预期收益的现值等进行计量。对一些难以直接用货币计量的数据资源，还需要探索合适的评估方法和模型，使其能够在财务报表中得到准确反映。

（三）可识别性

数据资源应能够与企业的其他资产区分开来，单独或者与相关资产或负债一起，用于出售、转移、授予许可、租赁或者交换。例如，企业的专利数据、品牌数据等具有独特的标识和价值，能够明确地与其他数据资源和资产相区别，符合可识别性的要求。

二、企业或组织需具备的条件

（一）企业要具有完善的数据管理体系

企业需要建立完善的数据管理体系，包括数据的收集、存储、整理、更新、安全保护等环节。通过有效的数据管理，确保数据的准确性、完整性和可用性，为数据资源的财务核算提供可靠的数据基础。例如，制定数据质量管理规范，定期对数据进行清洗和校验，防止数据错误和缺失对财务核算产生影响；进行数据质量评估（如完整性、时效性）、安全防护（如零信任架构）及全生命周期管理（采集、存储、应用）。例如，京东物流通过区块链技术实现供应链数据实时上链，提升财务对账率达70%。

（二）企业或组织必须具备健全的内部控制制度

建立健全的内部控制制度，以保障数据资源在确认、计量、记录和报告过程中的合规性和准确性。例如，明确数据资源相关业务的审批流程和职责分工，防止数据资产的滥用、误报或漏报；加强对数据访问和使用的权限管理，确保只有授权人员能够对数据进行操作，保证数据的安全性和保密性。

（三）企业或组织需具备与之匹配的专业人才队伍

企业或组织需拥有具备相关专业知识和技能的财务人员、数据管理人员和信息技术人员。财务人员需要了解数据资源的特点和财务核算方法，能够准确地对数据资源进行会计处理；数据管理人员负责数据的日常管理和维护，为财务核算提供数据支持；信息技术人员则要确保数据管理系统和财务信息系统的正常运行，实现数据的有效传输和共享。

三、相关法律法规与政策

随着信息化的飞速发展，国家和地方相继出台了相关的法律法规，明确了数据资源的产权归属、使用规范、交易规则以及安全保护等方面的内容，为数据资源纳入财务核算提供了法律依据和保障。例如，《中华人民共和国民法典》《中华人民共和国数据安全法》《中华人民共和国网络安全法》等法律法规对数据的权利保护和安全管理作出了规定，企业在进行数据资源财务核算时需要遵循这些法律要求。

此外，在数据资产迫切需要入表进行财务管理的情况下，财政部等相关部门规范了数据资源的会计处理方法和披露要求。例如，财政部印发的《企业数据资源相关会计处理暂行规定》，对数据资源的确认、计量、记录和报告等方面作出了详细规定，企业应按照规定进行数据资源的财务核算，确保财务信息的一致性和可比性。

在现代信息技术高速发展的推动下，数字经济、新质生产力成为新常态，在这种大环境下，数据资源作为一项新的重要的生产要素急需纳入财务核算，进行规范的财务管理和充分的信息披露。

第二章

数据资源资产化概述

第一节　数据资源资产化的必要性与意义

一、资产与数据资产的定义及核心特征

根据《企业会计准则——基本准则》，资产是指企业过去的交易或者事项形成的、由企业拥有或者控制的、预期会给企业带来经济利益的资源。确认为企业或组织的资产事项需具备以下几点：

1. 过去的交易或者事项形成。资产必须是由过去已经发生的交易或事项所产生的结果。例如，企业购买设备、原材料，或者通过自身的生产活动制造出产品等，这些过去的行为导致企业获得了相应的资源，从而形成了资产。而对于未来计划购买或尚未发生的交易，不能确认为资产。

2. 企业拥有或者控制。企业对资产拥有所有权，或者虽然没有所有权，但能够对其进行控制。控制意味着企业能够主导该资源的使用，并从中获取经济利益。例如，企业通过融资租赁方式租入的固定资产，虽然在租赁期内企业并不拥有其所有权，但由于企业能够控制该资产的使用，所以应将其视为企业的资产。

3. 预期会给企业带来经济利益。这是资产的一个重要特征。资产能够为企业带来经济利益，是指资产具有直接或间接导致现金和现金等价物流入企业的潜力。这种经济利益可以通过多种方式实现，如销售产品、提供劳务获取收入，或者通过资产的使用提高生产效率、降低成本等，从而增加企业的经济利益流入。

只有满足以上三大要素的经济事项才能确认为资产。

依据会计准则资产的定义及确认标准，数据资产是指由企业或组织合法拥有

或控制，能够进行货币计量，并直接或间接带来经济或社会价值的数据资源。其核心特征包括：

1. 权属明确。需通过合法途径获取、产生、存储和管理，权属关系（所有权、使用权、收益权等）需具有法律效力或合同依据。

2. 价值属性。可通过提质增效、支持决策、直接交易等方式实现经济效益或社会效益。

3. 可计量性。能够通过成本法、收益法、市场法等会计资产计量方法进行量化评估，并满足会计准则的核算要求。

二、数据资源资产化的必要性

随着数字技术的快速发展，数字经济已成为全球经济发展的重要趋势。在数字经济时代，数据与土地、劳动力、资本、技术等传统生产要素同等重要，甚至成为更为关键的生产要素。企业通过对大量数据的分析和利用，能够优化生产流程、精准营销、创新产品和服务，从而创造巨大的经济价值。互联网、物联网、大数据等技术的广泛应用，使企业能够收集和存储海量的数据。这些数据不仅包括企业内部的经营管理数据，如财务数据、销售数据、生产数据等，还包括来自外部的市场数据、用户数据、行业数据等。数据量的爆发式增长，使数据在企业资源中的占比越来越大，对企业的生存和发展产生了深远影响。2020 年中国数字经济规模39. 2 万亿元（占 GDP 比重38. 6%），到2023 年中国数字经济规模已经达到53. 9 万亿元（占 GDP 比重达到 42. 8%），数字经济规模快速扩大，占 GDP 比重越来越高，数据在数字经济下的重要性越发凸显，数据资源资产化势在必行。

（一）国家战略引领

《数字中国建设整体布局规划》强调，将数据作为国家基础性战略资源，推动数据要素市场化配置。2023 年，《企业数据资源相关会计处理暂行规定》的出台，首次明确了数据资产入表的会计处理规则，标志着数据从“资源”向“资产”的正式转化。国家数据局的成立（2023 年 10 月）进一步强化了数据治理与资产化的顶层设计，通过政策协同推动了数据要素流通与价值释放。

（二）企业管理决策的需要

数据资源资产化并纳入财务核算能够准确反映企业价值。数据资产作为企业的重要资产，其价值的准确评估对于企业的估值和投资决策具有重要意义。通过将数据资源纳入财务核算，企业可以更全面、准确地反映其资产状况和整体价值，避免因数据资产价值未得到充分体现而导致企业价值被低估的情况发生。

数据资源资产化并纳入财务核算有利于优化资源配置。数据资源纳入财务核算有助于企业管理者更好地了解数据资产的成本和收益，从而合理配置资源。企业可以根据数据资产的价值和潜力，决定是否加大对数据资产的投入，以及如何优化数据资产的管理和利用，提高资产的使用效率。

（三）企业竞争力提升的要求

企业通过数据资产入表，可优化资产负债表结构（如降低资产负债率），增强融资能力。例如，工商银行等金融机构已推出数据资产质押贷款服务，数据资产证券化（DAS）成为企业融资新工具。

（四）技术迭代与数据治理的倒逼

首先，现代信息技术驱动使数据价值显化，大数据、人工智能等技术提升了数据采集、处理与分析能力，使数据资源的可计量性和应用场景更加明确。例如，AI 技术助力企业快速完成数据资产盘点和价值评估。其次，加强数据管理的规范化的要求，数据泄露、隐私合规等问题频发，倒逼企业完善数据治理体系。数据入表要求企业追溯数据来源、授权路径及使用范围，强化合规管理，降低法律风险。

（五）监管和合规要求的需要

首先，是政府监督部门的监管需要。如，数据资产的交易和使用涉及税务问题，数据资产的转让、许可使用等行为需要缴纳相应的税款。为了确保企业依法纳税，税务监管部门需要企业对数据资产进行准确的财务核算，以便准确计算应纳税额。其次，是信息披露的要求。随着投资者等利益相关者对企业信息透明度的要求越来越高，企业需要在财务报表中对数据资产等重要信息进行披露。将数据资源纳入财务核算，能够满足信息披露的要求，提高企业财务信息的透明度和可靠性，增强投资者等利益相关者对企业的信任。

综上所述，数据资源资产化并纳入财务核算、财务管理这一变革既是会计体系的适应性调整，也是数字经济发展的必然选择。

三、数据资源资产化财务核算的意义

对数据资产进行财务核算具有非常重要的意义，主要体现在以下几个方面。

（一）准确反映企业资产状况，全面评估企业价值

在数字经济时代，数据资产已成为企业重要的生产要素和价值驱动因素。通过财务核算，将数据资产纳入企业资产范畴，能够更全面、准确地反映企业的真实资产状况和整体价值，避免企业价值被低估。

（二）清晰呈现资产结构

财务核算可以清晰地展示数据资产在企业总资产中的占比和分布情况，帮助企业管理者和投资者了解企业资产的结构和构成，为决策提供依据。

（三）支持企业决策制定

对数据资产进行财务核算，能够明确数据资产的取得成本、维护成本以及预期收益，便于企业进行成本效益分析。企业可以据此评估数据资产项目的可行性，决定是否投入资源进行数据资产的开发、购买或维护。

（四）实现资源配置优化

通过核算数据资产的价值和收益情况，企业可以将有限的资源合理分配到不同的数据资产项目中，优先支持那些能够为企业带来更高回报的数据资产的发展，提高资源利用效率。

（五）满足监管和合规要求

首先，数据资源资产化财务核算是会计准则的要求，随着数据资产的重要性日益凸显，会计准则制定机构也在不断完善相关规定，要求企业对数据资产进行合理的会计处理和披露。企业进行数据资产的财务核算，是遵循会计准则，确保

财务报表合规性的必然要求。其次，数据资源资产化财务核算是政府部门监管合规的要求，例如，准确的财务核算有助于企业正确计算与数据资产相关的税务事项，如资产折旧、摊销等，避免税务风险，确保企业在税务方面的合规运营。

（六）促进数据资产的流通和交易，激活数据要素市场

数据资源资产化财务核算为价值评估标准化提供了有力支撑。在数据资产的流通和交易过程中，需要有一个明确的价值评估标准，财务核算为数据资产的价值评估提供了统一的方法和依据，使数据资产的价值能够在不同企业之间进行比较和衡量，降低交易成本，促进数据资产的流通、交易、质押融资及证券化，提升企业融资能力（如工商银行等已推出数据资产专项服务）。

（七）增强市场信心

规范的财务核算和信息披露能够提高数据资产交易的透明度和可信度，增强市场参与者对数据资产市场的信心，吸引更多的投资者和交易者参与数据资产的交易，推动数据资产市场的健康发展。

总之，对数据资源进行资产化并纳入财务核算、财务管理是适应经济社会发展的需求而必须实施的一项工作，其在促进数字化转型，倒逼企业完善数据治理体系，加速数据驱动的业务创新与效率提升方面具有重要的意义。

第二节　数据资源资产化财务核算发展过程及现状

数据资源资产化是顺应社会经济、科学技术、信息技术高速发展的需求而产生的。国内外数据资产财务核算、财务管理都在不断发展和完善中。国外在价值评估体系、财务核算规范和管理体系等方面相对成熟，而国内在政策推动下，数据资产化进程加快，虽然取得了一定成果，但在价值评估标准统一、管理水平提升等方面还有较大的发展空间。

一、国外数据资源资产化财务核算与管理的发展过程与现状

（一）国外数据资源资产化财务核算与管理的发展过程

20 世纪末至 21 世纪初，随着信息技术的发展，一些国际大型企业开始意识

到数据的潜在价值，逐渐将数据视为一种资产进行管理，但尚未形成完善的财务核算和管理体系。

2010 年以后，随着大数据、云计算等技术的广泛应用，数据量爆发式增长，数据资产的概念在国际上得到更广泛的认可。理论界开始深入研究数据资产的定义、特征、分类以及价值评估方法等，为数据资产的财务核算和管理提供理论支持。同时，国际会计准则理事会（IASB）和美国财务会计准则委员会（FASB）等组织也开始关注数据资产相关会计问题，探讨如何将数据资产纳入财务报表。

近年来，随着数字经济的快速发展，各国政府纷纷出台相关政策支持数据资产化。例如，欧盟出台了《通用数据保护条例》（GDPR），在规范数据隐私保护的同时，也为数据资产的合法使用和交易提供了一定的法律框架。一些国际大型企业如谷歌、微软等，在数据资产的管理和运营方面取得了显著成效，通过数据资产的开发利用创造了巨大的商业价值，并不断完善数据资产的财务核算和管理流程。

（二）国外数据资源资产化财务核算与管理的现状

国外部分发达国家数据资源资产化财务管理体系已经比较成熟，在数据资产价值评估方面已经形成了多种方法和模型，如市场法、收益法、成本法等，并且结合数据的特点进行了不断改进和创新。一些专业的评估机构和咨询公司能够为企业提供较为准确的数据资产价值评估服务。

国外数据资产财务核算逐渐规范，虽然国际上尚未有统一的数据资产会计准则，但一些国家和地区已经在尝试制定相关规范。例如，美国的一些行业协会发布了关于数据资产会计处理的指南，指导企业在财务报表中合理反映数据资产的价值。企业在数据资产的确认、计量、记录、报告等方面也越来越规范，逐渐将数据资产纳入财务报表和信息披露的范畴。

国外数据资产财务管理体系完善且注重风险控制，国外企业普遍建立了较为完善的数据资产管理体系，涵盖数据的采集、存储、加工、分析、共享和交易等各个环节。同时，高度重视数据资产的安全和隐私保护，将风险控制贯穿于数据资产管理的全过程，通过技术手段和管理制度确保数据资产的安全和合规使用。

二、数据资源资产化财务核算与财务管理在我国的发展过程与现状

（一）数据资源资产化财务管理与财务核算在我国的发展过程

1. 起步阶段。2010 年至 2015 年左右，我国企业开始逐渐认识到数据的重要性，但主要集中在数据的收集和存储方面，对于数据资产的财务核算和管理尚未有明确的意识和行动。

2. 政策引导与探索阶段。2015 年以后，国家陆续出台了一系列关于促进大数据发展的政策文件，如《促进大数据发展行动纲要》等，推动了数据资产化的进程。企业和研究机构开始关注数据资产的财务核算和管理问题，进行了一些理论研究和实践探索，但仍处于初级阶段，存在数据资产定义不明确、价值评估方法不统一等问题。

3. 概念提出与初步探索阶段。随着数字经济的兴起，数据的重要性日益凸显。2020 年，《中共中央 国务院关于构建更加完善的要素市场化配置体制机制的意见》指出要加快培育数据要素市场，中国将数据列为第五大生产要素，推动数据资产化进入政策视野，数据资源资产化的概念逐渐受到关注。在此阶段，理论界开始探讨数据资源与传统资产的区别和联系，研究数据资源资产化的可行性和必要性。

4. 政策推动与制度建设阶段。2022 年，中共中央、国务院印发《关于构建数据基础制度更好发挥数据要素作用的意见》，提出了新型数据产权配置框架，2024 年 1 月 1 日实施的《企业数据资源相关会计处理暂行规定》为数据资产入表和有效利用提供了规范，明确了数据资源在财务核算中的处理方式，推动了数据资源资产化的实践，标志着我国数据资产财务核算进入规范发展阶段。此后，各地政府积极推动数据资产入表工作，企业也加快了数据资产化的实践步伐。各地政府也纷纷出台相关政策，如安徽省财政厅按照相关文件要求，积极探索行政事业单位数据资产化管理，明确“实践 + 制度 + 标准”的工作原则，按照“探索期、提升期、推广期”三个阶段推进。

5. 实践推广与深化应用阶段。在政策的推动下，企业和行政事业单位开始积极实践数据资源资产化。例如，无锡市财政局突出应用、培训、服务“三步骤”，稳步推进企业数据资源入表增点扩面、提质增效。一些国有企业也在积极探索数据资产的价值挖掘和应用，如深圳市属国有企业加快财务数字化转型，挖

掘数据价值，打造智慧前瞻的财务数字化应用生态。

（二）我国数据资源资产化财务管理与财务核算的发展现状

我国数据资源资产化财务核算、财务管理在政策推动和实践探索中取得了一定的成果。

1. 数据资产入表工作正在持续逐步推进，自相关规定实施以来，越来越多的企业开始将数据资源确认为资产并纳入财务报表。如，温州、成都、无锡等地的企业在数据资产入表方面取得了积极成果，涉及政务、工业互联网、城市治理等多个领域。苏南国际机场集团“航班资源信息数据资源集及接口服务”入表顺利完成，无锡已有 44 家企业实现数据资源入表。数字资产确认与入表有助于企业更准确地反映自身的资产状况，为投资者等利益相关者提供更全面的信息。

2. 价值评估方法不断探索，国内在数据资产价值评估方面也在不断探索和创新，在借鉴国外经验的同时，结合国内实际情况提出了一些适合我国企业的数据资产价值评估方法。

3. 数据资产价值得到体现与重视，企业逐渐认识到数据资产的价值，并通过各种方式进行价值评估和挖掘。例如，邦达诚环境监测中心（江苏）有限公司的数据产品“大气走航监测数据”在华东江苏数据交易中心完成挂牌，数据价值总计评估为 1060 万元。数据资产的价值评估为其交易流通和收益分配提供了参考依据。

4. 数据资产财务管理体系不断完善，各地在数据资产管理方面进行了积极探索，形成了一套包括数据资产确认、计量、登记、入账、授权审批、安全防控等环节的管理体系。如安徽省从“惠民惠农补贴”数据资产实例入手，探索数据资产全流程管理路径，打造满足市场需求的应用场景，释放数据要素乘数效应。

（三）我国数据资源资产化财务管理与财务核算尚须解决的问题

我国数据资源资产化财务管理与财务核算仍面临一些挑战，需要进一步完善相关制度和标准，加强技术创新和安全保障，以促进数据资源资产化的健康发展。

1. 价值评估标准有待统一。虽然已经有一些评估方法和实践，但数据资产的价值评估仍然缺乏统一的标准和规范。不同的评估机构可能会采用不同的方法和参数，导致评估结果存在差异，影响了数据资产的准确计量和交易流通。

2. 数据产权界定复杂。数据资源的产权界定涉及多个方面，包括数据的来源、采集、加工、使用等环节，不同主体对数据可能拥有不同的权利。目前，数据产权界定的法律法规还不够完善，在实践中容易引发纠纷，影响数据资产化的进程。

3. 安全与隐私保护面临挑战。数据资产化过程中，数据的安全和隐私保护至关重要。随着数据的流通和共享，数据泄露、被篡改等风险增加。如何在保证数据资产化利用的同时，确保数据的安全和隐私，是亟待解决的问题。

4. 管理水平有待提高。虽然一些企业已经建立了数据资产管理体系，但整体管理水平还有待提高。在数据资产的全流程管理中，还存在数据质量不高、数据安全和隐私保护意识不足等问题，需要进一步加强数据资产管理的制度建设和技术投入。

第三节　数据资源资产化数据的标准与资产化过程应遵循的原则

一、数据资源资产化数据的标准

数据资源资产化的过程是将数据资源转化为能够为企业或组织带来经济利益和价值的资产的过程。数据资源资产化，并不是所有的数据资源都可以确认为资产，只有具备以下标准的数据资源才可以确认为数据资产，并纳入财务核算，进行信息披露。

（一）符合数据资源权属清晰的标准

明确数据的所有权、使用权、收益权等权利归属（如个人数据、企业数据、公共数据等），确保法律层面的合法性。参考标准：如《中华人民共和国数据安全法》《中华人民共和国个人信息保护法》及《中华人民共和国民法典》中对数据权属的相关规定。

（二）符合数据资源质量保障的标准

确认资产化的数据资源须满足以下质量要求：

1. 真实性。数据应准确反映客观事实，做到数据来源可靠、数据采集过程规范、数据内容真实无虚假，确保其作为资产的可信度。

2. 准确性。数据的精度和误差范围应符合相关业务要求，能够准确地描述和度量所涉及的对象或现象。

3. 完整性。数据应包含所有必要的信息，不存在缺失值、遗漏或截断的情况，以保证数据能够全面、完整地反映业务场景。

4. 一致性与互操作性。数据在不同系统、不同时间和不同应用场景下应保持一致，避免出现相互矛盾或冲突的数据。数据格式、元数据、接口等需遵循行业或国际标准，确保跨平台、跨系统的互通性。

5. 时效性。数据应及时更新，以反映最新的业务状态和现实情况，确保数据在决策和业务运营中的有效性。

（三）数据可计量与可定价

数据资源资产化必须是可计量可定价的数据，其可以通过建立数据资产的价值评估模型（如成本法、市场法、收益法等）来确切地计量，以支持数据资产的会计确认与交易定价。

（四）可操作性

数据资源资产化的过程应具有可操作性，能够在现有的技术和管理条件下实现。数据资源资产化的可操作性包括数据采集与整合、数据存储与管理、数据处理与分析、数据安全与隐私保护等各环节均可以在现有技术条件下得以实现。

数据资源在符合以上标准的情况下应予以资产化，纳入财务核算和财务管理范畴。

二、数据资源资产化过程应遵循的原则

在信息科技飞速发展的时代下，数据资源作为一项新生的重要的生产要素，具有一定的特殊性，数据资源资产化应适应其特殊性，数据资源资产化并纳入财务核算的过程中应坚持以下原则。

（一）合法性原则

企业与组织要确保数据采集、处理、交易等活动符合法律法规，尊重个人隐

私权与企业商业秘密。

（二）价值驱动原则

以数据的经济价值和社会价值为导向，优先对高价值、高需求的数据资源进行资产化。数据资源资产化应以实现数据的价值为核心目标，通过对数据的分析、挖掘和应用，为企业或组织创造经济利益、提升竞争力或实现其他战略目标。关注数据资产的长期价值和潜在价值，不仅要考虑当前的数据应用场景，还要注重数据在未来可能产生的价值。

（三）开放共享与权责对等原则

在保护数据安全的前提下，推动公共数据开放共享，明确数据提供方与使用方的权责边界。促进数据在企业内部不同部门之间、企业与外部合作伙伴之间的流通和利用。

（四）全生命周期管理原则

数据资源资产化财务管理与核算，应覆盖数据采集、存储、加工、使用、交易、销毁的全流程，确保资产化过程的可持续性。数据资源资产化是一个动态的过程，随着业务的发展、技术的进步和市场环境的变化，数据的价值和资产属性也会发生变化。企业或组织应定期对数据资产进行评估和更新，及时调整数据资产的管理策略和应用方式，以适应不断变化的情况。

（五）安全性原则

对数据进行分类分级管理，根据数据的敏感程度和重要性采取相应的安全保护措施。建立健全的数据安全管理体系，采取加密、访问控制、备份恢复等技术手段和管理措施，保护数据资源不受未经授权的访问、泄露、篡改和破坏。

（六）中立与透明原则

避免技术垄断，采用开放技术架构，确保数据资产化过程的透明性和可审计性。

（七）伦理与社会责任原则

防止数据滥用、算法歧视等伦理问题，确保数据资产化符合社会公共利益。

数据资源作为一项重要的新生生产要素，具有自己的特殊性，只有达到资产的确认标准才可以确认为资产，进行财务核算、财务管理和信息披露。数据资源资产化财务管理的过程必须遵循各项标准和原则，确保数据资产全流程管理合法、合规。

第四节　数据资源资产化会计确认的条件及纳入财务核算面临的挑战与风险

一、数据资源资产化会计确认的条件

数据资源确认为资产纳入会计核算，必须同时具备以下三个条件。

首先，必须为企业合法拥有或控制。资产是指企业过去的交易或事项形成的、由企业拥有或者控制的、预期会给企业带来经济利益的资源。这是确认资产的首要原则，只有符合这一定义的项目才能被确认为资产。例如，企业购买的设备，是过去的交易形成的，企业拥有其所有权并能控制它，且该设备预期能通过生产产品等方式为企业带来经济利益，所以可以确认为资产。数据资源确认为资产也必须满足上述定义的要件。

其次，与数据资源有关的经济利益很可能流入企业，在确认数据资产时，需要判断与该项资源相关的经济利益流入企业的可能性。如果经济利益流入企业的可能性较高，通常超过50%，则符合资产确认条件。比如，企业销售商品后形成的应收账款，根据以往经验和客户的信用状况，有较大把握能够收回款项，即经济利益很可能流入企业，应确认为资产；反之，如果客户面临严重财务困难，收回款项的可能性极小，就不符合资产确认条件。

最后，该数据资源的成本或者价值能够可靠地计量，资产的成本或价值必须能够用货币进行可靠计量，这是资产确认的重要条件。如果无法对资源的成本或价值进行可靠计量，就不能将其确认为资产。例如，企业自行开发的品牌，其在开发过程中的支出难以准确归集和计量，且品牌价值难以可靠评估，就不能将其确认为无形资产；而企业购买的专利技术，有明确的购买价格，其成本能够可靠计量，可确认为无形资产。

以上三个条件需同时满足，才能将一项资源确认为资产。这些基本原则确保

了企业资产信息的真实性、可靠性和相关性，有助于财务报表使用者准确了解企业的财务状况和经营成果。

二、数据资源资产化纳入财务核算面临的挑战与风险

（一）数据资源资产化纳入财务核算面临的挑战

1. 数据资产定义与确认存在困难

首先，界定模糊。一方面权属界定模糊，数据所有权、使用权和收益权分配不清，尤其是公共数据常因行政权替代产权导致市场化障碍。数据资产权属确认复杂，数据资产的权属确认存在诸多不确定性。当前的数据确权是以“数据二十条”提出的三权分置的产权运行机制为基础，但没有明确的法律条款支持，也没有统一的数据产权登记场所，导致很多企业的数据资源缺少进行数据权利主张的坚实依据。另一方面是数据资产化的界定模糊，数据资源种类繁多，性质各异，如何准确界定哪些数据可作为资产纳入财务核算存在困难。例如，企业内部的一些业务数据，其是否具有明确的经济利益流入和可控制性并不容易判断。

其次，边界不清。数据的来源和使用场景复杂，导致数据资产与非资产性数据的边界难以清晰划分。如用户在社交媒体平台上产生的大量数据，平台企业在利用这些数据时，很难确定哪些可确认为自身的数据资产。

最后，价值计量存在困难。一方面，数据价值依赖场景化应用，传统会计方法难以动态反映其波动性。例如，数据质量合格率仅为30%，影响估值准确性。另一方面，计量属性选择面临困境。例如：（1）成本法的局限：采用成本法计量时，数据资源的获取、整理、存储等成本难以准确归集和量化。而且，数据资产的价值往往与其成本不完全相关，可能存在高成本数据价值低，而低成本数据价值高的情况。（2）公允价值计量方法的难点：数据资产市场不够活跃，缺乏公开透明的交易价格，难以获取其公允价值。即使有类似数据交易，由于数据的独特性和不可比性，也很难将其作为公允价值计量的参考。

2. 数据资产的减值评估复杂

首先，数据资产的价值波动大。数据资产的价值易受市场需求、技术更新、法律法规变化等因素影响，波动频繁且幅度较大。例如，随着人工智能技术的快速发展，一些传统的数据处理方式可能被淘汰，导致相关数据资产价值下降。

其次，数据资产的评估方法不完善。目前尚无成熟、统一的减值评估方法。

数据价值随时效性衰减、竞争贬值和算法更新而波动，现行会计规则缺乏针对性的减值计量标准，难以反映真实价值变动，现有的评估模型和方法在应用于数据资产减值评估时，往往难以准确反映其实际价值变化，容易导致减值计提不准确。

3. 数据资产的信息披露要求高但规范缺失

首先，数据资产的内容难确定。对于数据资产信息披露的内容、格式和详细程度没有明确规定，企业难以把握披露的尺度。披露过多可能涉及商业秘密泄露，披露过少又无法满足信息使用者的需求。

其次，数据资产信息披露缺乏统一标准。不同行业、不同企业的数据资产差异较大，缺乏统一的信息披露标准，导致信息的可比性差。投资者和其他利益相关者难以对不同企业的数据资产进行有效的比较和分析。

4. 管理成本激增，合规成本增加

数据治理、安全防护及合规审查推高运营成本，中小企业尤其面临资源约束。合规风险高企，数据资产涉及个人信息和商业秘密，需符合《中华人民共和国数据安全法》《中华人民共和国个人信息保护法》等法规，但实践中数据跨境流动、隐私保护的法律边界仍不明确，增加了企业合规成本。

（二）数据资源资产化纳入财务核算面临的风险

1. 财务报表失真风险

首先，数据资产估值的不精准容易导致资产虚增或低估。由于数据资产确认和计量的困难，如果企业对数据资产的价值判断不准确，可能会使财务报表中资产项目虚增或低估，影响财务报表的真实性和可靠性。

其次，数据资产纳入财务核算容易导致利润异常波动。数据资产的摊销、减值等处理如果不合理，可能会导致企业利润出现异常波动，误导投资者对企业经营业绩的判断。

2. 数据资源资产化财务核算的合规风险

数据资源资产化财务核算面临法律风险。数据资源资产化过程涉及数据保护、隐私、知识产权等多方面的法律法规。如果企业在数据收集、使用、处理等环节违反相关法律规定，可能会面临法律诉讼和处罚，给企业带来经济损失和声誉损害。

3. 数据资源资产化财务核算面临监管风险

监管部门对数据资产的监管日益严格，企业需要及时了解和遵守相关监管要求。若企业未能按时、准确地披露数据资产相关信息，或者在财务核算中违反监管规定，可能会受到监管部门的调查和处罚。

4. 数据资源资产化财务核算面临市场风险

首先，面临数据资产价值变动风险。数据资产的价值受市场因素影响较大，如市场对数据的需求变化、数据相关技术的发展等。如果企业不能及时适应市场变化，数据资产的价值可能会大幅下降，影响企业的市场竞争力和财务状况。

其次，面临交易风险。数据资产交易市场尚不完善，交易规则、交易流程等不够规范。企业在进行数据资产交易时，可能面临交易对手信用风险、交易价格不公允等问题，导致交易失败或企业利益受损。

5. 数据资源资产化财务核算面临内部管理风险

首先，数据资产的质量存在风险。数据资产的质量直接影响其价值和应用效果。如果企业内部的数据管理不善，数据存在不准确、不完整、不一致等问题，可能会导致数据资产在财务核算中被错误计量和评估。

其次，数据资产财务核算、财务管理面临专业人员素质不足、专业人才匮乏风险。数据资源资产化纳入财务核算需要既懂财务又懂数据技术的复合型人才。如果企业相关人员专业素质不足，可能会在数据资产的确认、计量、核算等方面出现错误，影响财务工作的质量和效率。目前，这类跨学科复合型人才较为紧缺。

6. 数据资源资产化财务核算面临安全风险

首先，数据资产信息披露过程中，如果安全措施不到位可能会导致数据泄露、被篡改等安全问题。这不仅会损害企业的利益，还可能对数据主体的权益造成侵害，引发法律纠纷和声誉损失。

其次，企业在披露数据资产信息时，还要承担商业秘密保护的风险。一些敏感的数据资产信息可能涉及企业的核心竞争力和商业秘密，如果过度披露，可能会给企业带来竞争劣势；而如果披露不充分，又会影响信息使用者对企业数据资产的了解和评估。

数据资源资产化财务核算的挑战与风险根植于其技术特性与制度滞后性。未来需通过“制度—技术—市场”三位一体的改革，构建动态估值模型、健全数据治理体系，并强化跨领域协同，方能实现数据要素价值的稳健释放。

三、数据资源资产化财务核算、财务管理挑战和风险的应对

数据资源资产化作为数字经济时代的重要趋势，在提升企业价值的同时，也

面临财务核算模糊性、合规风险、技术复杂性等多重挑战。以下从六大维度提出系统性应对方案。

（一）建立健全数据资产确认与计量体系

1. 明确数据资产确认标准。进行清晰的企业数据资产定义，只有符合可定义性（如企业拥有或控制，能为企业带来未来经济利益流入的数据）、可计量性（能够用货币合理计量其成本或价值）的数据资源才能确认为资产。例如，电商企业积累的大量客户购买行为数据，若能精准分析并用于精准营销，且获取和维护这些数据的成本能够可靠计量，就可确认为数据资产。建立数据资产目录，对企业内各类数据资源进行梳理和分类，明确哪些数据可进入资产化流程，哪些数据因不符合标准应排除在外，防止数据资产的虚增或错认。

2. 选择数据资产计量方法。对于初始计量，可根据数据获取方式选择不同的方法。若数据是企业自行收集、整理的，按收集、整理过程中发生的直接成本（如数据采集设备购置、数据清洗人工成本等）与间接成本（如数据中心运营分摊成本）之和计量。若通过购买获得数据，以购买价格加上相关税费等直接归属于使该数据达到预定用途的支出计量。后续计量时，可采用成本与公允价值孰低法。当数据市场活跃、公允价值能够可靠获取时，定期评估数据资产公允价值。若公允价值低于账面价值，计提资产减值准备，如社交媒体平台的用户兴趣数据，若因市场竞争或算法变化导致其价值下降，应进行减值处理；若公允价值高于账面价值，维持原账面价值，防止数据资产价值过度高估。

（二）完善数据资产相关财务报告披露制度

1. 披露内容详细化，在财务报表附注中详细说明数据资产的类别，如客户数据、运营数据、市场数据等，以及各类数据资产的规模（如数据量大小、涵盖用户数量等）和占总资产的比例。例如，金融科技公司需披露其持有的信贷用户信用数据资产的具体类别和占比，让投资者了解该类资产在企业资产结构中的重要性。

2. 阐述数据资产的确认和计量方法及其变更情况。若企业因业务发展由历史成本计量改为公允价值计量数据资产，要详细说明变更原因、对财务报表的影响金额及影响范围，增强财务信息的透明度和可比性。

3. 揭示数据资产面临的风险，如数据安全风险（可能因黑客攻击导致数据泄露，影响数据资产价值）、法律合规风险（数据使用违反隐私法规可能面临巨额罚款）。以网约车企业为例，需披露因乘客数据隐私问题可能遭受的法律诉讼风险及其对数据资产价值的潜在影响；说明企业针对数据资产风险所采取的风险管理措施，如建立多重数据加密技术、完善内部数据访问权限制度等，让利益相关者了解企业应对风险的能力和策略。

（三）加强数据资产管理内部控制，对数据资产实行全流程管控

1. 在数据采集环节，建立严格的数据质量审核机制，确保采集的数据真实、准确、完整，防止因低质量数据进入资产化流程而造成资产价值虚增。例如，制造业企业在采集生产设备运行数据时，通过传感器校验和人工抽检等方式保证数据质量。

2. 在数据存储环节，采用安全可靠的存储技术和备份策略，防止数据丢失或损坏。如采用分布式存储和异地备份相结合的方式，确保企业核心数据资产的安全性，同时建立数据存储成本控制机制，避免因过度存储造成资源浪费。

3. 在数据使用环节，制定规范的数据访问和使用权限制度，明确不同部门、不同岗位人员对数据资产的使用范围和操作权限，防止数据滥用导致资产价值受损。例如，企业营销部门只能在授权范围内使用客户数据进行市场推广活动。

（四）强化数据资产财务管理的内部审计监督

企业应设立专门的数据资产内部审计岗位或团队，定期对数据资产的财务核算和管理流程进行审计。审查数据资产确认是否合规、计量是否准确、相关内部控制制度是否有效执行等。例如，内部审计人员对企业数据资产的账面价值与实际市场价值进行对比分析，检查是否存在计量偏差。针对审计中发现的问题及时提出整改建议，并跟踪整改落实情况，确保数据资产管理内部控制体系持续完善，有效防范财务风险。

（五）培养复合型财务与数据管理人才

1. 提升财务人员数据素养，组织财务人员参加数据管理相关培训课程，内容涵盖数据基础知识（如数据类型、数据结构）、数据处理技术（如数据清洗、数据分析方法）以及数据资产价值评估方法等。通过培训，使财务人员能够理解数据资产的业务逻辑，准确进行财务核算和管理。例如，安排财务人员学习大

数据分析工具的基本操作，以便更好地理解数据资产价值形成过程。

2. 鼓励财务人员参与企业数据项目实践，如数据资产盘点、数据资产价值评估项目等，在实践中积累经验，提高对数据资产的财务判断能力和管理水平。

3. 引入数据管理专业人才。招聘具有数据科学、信息技术背景的数据管理专业人才，充实企业财务团队或与财务部门协同工作。这些人才能够从专业角度为数据资产的确认、计量、估值等提供技术支持。例如，招聘数据科学家协助财务人员对复杂的数据资产进行价值建模和评估。

（六）建立财务与数据管理团队的沟通协作机制

定期开展跨部门交流会议，促进双方知识共享和业务协同，共同应对数据资源资产化过程中的财务核算和管理问题。

通过以上方案的系统实施，企业可将数据资源从“成本中心”转化为“价值引擎”，在合规前提下最大化数据资产的经济效益，同时有效管控财务与运营风险。未来，随着数据要素市场的成熟及会计准则的完善，数据资产将会成为企业核心竞争力的重要组成部分。

第三章

数据资产的确认与计量

第一节 数据资产确认的特殊性与流程

数据资产的确认是企业将其数据资源确认为资产并纳入财务报表的关键步骤，需要遵循会计准则中的资产确认标准。以下是数据资产确认的核心要点及注意事项。

一、数据资产确认的定义

数据资产确认是指企业根据一定的标准和方法，判断其拥有或控制的数据资源是否符合资产的定义，并将其确认为资产进行会计处理的过程。

二、数据资产的特性

数据资产作为一种特殊的资产形式，具有区别于传统资产的特性，这些特性使其在价值创造、管理和应用等方面呈现出显著差异。

（一）非实体性

数据资产本质是数字化信息，以二进制形式存储于物理介质（如硬盘、云端），无实物形态，需依赖技术手段（如算法、软件）实现价值转化。无法通过物理占有实现控制，需依赖数据权属（如所有权、使用权、收益权）界定。价值实现依赖数据处理能力（如清洗、分析、建模），而非物理形态本身。

（二）可复制性与非损耗性

1. 可复制性：数据可无限次低成本复制，复制后原始数据价值不受损，且副本可独立使用。例如，一份用户行为数据可同时用于多个业务场景分析。

2. 非损耗性：数据在使用过程中不会像实物资产一样被消耗或折旧，反而可能因多次使用、关联分析而提升价值（如积累历史数据优化算法模型）。

（三）时效性

数据资产价值随时间波动，一部分数据（如实时交易数据、新闻资讯）价值随时间快速衰减，需及时处理和应用；另一部分数据（如长期用户画像、历史业务数据）可能随时间积累形成“数据资产沉淀”，价值逐渐提升（如用于趋势预测或机器学习训练）；而历史数据则需长期存储和挖掘（如用户生命周期管理、行业趋势分析）。

（四）共享性与外部性

1. 共享性：数据可同时供多方使用，且共享成本极低。例如，企业内部不同部门可共享客户数据，提升协同效率；企业间可通过数据合作（如数据交换、数据联盟）创造新价值。

2. 外部性：数据使用可能产生正外部性（如公共数据开放助力社会治理）或负外部性（如数据滥用导致隐私泄露），需通过政策、技术（如隐私计算）平衡各方权益。

（五）增值性与累积性

1. 增值性：数据通过加工（清洗、标注、建模）可转化为信息、知识甚至智慧。例如，原始用户浏览数据经分析后可生成用户偏好模型，直接驱动业务决策。

2. 累积性：单一数据点价值有限，但大量数据的累积（如跨业务、跨时间的数据整合）可形成“数据网络效应”，价值呈指数级增长。例如，自动驾驶企业积累的路况数据越多，算法训练效果越精准。

（六）价值不确定性与风险多样性

1. 价值不确定性：数据价值依赖应用场景和技术能力，同一数据在不同场景下价值差异显著。例如，气象数据对农业企业和物流企业的价值完全不同。

2. 风险多样性：

（1）技术风险：数据存储安全（如黑客攻击）、技术过时（如旧格式数据无法兼容新系统）；

（2）合规风险：隐私保护法规（如GDPR、《中华人民共和国个人信息保护法》）对数据采集、使用的限制；

（3）市场风险：数据市场成熟度低，定价机制不明确，流动性较差。

（七）权属复杂性

1. 所有权模糊性：数据来源多样（用户生成、企业生产、公共领域），权属界定困难。例如，用户在平台产生的数据，其所有权可能归属用户、平台或双方共有。

2. 使用权分割：数据资产可通过授权、交易等方式拆分使用权。例如，企业购买第三方数据的使用权，用于特定业务场景，但不拥有数据所有权。

（八）依赖基础设施与生态

1. 技术依赖性：数据资产的价值实现依赖算力、存储、算法等技术基础设施。例如，大规模数据处理需云计算平台支持，深度学习模型需GPU算力加速。

2. 生态协同性：数据价值在开放生态中更易释放。例如，汽车制造商与出行平台、地图服务商共享数据，可构建智能出行生态，创造跨界价值。

三、数据资产与传统意义资产的主要区别

（一）数据资产经济属性的特殊性

1. 非竞争性与无限边际效益

传统资产，如厂房、设备等具有竞争性（同一资源无法同时供多方使用），且边际效益随使用次数增加而递减（如机器磨损导致产能下降）。

数据资产具有以下特性：（1）非竞争性：一份数据可同时支撑多个业务场景（如用户行为数据用于推荐算法、风控模型、市场调研），使用方互不干扰。（2）边际效益递增：数据复用成本趋近于零，且多次使用可能通过数据关联产生新价值（如将用户消费数据与地理位置数据结合，进行区域消费洞察分析）。

2. 零库存与动态流动性

传统资产：实物资产存在库存管理成本（如仓储、折旧），流动性受物理形态限制（如房产交易周期长）。

数据资产：以数字化形式存储，理论上可无限扩容，无物理库存成本；流动性依赖数据流通机制（如数据交易平台、API），可实时跨地域流动（如跨境数据协作），但受限于数据主权、隐私法规等（如数据本地化存储要求）。

3. 公共品与私用品的双重属性

（1）公共品属性：部分数据（如气象数据、公共交通数据）具有非排他性，开放后可惠及社会整体（如智慧城市建设），需政府主导供给。

（2）私用品属性：企业或个人控制的数据（如核心技术数据、用户隐私数据）具有排他性，需通过权属界定实现私有化收益（如数据授权收费）。

（二）价值创造逻辑的特殊性

1. 价值载体的抽象性与场景依赖性

传统资产：价值直接附着于实物（如厂房的价值源于生产能力），场景相对固定。

数据资产：价值需通过技术加工（清洗、建模、可视化）转化为洞察或决策依据，载体抽象（如算法模型、数据报告）；同一数据在不同场景下价值差异显著。例如，医院患者诊疗数据，对医院而言是“医疗质量分析工具”，对药企而言是“新药研发样本”，对保险企业而言是“健康风险评估依据”。

2. 价值实现的网络效应与长尾性

（1）网络效应：数据资产的价值随连接节点增加呈指数级增长。例如，社交平台用户数据量越大，用户关系网络越复杂，广告精准投放效果就越好，可吸引更多商家入驻，形成“数据—流量—商业”正向循环。

（2）长尾价值：低频数据（如历史业务日志）可能在未来技术突破后释放价值（如多年前的用户交互数据，在大模型训练中成为珍贵语料）。

3. 价值评估的复杂性

传统资产：可通过成本法、市场法、收益法等明确估值（如设备按折旧率计价，股票按市盈率估值）。

数据资产：缺乏统一估值标准，受数据质量、稀缺性、应用场景成熟度影响，估值波动大；例如，某电商平台的用户画像数据，在行业竞争激烈时可能因

"稀缺性"溢价，在市场饱和时价值缩水。

（三）管理维度的特殊性

1. 权属治理的多维挑战

传统资产：权属边界清晰（如房产证、股权证书），转让需物理或法律手续。

数据资产：权属可能多层拆分，同一数据可能同时涉及用户隐私权（用户生成数据）、企业经营权（平台加工数据）、国家主权（跨境数据）。例如，用户在某APP填写的地址信息，用户拥有人格权益，平台拥有使用权，政府可能因监管需要要求数据出境安全评估。

2. 安全与合规的高门槛

传统资产：安全风险集中于物理防护（如防盗、防火），合规要求相对稳定（如环保法规）。

数据资产：安全风险渗透全生命周期：采集阶段（隐私泄露）、存储阶段（黑客攻击）、共享阶段（数据滥用）；合规要求动态变化：全球数据法规差异显著（如欧盟GDPR、《中华人民共和国数据安全法》），企业需建立跨法域的合规体系。

3. 技术驱动的资产管理范式

传统资产：管理以财务核算、物理运维为主（如固定资产折旧、设备保养）。

数据资产：依赖技术工具实现全链路管理。采集层，ETL工具（如Apache Kafka）；存储层，数据湖/仓（如Snowflake）；分析层，BI工具（如Tableau）、AI模型（如TensorFlow）。需构建"数据中台"等新型管理架构，打破部门数据孤岛，提升复用效率。

（四）与传统资产的核心差异对比

数据资产与传统资产的核心差异对比如表3-1所示。

表3-1 数据资产与传统资产的核心差异对比

维度	数据资产	传统实物资产	无形资产（如专利）
竞争性	非竞争性（可无限共享）	竞争性（独占使用）	排他性（法律保护下独占）
价值载体	数字化信息（抽象）	物理实体	法律文件（如专利证书）

续表

维度	数据资产	传统实物资产	无形资产（如专利）
复用成本	几乎为零	高（需重复购置）	较高（需授权费）
价值增值	依赖数据关联与技术加工	依赖物理使用或交易	依赖法律保护下的垄断收益
时效性	部分数据价值随时间波动	随磨损或折旧递减	随保护期到期消失
公共属性	可能兼具公共品与私用品属性	私有属性为主	私有属性为主

（五）数据资产的特性对管理的启示

数据资产的特性决定了其管理需突破传统资产管理框架，重点关注以下方面：

1. 权属治理：明确数据采集、使用、共享的权责边界；
2. 技术投入：加强数据存储、处理、安全等基础设施建设；
3. 场景创新：挖掘数据在业务中的具体应用场景，提升转化效率；
4. 合规管理：适应数据安全与隐私保护法规，防范法律风险；
5. 生态合作：通过数据开放、交易、联盟等模式，释放规模价值。

数据资产的特殊性本质上源于其“数字生产要素”属性，既是技术创新的产物，也是数字经济的核心驱动力。其管理需平衡技术可行性（如算力、算法）、经济合理性（如成本收益分析）、伦理合规性（如隐私保护），并通过制度创新（如数据要素市场建设）与技术创新（如区块链确权）释放价值。未来，随着数据要素市场化配置改革深化，数据资产的特殊性将进一步重塑企业竞争逻辑与社会治理模式。

四、数据资产确认的特殊性

数据资产作为一项新的生产要素具有其特殊性，因为数据资产与传统意义上的资产的不同，数据资产的确认也具有自身的特点。

（1）无形性与可复制性。数据作为无形资产，需区别于传统资产（如设备、专利），其价值可能随共享、分析而增长，但也可能因泄露或过时而减值。

（2）动态性。为保持数据的真实有效，数据需持续更新维护，后续支出可能需资本化或费用化。

（3）合规性。数据资产的价值高度依赖法律合规性，违规数据（如未经授权的个人数据）不得确认为资产。

五、数据资产确认的流程

鉴于数据资产确认有别于传统资产确认的特殊性，数据资产确认的具体流程如下：

（一）数据收集与评估

企业需要全面收集各类数据，并对数据的质量、完整性、准确性等进行评估，确定其是否具有潜在的经济价值。例如，一家金融机构对其拥有的客户信贷数据进行评估，判断这些数据能否用于风险评估和信贷决策等方面，以确定其经济价值。

（二）对数据资产的成本进行计量

计算数据资产的取得成本或开发成本，包括直接成本和间接成本。直接成本如购买数据的费用、数据采集设备的购置费用等；间接成本如数据管理人员的薪酬、数据存储设备的折旧等。

（三）对数据资产进行价值评估

采用合适的方法对数据资产的价值进行评估，如市场法、收益法、成本法等。例如，对于一个拥有大量用户数据的社交媒体平台，可采用收益法，通过预测基于这些数据开展精准广告业务所能带来的未来收益，来评估数据资产的价值。

（四）会计确认

根据数据资产确认的条件，判断是否将其确认为资产，并进行相应的会计处理，在资产负债表中进行列示。如果数据满足资产确认条件，企业应将其确认为一项无形资产或其他合适的资产类别，并按照会计准则进行后续计量和披露。

六、数据资产确认的难点

（一）数据的复杂性和多样性

数据类型繁多，包括结构化数据（如数据库中的数据）、半结构化数据（如

XML、JSON 格式的数据）和非结构化数据（如文本、图像、视频等），不同类型的数据在价值评估和确认上存在不同的方法和难点。例如，非结构化的客户评价文本数据，其价值难以直接用传统的会计计量方法进行衡量。

（二）数据的动态性

数据会随着时间不断变化和更新，其价值也会随之波动。如市场趋势数据、用户行为数据等，需要不断跟踪和评估数据的变化对其价值的影响，这增加了数据资产确认的难度和复杂性。

（三）数据资产的确认缺乏统一的标准

目前，关于数据资产的确认在会计准则和相关法规方面还不够完善，缺乏统一的标准和规范。不同企业可能采用不同的方法和标准来确认数据资产，导致数据资产的计量和披露缺乏可比性和一致性。

数据资产的确认对于企业准确反映其资产状况、合理进行决策具有重要意义，但在实际操作中面临着诸多挑战，需要企业结合自身情况和相关理论方法，谨慎地进行数据资产的确认工作。数据资产确认需兼顾会计原则、法律合规及商业逻辑，企业应建立数据治理体系，明确权属、价值与成本计量规则，必要时可引入专业审计或评估机构，以便准确地确认数据资产价值。

第二节　数据资产的确认方法

数据资产的确认需结合会计准则、数据特性及单位或组织实际业务场景，核心在于验证数据是否满足资产定义（拥有/控制、经济利益、可靠计量），并合理确定其价值。以下是具体确认方法。

一、权属确认法

权属确认法的目的是验证企业对数据的合法控制权。权属确认法的具体步骤为：数据资源来源审查；检查数据获取途径（用户授权、合同购买、自行采集）是否符合《中华人民共和国数据安全法》《中华人民共和国个人信息保护法》等法规。

（1）采集数据资源权属证明，外购数据需提供采购合同、权属转让协议；自产数据需保留采集日志、用户授权记录。

（2）对数据资源进行合规评估，排除涉及隐私侵权或未脱敏的数据（如未经处理的个人敏感信息）。

二、经济利益评估法

经济利益评估法的目的是证明数据资源能够带来未来经济利益，经济利益评估法的具体方法如下：

（1）直接收益法，通过数据交易收入、数据产品销售收入等量化收益。

（2）间接收益法，评估数据在降本增效中的作用（如精准营销降低获客成本、预测性维护减少设备故障损失）；对数据资源进行场景验证，提供数据应用的具体案例（如用户画像提升广告点击率、供应链数据优化库存周转）。

（3）成本或价值计量法，对数据资源的成本或价值进行计量，确定数据的可计量价值。对外购数据和自产数据进行分类处理，外购数据成本或价值的计量方法为：初始成本 = 采购价 + 数据清洗、整合费用。外购数据资源的后续维护费用（如更新、存储）可资本化或费用化。自产数据成本或价值的计量方法为成本归集法，分摊采集、清洗、存储、分析等环节的直接成本（硬件、软件、人力），开发阶段成本，符合资本化条件的支出（如数据平台开发）计入资产成本。

三、公允价值法

数据资产的确认参考数据交易市场价格（如通过数据交易所挂牌价）或由第三方评估机构估值（适用于缺乏市场交易的数据）。

数据资源通过以上方法能够确认则可确认为数据资产，进行财务核算。若数据资产符合无形资产定义（无实物形态、可辨认、非货币性），按《企业会计准则第 6 号——无形资产》的规定处理；若数据与其他资产（如软件、数据库）不可分割，则合并确认为一项资产。

会计处理案例：某电商企业用户行为数据，首先，必须符合确认条件，为合法获取（用户授权协议）；其次，此数据资源可用于精准推荐（提升 GMV），节约成本，提高效益；最后，此数据资源的开发成本可归集（数据埋点、分析系统投入 500 万元）。据此，此数据资源可根据成本法确认为企业的一项资产。

第三节　数据资产确认的具体操作步骤与价值计量

一、数据资产确认步骤

数据资源依据数据资产的定义与标准应该确认为单位或组织的数据资产，具体步骤如下：

（一）数据收集与盘点

全面梳理数据来源。企业需要对内部各个业务系统、部门以及外部合作伙伴等所有可能产生数据的源头进行清查。例如，电商企业要涵盖线上交易系统、用户行为记录系统、客服沟通记录等；制造企业则需包括生产设备数据、供应链管理系统数据等。

详细记录数据内容。对于收集到的数据，要详细记录其类型（如结构化的销售数据、半结构化的日志数据、非结构化的文本和图像数据等）、格式（如 CSV、JSON、PDF 等）、规模（数据量大小）、产生频率（如实时产生、每日批量产生等）以及存储位置等信息。

（二）数据质量评估

1. 对数据资产的准确性进行评估。通过与权威数据源对比、数据验证算法等方式，检查数据的准确程度。如客户信息中的电话号码，可通过拨打验证或与第三方数据进行比对，确保号码的准确性。

2. 对数据的完整性进行评估。检查数据是否存在缺失值、数据截断等情况。例如，在销售数据中，检查每一笔交易的所有相关字段（如商品名称、价格、数量、销售时间等）是否都有完整记录。

3. 对数据的一致性进行评估。确保数据在不同系统或不同记录之间保持一致。如在库存管理系统和销售系统中，同一商品的库存数量应在逻辑上保持一致，避免出现矛盾。

二、数据资产的价值确认与计量

数据资产价值确认方法包括以下几种：

（1）成本法。计算获取和维护数据资产的成本，包括数据收集成本、存储成本、处理成本、安全保护成本等，以此作为数据资产价值的基础参考。例如，企业为建设和维护数据仓库投入的硬件设备采购费用、软件授权费用、人员工资等都属于成本范畴。

（2）市场法。参考市场上类似数据资产的交易价格来评估。如果市场上存在可比较的数据资产交易案例，分析其交易背景、数据特点等因素，与待评估数据资产进行对比，从而确定其价值。例如，同行业其他企业出售类似用户数据资产的价格可作为参考。

（3）收益法。预测数据资产未来可能为企业带来的经济收益，并通过一定的折现率将未来收益折现到当前时点，以确定数据资产的价值。如通过数据分析预测，某批客户数据能在未来一年内为企业带来额外的广告收入，将这些收入折现后可得到该数据资产的价值。

三、对数据资产进行分类管理

数据资源确认为资产并且能够计量及确认其价值，可纳入财务管理与核算，进行分类管理。

数据资产可以根据数据的性质、用途、敏感程度等因素进行分类。如可分为客户数据、产品数据、运营数据等大类，再在每个大类下细分小类，如客户数据可进一步分为客户基本信息、客户行为数据等。

数据资产在分类管理的基础上应该对每项数据资产进行编码明细管理，为每类数据资产赋予唯一的编码，以便于识别、管理和查询。编码规则应具有系统性和扩展性，例如采用字母和数字组合的方式，以“CUST”表示客户数据，后面跟上数字序号来区分不同类型的客户数据。

通过以上具体方法，企业能够较为全面、准确地确认数据资产，为后续的数据资产核算、管理、运营和价值实现奠定基础。

第四节 数据管理体系的构建

将数据资源纳入财务核算是企业数字化转型中的重要环节，需要构建科学、合规且可落地的数据管理体系，以满足数据资源纳入财务核算的要求。

一、顶层设计与合规框架，明确数据资源纳入财务核算的范围与定义

（1）界定数据资源边界，要精准确定哪些数据可纳入财务核算。比如，企业特有的客户数据、产品销售数据、生产运营数据等，都可能是有价值的数据资源。

（2）明确数据资产化路径，定义数据资产范围，根据企业会计准则对无形资产/存货的界定，筛选符合“可控制、可计量、可产生经济利益”条件的数据资源（如客户数据库、专利数据集、交易日志等）进行财务管理。

（3）制定数据分类标准，按照数据的来源、用途、重要性等因素对数据资源分类。例如，可分为核心业务数据、辅助业务数据、公共数据等，以便后续管理与核算。按数据性质（结构化/非结构化）、用途（研发、运营、交易）、生命周期阶段（采集、加工、应用）分级管理。

二、数据资产的识别与评估

（1）识别数据资产，从业务流程中筛选出有经济价值的数据资源进行资产化财务核算。如电商企业的用户购买记录、用户偏好数据等，这些数据能为企业带来潜在收益。建立数据权属登记台账，记录数据来源、授权范围、使用限制。

（2）对数据资产进行评估，运用合适的评估方法确定数据资产的价值。常见方法有成本法、市场法和收益法。成本法是计算数据资产的开发、维护成本；市场法是参考类似数据资产的市场交易价格；收益法是根据数据资产未来能带来的收益折现计算。

三、搭建数据资产管理组织架构

（1）设立专门的数据资产管理部门，负责统筹数据资源的管理工作，包括数据的收集、存储、使用和维护等。

（2）明确各部门职责，业务部门负责提供原始数据并反馈数据需求；信息技术部门负责数据的技术支持和系统维护；财务部门负责数据资源的财务核算和价值评估。

四、建立数据资产质量保障体系

（1）制定数据资产质量标准。涵盖数据的准确性、完整性、一致性、及时性等方面。例如，规定客户数据中的联系方式必须准确无误，销售数据要及时更新。

（2）实施数据质量监控。定期对数据质量进行检查和评估，发现问题及时整改。可采用数据清洗、数据验证等技术手段提高数据质量。

五、完善数据资产安全管理机制

（1）加强数据安全防护，采用加密技术、访问控制、备份恢复等措施，确保数据的安全性和保密性。

（2）制定数据安全管理制度，明确数据访问权限、数据使用规范、数据安全事故处理流程等，防止数据泄露和滥用。

六、建立数据资产财务核算流程

（1）确定数据资产核算科目，根据数据资源的特点和财务核算要求，设置相应的会计科目，如“数据资产”“数据资产摊销”等。

（2）规范数据资产核算方法，明确数据资产的初始计量、后续计量、处置等环节的核算方法，确保财务核算的准确性和一致性。

七、推进数据资产信息化管理系统建设

（1）引入数据资产管理软件，利用专业的数据管理软件实现数据的集中管理和共享，提高数据管理的效率和水平。对数据资产进行全生命周期管理，采集端，部署数据血缘追踪工具（如 Apache Atlas），记录数据生成时间、采集方式、原始格式。存储端，采用区块链存证技术（如 Hyperledger Fabric）确保数据不可篡改，支持审计溯源。加工端，通过数据清洗工具（如 Trifacta）标准化处理，输出可供估值的高质量数据集。

（2）实现数据与财务系统的集成，将数据管理系统与财务核算系统对接，实现数据的自动采集和传输，减少人工干预，提高财务核算的及时性和准确性。部署数据资产管理平台（如 Alation、Collibra），实现数据目录、元数据管理、价值评估模块化。集成财务系统（如 SAP、Oracle），通过 API 自动同步数据资产折旧、减值等信息至总账模块。

（3）审计追踪能力，在财务报告中单独披露数据资产规模、估值方法、减值测试结果，使用审计分析工具（如 ACL）监控数据使用异常（如未经授权的数据访问影响资产价值）。

（4）业财系统贯通，通过数据中台构建统一数据模型，打通业务系统（CRM、ERP）与财务系统数据流。

八、数据资产财务管理须加强人员培训与知识普及

（1）开展数据管理培训，提高员工对数据管理和财务核算的认识和技能，使其能够熟练掌握数据管理的方法和工具。

（2）普及数据资产观念，让全体员工认识到数据资产的重要性，形成全员参与数据管理的良好氛围。

九、对数据资产管理体系进行持续评估与改进

（1）数据资产管理体系的建设不是一成不变的，需定期评估数据资产管理体系，检查数据资产管理体系的运行效果，评估数据资源纳入财务核算的准确性

和有效性。

（2）根据评估结果进行改进，针对存在的问题及时调整和完善数据资产管理体系，确保其始终满足企业发展和财务核算的要求。

通过上述体系化建设，企业可实现数据资源从业务资源到财务资产的闭环管理，为数据要素入表提供可审计、可验证的支撑依据。实际落地时可优先选择高价值、权属清晰的数据试点（如自有知识产权数据），再逐步扩展至全量数据资产管理。

第五节　数据资源入表准确性和可靠性的保障机制

确保数据资源入表的准确性和可靠性是数据管理中的核心任务，涉及技术、流程和人员多方面的协作。为确保数据资源入表的准确性和可靠性，可从数据源头、数据处理、数据验证和监控等多个环节采取相应措施。

一、数据源头管理

规范数据来源，确保数据来源合法、权威且可追溯，避免使用未经验证的第三方数据。对数据提供方进行资质审核，明确数据采集协议（如格式、频率、字段定义）。

（一）制定数据收集标准

制定统一、明确的数据收集标准和规范，对数据的格式、内容、范围等进行详细定义。例如，规定日期格式为“YYYY－MM－DD”，手机号码为11位数字等。在采集端增加校验逻辑（如数据类型、范围、格式、必填项）。对实时采集数据实施去重、过滤无效值（如空值、异常值）和一致性检查。

（二）对数据源进行评估与选择

对数据源进行全面评估，选择信誉良好、数据质量高的数据源。例如，若要获取市场数据，可选择权威的统计机构或专业的数据供应商。

（三）对数据录入人员进行培训

对参与数据录入的人员进行专业培训，提高其业务水平和责任心，减少人为录入错误。例如，定期组织数据录入规范和技巧的培训课程。

二、数据处理过程控制

（一）数据处理

对收集到的数据进行清洗，去除重复、错误、缺失和无效的数据。例如，使用数据清洗工具识别并删除重复的客户记录，填充缺失的字段值。处理缺失值（填充、标记或删除）和异常值（通过阈值或统计方法识别），使用唯一标识符（如主键）避免重复记录，对多源数据实施关联规则检查（如外键约束）。通过数据库约束（如 CHECK、NOT NULL）或触发器实现逻辑校验。例如，订单金额必须大于0，状态字段仅允许预设值（如“待支付”“已完成”）。

（二）数据转换

将数据转换为统一的格式和标准，确保数据的一致性和可比性。例如，将不同单位的重量数据统一转换为千克。

（三）数据集成

在集成多个数据源的数据时，要进行严格的匹配和关联，避免数据冲突和不一致。例如，在合并客户信息表时，通过唯一的客户 ID 进行关联。

三、建立数据验证机制

（1）规则验证。建立数据验证规则，对入表的数据进行实时检查。例如，验证身份证号码的格式和校验位是否正确，验证金额是否为正数。

（2）逻辑验证。进行数据的逻辑验证，确保数据符合业务逻辑。例如，检查订单日期是否在有效时间范围内，订单金额与商品数量和单价是否匹配。对 API 或 ETL 工具传输的数据进行完整性校验（如记录总数、字段对齐）。

（3）对比验证。将入表的数据与其他可靠数据源进行对比验证，确保数据的准确性。例如，将财务数据与银行对账单进行核对。

四、数据监控与审计

数据资源纳入财务管理需要严格按照财务资产管理原则进行实时监控与审计，确保数据资产安全、完整、价值计量准确。

（1）实时监控。建立数据监控系统，实时监测数据入表的过程和结果，及时发现异常情况并进行处理。例如，监控数据录入的速度和成功率，及时发现数据堵塞或错误。

（2）定期审计。定期对入表的数据进行审计，检查数据的准确性和可靠性。例如，每月对财务数据进行审计，确保数据的合规性。

（3）问题追溯与处理。建立数据问题追溯机制，一旦发现数据问题，能够快速定位问题源头并进行处理。例如，通过数据日志记录数据的操作过程，便于追溯和排查问题。

五、技术保障措施

数据资源确认为资产进行财务核算、财务管理，需按照资产管理原则进行全生命周期管理，确保数据资产保值增值。因为数据资产的特殊性，为确保数据资产安全完整，保值增值，需要建立一系列的技术保障措施。

（1）数据质量管理。使用专业的数据质量工具，如数据清洗工具、数据验证工具等，提高数据处理的效率和准确性。设置数据质量监控指标（如错误率、缺失率），超阈值时触发告警。

（2）数据备份与恢复。定期对数据进行备份，确保在数据出现问题时能够及时恢复。例如，每天对重要数据进行备份，并存储在不同的物理位置。

（3）数据安全防护。加强数据的安全防护，防止数据泄露、篡改和丢失。例如，采用加密技术对敏感数据进行加密存储和传输。使用加密和校验码（如MD5）确保传输过程无篡改。按角色分配操作权限（如仅允许管理员修改核心字段）。敏感操作（如删除、批量修改）需多级审批，记录数据操作的完整日志（何人、何时、修改内容）。定期审计异常操作（如短时间内大量数据变更），定期抽样验证数据准确性（如随机抽取100条记录人工核对）。对比源数据和入库数据的一致性（如记录数、关键字段值）。

六、数据资产管理制度与流程建设

（1）数据管理制度。建立完善的数据管理制度，明确各部门和人员在数据入表过程中的职责和权限，规范数据操作流程。

（2）数据质量考核。将数据质量纳入绩效考核体系，对数据录入和管理人员进行考核，激励其提高数据质量。

（3）持续改进。定期对数据入表的准确性和可靠性进行评估和分析，总结经验教训，不断改进数据管理流程和方法。建立问题反馈渠道，及时修复数据问题并优化流程。

通过以上步骤，可系统性保障数据资源入表的准确性和可靠性。实际应用中需结合业务场景灵活调整，例如，金融领域需强调数据加密和审计追溯，医疗领域需注重患者隐私保护和数据标准化（如 ICD－10 疾病编码），物联网场景需进行高频数据的实时清洗与校验。最终目标是构建“端到端”的数据治理体系，从源头到应用全链路可控。

第六节　数据资产确认与管理的组织架构

数据资源作为一项新的生产要素纳入财务资产化管理，它的确认与管理，需要根据数据资产的特性来确定各个参与部门。

一、参与部门

（一）数据管理部门/数据治理委员会

其核心职责是主导数据资产的识别、分类和全生命周期管理。具体工作为制定数据资产分类标准（如核心数据、衍生数据、公共数据等）；建立数据质量评估框架（完整性、准确性、一致性）；推动数据血缘分析，明确数据生成、流转路径及归属。

（二）业务部门

作为数据的产生者和使用者，业务部门最了解数据的业务背景、用途及价值，能够提供关于数据如何在业务流程中产生、流转以及对业务决策支持的具体信息，为数据资产的界定和评估提供基础依据。业务部门的核心职责是定义数据资产的业务价值。具体工作包括识别高价值数据（如客户行为数据、供应链预测数据），评估数据对业务目标的支持程度（如精准营销转化率提升），提出数据应用场景需求（如 AI 训练数据集需求）。

（三）数据管理部门

数据管理部门负责数据的日常管理和维护，包括数据质量管理、数据标准制定、数据安全管理等工作。该部门能够提供数据的存储、备份、传输等技术层面的信息，确保数据资产的准确性、完整性和可用性，同时协助确定数据资产的管理策略和流程。数据管理部门的核心职责是评估数据资产相关风险。具体分析数据泄露、滥用、贬值的潜在风险（如数据泄露导致的合规罚款），设计风险缓释策略（如保险、数据脱敏方案），建立数据资产风险评估模型（量化风险概率与影响）。

（四）信息技术部门

其核心职责是提供技术基础设施支持与安全保障。具体设计数据存储架构（如数据湖、数据仓库），实施加密、访问控制、备份等安全措施（符合 ISO 27001 或 NIST 标准）；开发数据资产目录工具（如元数据管理系统），支持可发现性；提供数据存储、处理和分析的技术支持，了解数据系统的架构、性能以及数据处理的技术细节，评估数据资产的技术可行性和成本效益，在数据资产的技术实现和优化方面发挥关键作用。

（五）财务部门

财务部门的核心职责是量化数据资产的经济价值。负责对数据资产进行价值评估和财务核算，确定数据资产的入账价值、折旧摊销方法等，以及参与数据资产相关成本的核算和预算编制，确保数据资产在财务报表中得到准确反映，为企业决策提供财务依据。具体应用估值模型（成本法、市场法、收益法）评估数据资产；对接会计准则（如 IFRS 无形资产标准），处理资本化或费用化问题；建立数据资产财务报表披露机制（如年报中的无形资产披露）。

（六）法务部门

法务部门的核心职责是确保数据确权及法律合规性。具体审查数据来源合法性（如用户授权、第三方协议是否符合 GDPR、CCPA 等法规）；界定数据权属（所有权、使用权、收益权），避免权属纠纷；制定数据共享、交易的法律框架（如数据使用许可协议模板）；对数据资产涉及的法律问题进行审核和把关，确保数据的收集、使用、共享等环节符合法律法规要求，处理数据资产相关的合同、协议等法律文件，防范法律风险。

（七）内部审计部门

内部审计部门的核心职责是独立验证流程合规性。具体工作为检查数据确权流程是否符合内控要求，审计数据估值方法的合理性（如是否遵循企业统一模型），验证数据安全措施的有效性（如渗透测试结果复查）。

（八）高层管理

高层管理的核心职责是战略决策与资源协调。具体工作为审批数据资产管理制度（如数据资产化路线图）；协调跨部门资源冲突（如 IT 预算与业务优先级平衡）；签署数据资产交易重大协议（如数据合资企业设立）。

二、协同机制示例

数据确权流程：法务（权属审查）→IT（技术确权）→业务（价值确认）→财务（入账处理）。

数据交易流程：业务（需求提出）→数据管理（资产匹配）→法务（协议审核）→高层（最终审批）。

三、数据资产确认与管理的关键措施

（1）建立跨部门治理架构。设立数据治理委员会，明确各部门权责。

(2) 制定标准化流程。编制《数据资产确认操作手册》，进行统一分类，确定估值方法。

(3) 搭建技术平台支撑。部署数据资产管理平台（如 Collibra、Alation），实现流程自动化。

(4) 建立持续培训机制。定期开展数据资产合规、技术培训（如 GDPR 最新解读）。

通过这种深度协作模式，企业可系统化地将数据资源转化为合规、安全、可衡量的战略资产，支撑数字化转型与创新。

另外，由于数据资产的特殊性，在数据资产的确认与管理过程中，企业还可以引入外部合作方。如：第三方审计机构，对数据资产估值进行独立认证（如符合 IVSC 标准）；数据交易所，提供合规交易平台（如上海数据交易所挂牌流程）；行业联盟，参与制定数据资产标准（如 DAMA 数据管理框架）。在数据资产确认过程中，这些部门需要密切协作，共同完成数据资产的梳理、评估、确权等工作，以确保数据资产能够被准确、完整地确认，为企业的发展提供有力支持。

第七节 数据资产确认与管理的跨部门协作机制

协调各部门共同参与数据资产的确认工作，可以从明确目标与职责、建立沟通机制、提供培训支持等多个方面入手。

一、领导重视

数据资产作为一项新的重要的生产要素纳入财务管理，企业高层领导要高度重视数据资产确认工作，将其作为企业战略发展的重要任务来抓，为工作的开展提供必要的资源和支持。在各部门出现分歧或遇到重大问题时，高层领导要及时进行决策和协调，推动数据资产确认工作顺利进行。

二、建立跨部门协作的数据资产确认与管理顶层框架

成立数据治理委员会，由高层（如 CDO、CFO、CIO）牵头，各相关部门负

责人作为成员，定期召开联席会议。制定数据资产战略、审批流程标准、协调资源分配、裁决争议，明确数据资产全生命周期分工。

三、明确数据资产确认与管理的目标与职责

（1）制定清晰的目标，明确数据资产确认工作的总体目标，如准确评估数据资产价值、完善数据资产管理体系等，让各部门明白工作的方向和重要性。

（2）细化部门职责，详细规定每个部门在数据资产确认工作中的具体任务和职责。例如，业务部门负责提供数据的业务背景和应用场景；数据管理部门负责数据质量的监控和管理；信息技术部门负责数据的技术架构和存储管理；财务部门负责数据资产的价值评估和财务核算；法务部门负责审查数据相关的法律合规性。按流程阶段划分责任（如数据发现→确权→估值→应用→归档），例如：数据发现与分类，数据管理部门 + 业务部门；数据确权，法务部门 + IT 部门（技术确权）；数据估值，财务部门 + 业务部门（业务价值评估）；风险管理，风险部门 + 内部审计。

四、建立数据资产确认与管理沟通机制

（1）建立数据资产确认与管理定期会议工作制度，组织定期的数据资产确认工作会议，让各部门汇报工作进展、问题和需求，共同讨论解决方案，协调工作步骤。例如：建立月度数据治理例会制度，汇报进展、解决卡点（如法务合规障碍）。

（2）建立临时沟通机制。建立即时通讯群组或其他沟通渠道，方便各部门在遇到紧急问题或需要临时协调时能够及时联系。

（3）各个相关部门指定专人对接。各部门指定专人负责数据资产确认工作的沟通与协调，确保信息传递的准确性和及时性。成立跨部门工作坊，针对复杂场景（如跨境数据流动）开展联合研讨。用好即时沟通工具，使用 Slack 或企业微信建立“数据资产协作群”，快速响应问题。

五、提供数据资产确认与管理的培训支持

（1）开展培训课程。针对数据资产确认的相关知识和技能，对各部门人员

开展培训，如数据资产管理、价值评估方法、法律合规等方面的培训，提高各部门对数据资产确认工作的认识和专业能力。

（2）提供咨询服务。设立咨询热线或邮箱，为各部门在工作中遇到的问题提供及时的解答和指导。

（3）制订分层培训计划。高层管理人员培训解读数据资产战略意义（如数据资本化对企业估值的影响）。中层管理人员培训协作流程与工具（如数据目录使用方法）。一线员工培训普及数据合规意识（如 GDPR 红线条款）。

六、建立数据资产确认与管理的工作流程

（一）设计标准化协作流程，建立跨部门协同流程模板

例如：数据资产入账流程。步骤 1：业务部门提出数据资源需求（如客户画像数据集）；步骤 2：数据管理部门审核数据分类（是否为核心资产）；步骤 3：法务部门确认数据权属（来源合法性、使用权限）；步骤 4：IT 部门验证技术可行性（存储、安全措施）；步骤 5：财务部门评估价值并拟定入账方式（资本化或费用化）；步骤 6：高层审批后纳入资产目录。

（二）制定详细流程

设计数据资产确认的详细工作流程，包括数据收集、整理、评估、审核等环节，明确每个环节的输入、输出和责任人。

（三）规范操作流程

制定数据资产确认的操作规范，如数据采集规范、数据质量标准、价值评估模型等，确保各部门按照统一的标准和方法进行工作。

（四）统一工具与平台

部署数据资产管理平台（如 Collibra、Alation），实现元数据自动采集与血缘分析（IT 部门主导）；进行数据资产目录共享（各部门可查询、申请权限）；实现流程自动化（工单流转、审批记录留痕）。

七、建立监督与激励机制

（一）监督工作进度

成立监督小组，定期检查各部门的工作进展，及时发现和解决工作中出现的问题，确保数据资产确认工作按计划进行。

（二）设立激励措施

对在数据资产确认工作中表现出色的部门和个人给予表彰和奖励，如发放奖金、荣誉证书等，提高各部门的积极性和主动性。设计激励机制，将数据资产贡献度纳入部门 KPI（如业务部门的数据应用收益、IT 部门的数据安全达标率）。设立“数据资产创新奖”，鼓励跨部门联合提案（如市场部 + IT 部门合作开发数据产品）。

（三）数据资产确认与管理的监控与持续改进

首先是关键指标监控：

（1）协作效率指标，例如流程平均处理时长、跨部门工单驳回率。

（2）数据资产质量指标，例如确权完成率、估值偏差率、安全事件数。

其次是建立反馈迭代机制，每季度收集各部门意见（如法务部门对权属模板的修订建议）。将意见反馈给相关部门进行持续改进，在重点指标监控与持续改进的基础上定期优化协作流程（如简化冗余审批环节），以保证数据资产确认与管理安全、精准、高效。

八、解决数据资产确认与管理跨部门协作中的关键冲突

冲突场景与化解策略如下：

冲突 1：业务部门追求数据快速应用 vs. 法务部门强调合规审查策略。建立“合规沙盒”机制，允许在隔离环境中测试数据应用，同时满足合规要求。

冲突 2：IT 部门技术成本过高 vs. 财务部门预算限制策略。采用“轻量化”技术方案（如云原生架构），按需付费降低成本。

冲突 3：数据估值方法不统一（财务部门用成本法 vs. 业务部门用收益法）

策略：制定多维度估值标准，区分不同场景（如内部使用按成本法，交易按市场法）。

参考案例：某金融企业数据资产确认与管理协同实践：需确认客户信用评分模型为数据资产并交易。

协作流程：业务部门提出模型价值（提升贷款审批效率30%）；数据管理部门验证模型血缘（数据来源是否合规）；法务部门拟定知识产权归属协议；IT 部门封装模型为 API 服务并加密；财务部门按收益法估值（预期年收益 500 万元）；高层批准后通过数据交易所挂牌交易。结果：6 个月内完成确权、估值和交易，部门协作效率提升40%。

数据资产确认与管理跨部门协作的核心是“规则透明化、工具自动化、激励显性化”。通过治理架构明确权责，避免推诿；用技术平台固化流程，减少人为摩擦；设计共赢机制，将数据资产价值与部门利益绑定。最终目标是让数据资产确认与管理从“被动协作”变为“主动共创”，驱动企业数据驱动转型。

第四章

数据资产的初始计量

数据资产的财务管理是企业管理中至关重要的环节，涵盖了数据资产的确认、计量、记录、保值增值、报告以及相关的成本控制和效益评估等方面。数据资产作为一项资产纳入财务核算，其必须符合财务资产的属性，财务对资产管理的要求及方式方法，同样适用于数据资产。

第一节 概 述

一、数据资产初始计量的定义和重要性

（一）数据资产及数据资产初始计量的定义

数据资产是指企业拥有或控制的、具有潜在经济价值的结构化或非结构化数据资源，例如用户行为数据、交易数据、物联网数据等。数据资产的初始计量是指在数据资产取得时，对其价值进行量化和记录的过程。

（二）数据资产初始计量的重要性

准确的初始计量可为数据资产的后续计量、财务报告以及企业决策提供基础，有助于反映企业真实的资产状况和价值。

二、数据资产初始计量的原则和方法

（一）数据资产初始计量的原则

数据资产初始计量的原则为：初始成本按实际发生的支出计量，包括直接相

关的获取、开发、加工成本。

（二）数据资产初始计量的方法

1. 成本法：数据资产初始计量成本法是按取得数据资产时发生的实际成本计量。这里的成本包括数据收集、整理、加工、存储等过程中直接和间接发生的支出。

数据资产初始计量成本法适用于数据资产的来源明确，且相关成本能够可靠计量的情况。例如，企业自行收集和整理的客户数据，其在收集过程中发生的人工成本、软件购买成本等都可以明确计量。

2. 公允价值法：数据资产初始计量公允价值法是根据市场参与者在计量日发生的有序交易中，出售一项资产所能收到或者转移一项负债所需支付的价格来计量数据资产。

存在活跃的数据交易市场，能够获取类似数据资产的市场价格信息时，公允价值法较为适用。比如，某些大数据交易平台上有公开交易的特定行业数据集合，可参考其交易价格来计量类似数据资产的公允价值。

3. 收益法：数据资产初始计量收益法是通过估计数据资产在未来可能为企业带来的经济利益的现值来计量其价值。需要考虑数据资产预期产生的未来现金流量、折现率等因素。

数据资产初始计量收益法适用于那些能够明确其未来经济利益流入，且可以合理估计相关现金流量和折现率的数据资产。例如，企业拥有的某类专利数据，通过该数据生产的产品预计在未来几年内有稳定的销售收入，可采用收益法计量。

三、数据资产初始计量不同计量方法选择应考虑的因素

（一）数据资产的性质和特点

如果数据资产具有独特性、难以在市场上找到类似替代品，可能更适合采用成本法或收益法；若数据资产具有较强的通用性和市场活跃度，公允价值法可能更合适。

（二）企业的业务模式和战略

以数据交易为主要业务的企业，可能更倾向于采用公允价值法，以便更好地

反映数据资产的市场价值和交易性；而对于将数据资产主要用于内部业务优化和决策支持的企业，成本法或收益法可能更符合其业务特点。

（三）数据资产的市场环境

在数据市场发展较为成熟、交易活跃的情况下，公允价值法的应用条件更易满足；若数据市场尚不完善，缺乏可靠的市场价格信息，成本法或收益法可能是更现实的选择。

四、数据资产初始计量中的特殊情况处理

（一）数据资产初始计量的组合计量

当企业拥有多个相互关联的数据资产时，可能需要将其作为一个资产组合进行计量。例如，企业的客户关系管理系统中包含了客户的基本信息、购买历史、偏好等多种数据，这些数据共同为企业提供价值，应作为一个整体进行初始计量。

（二）政府补助或无偿取得

数据资产如果是接受政府补助或无偿取得的，按公允价值或名义金额（如 1 元）入账，相关税费计入成本。

五、数据资产初始计量实例

（一）外购数据资产的初始计量

成本构成：购买价款（含税费）；直接归属于使数据达到预定用途的支出（如数据清洗、格式转换、法律咨询费等）；进口关税等其他必要费用。

例如，企业购买第三方数据库的授权，支付 110 万元购买费，8 万元数据清洗费，则初始成本为 118 万元。

（二）自建数据资产的初始计量

成本构成：数据采集成本（如传感器部署、用户数据收集）；开发加工成本（如数据清洗、标注、建模、存储系统搭建）；直接人工及技术投入（如数据工程师薪酬、算法开发费用）；其他直接费用（如数据合规性审查费用）。

资本化条件：仅当数据开发进入技术可行性阶段（如通过测试验证其经济价值）时，后续支出可资本化，研究阶段支出需费用化。

例如，企业自建用户画像系统，开发阶段支出 70 万元（符合资本化条件），则初始成本确认为 70 万元。

六、数据资产初始计量中应注意事项

（一）数据资产初始计量应区分费用化支出与资本化支出

研究阶段支出（如数据采集可行性分析）直接计入当期损益。

（二）数据资产初始计量应符合合规性要求

确保数据获取符合隐私保护法规（如 GDPR、《中华人民共和国个人信息保护法》），否则可能影响资产确认。

（三）数据资产初始计量需应对估值挑战

数据资产的独特性（如时效性、可复制性）可能导致成本难以精确计量，需结合专业评估。

七、数据资产初始计量的会计分录

（一）外购数据资产

借：数据资产——××数据库　　1180000

　　贷：银行存款　　1180000

（二）自建数据资产（资本化部分）

借：数据资产——用户画像系统　　700000

　　贷：研发支出　　700000

数据资产的初始计量需严格遵循会计准则，区分外购与自建情形，合理归集直接成本，并关注合规性与经济利益的可持续性。随着数据要素市场的发展，相关计量规则可能进一步细化（如数据确权、交易定价机制），企业需持续跟踪政策动态。

第二节　成本法下数据资产的初始计量

成本法下数据资产的初始计量，是指将数据资产在取得过程中发生的各项直接和间接成本进行归集和量化，以确定其入账价值。

一、成本法下数据资产初始计量的构成要素

（一）数据收集成本

1. 人力成本：支付给负责数据收集人员的工资、奖金、福利等，如安排员工通过问卷调查、访谈等方式收集数据，以及外包服务费。

2. 渠道成本：为获取数据而支付给第三方数据供应商的费用，或使用数据收集工具、平台的费用。例如，企业从专业数据公司购买行业数据报告所支付的购买费用。

3. 直接获取成本：购买数据费用、API 费用、数据爬取工具成本。

4. 技术设备：专用服务器、传感器的折旧或租赁费用。

（二）数据整理与加工成本

1. 人力成本：数据分析师、工程师等对收集到的原始数据进行清洗、转换、整合等处理所产生的人力费用。

2. 软件与工具成本：购买数据整理和加工所需的软件、工具的费用，如数据清洗软件、数据分析软件的许可证费用等。

（三）数据存储成本

1. 硬件成本：购置服务器、存储设备等硬件设施的费用。若企业为存储数据专门搭建了服务器机房，服务器的采购成本、机房的建设和维护成本等都应计入数据存储的硬件成本。

2. 软件成本：购买数据库管理系统、存储管理软件等相关软件的费用。

3. 云服务成本：如果企业使用云存储服务，那么每年支付的云存储费用属于数据存储的云服务成本。

（四）数据安全成本

1. 安全防护系统成本：购买防火墙、加密软件、入侵检测系统等数据安全防护设备和软件的费用。

2. 安全管理成本：支付给数据安全管理人员的工资、培训费用，以及安全审计、应急响应等方面的费用。

（五）数据开发与整合支出

1. 分析建模支出：构建算法、机器学习模型的研发费用（符合资本化条件部分）。

2. 系统集成支出：将数据嵌入业务系统的开发成本（如 ETL 工具、API 开发）。

3. 测试与验证支出：数据质量验证、用户测试费用。

（六）其他数据资产应分摊成本

1. 间接费用：项目管理费、基础设施（如机房）的合理分摊。

2. 融资成本：若数据资产开发周期长，借款利息可能资本化。

（七）数据资产初始计量费用化 vs. 资本化

1. 研究阶段，可行性分析、探索性算法设计等支出通常费用化（计入当期损益）。

2. 开发阶段，技术可行性确定后的直接成本（如编码、测试）可资本化。

3. 后续维护，日常更新、修复漏洞等支出一般费用化，除非显著提升资产价值。

例如，假设企业开发客户画像数据资产：

资本化部分：购买用户行为数据（15 万元）+ 开发团队薪资（35 万元）+ 专用分析软件（20 万元）→初始价值 70 万元。

费用化部分：前期市场调研（6 万元）+ 日常数据更新（月均 1.5 万元）→计入当期费用。

二、成本法下数据资产初始计量按组成要素归集成本实例

假设一家电商企业 B，自行开发建设了一个客户数据管理系统，以下是用成

本法计量该系统中客户数据资产初始价值的过程。

（1）数据收集成本。数据收集过程发生的费用为 60 万元；数据整理与清洗成本，收集到的原始数据存在格式不统一、重复、错误等问题，需要进行整理和清洗。企业为此投入了数据工程师的人力成本，包括工资及相关福利共计 16 万元，以及购买数据清洗软件的费用 6 万元，总计 22 万元。

（2）数据存储成本。为了存储大量的客户数据，企业购买了服务器等硬件设备，花费 60 万元，同时租赁了云存储空间，每年租金 10 万元，假设该数据资产的预计使用年限为 5 年，每年分摊的硬件设备折旧为 12 万元，那么在初始计量时，数据存储成本共计 22 万元。

（3）数据安全保护成本。为保障客户数据的安全，企业投入了网络安全防护系统的建设费用，包括软件购买、安全维护人员工资等，共计 20 万元。

根据成本法，将上述各项成本相加，该电商企业客户数据资产的初始计量价值为 124（60 + 22 + 22 + 20）万元。

假设企业 C 开发了一款面向消费者的移动应用程序，并通过该应用程序收集用户数据，以下是该企业用成本法计量数据资产初始价值的具体过程。

（1）在数据收集阶段，企业投入市场推广人员和技术人员进行数据收集工作，五个月的人力成本共计 50 万元；同时，为鼓励用户注册和使用应用程序，发放了价值 20 万元的优惠券，作为数据收集的间接成本。所以，数据收集成本总计为 70 万元。

（2）数据整理与加工阶段，企业聘请数据工程师对收集到的数据进行处理，历时两个月，人力成本为 30 万元；购买数据处理软件花费 10 万元。该阶段成本共计 40 万元。

（3）数据存储方面，企业购置了一批服务器，花费 50 万元，预计使用年限为 5 年；同时租用云存储空间，每年租金 10 万元，预计使用年限为 1 年。则数据存储成本为当年服务器折旧 10（50 ÷ 5）万元加上云存储空间租金 10 万元，总计 20 万元。

（4）数据安全方面，企业购买数据加密软件花费 10 万元，安全管理人员一年的工资及培训费用共计 20 万元。数据安全成本合计为 30 万元。

根据成本法，将上述各项成本相加，企业 C 的数据资产初始价值为 160（70 + 40 + 20 + 30）万元。

在成本法下，数据资产的初始计量以实际发生的成本为基础，强调对获取或构建数据资产过程中直接相关支出的归集与确认。

三、成本法的核心原则

在成本法下，数据资产的初始计量需基于其获取或开发过程中产生的实际成本。数据资产的初始价值仅包含可直接追溯的现金或资源流出，不包括预期收益或机会成本。其核心逻辑为：

（1）历史成本原则，是指数据资产的初始价值，按实际支付对价或资源消耗计量入账，包括直接成本和合理分摊的间接成本。

（2）数据资产初始计量的可验证性原则，数据资产的初始成本须有明确的凭证（如合同、发票、工时记录）。

（3）资本化条件，仅当成本与数据资产的开发直接相关，且资产未来能产生经济利益时，方可资本化。

四、不同取得方式下数据资产的初始计量

（一）成本法下数据资产初始计量的具体步骤

1. 确认数据资产符合定义及确认条件

定义：企业拥有/控制、可带来经济利益的结构化或非结构化数据。

确认条件：可识别性（如通过合同或技术手段单独分离）；控制权（企业有权使用、处置）；经济利益流入（数据能直接或间接创造收益）。

2. 区分数据资产获取方式，归集直接成本（见表4－1）

表4－1 数据资产获取方式及成本构成

获取方式	成本构成	示例
外购数据资产	购买价款（含税），数据清洗费、法律咨询费、进口关税等直接附加成本	购买数据库授权费100万元＋合规审查费5万元→初始成本105万元
自建数据资产	开发阶段支出：数据采集设备、清洗标注、算法开发、合规成本等。研究阶段支出需费用化	开发阶段硬件部署50万元＋算法开发30万元→资本化成本80万元
混合获取（如并购）	按公允价值比例分摊总成本至数据资产	并购总价560万元，数据资产公允价值占比60%→数据资产初始成本336万元

3. 排除不可资本化的成本

应直接计入当期费用的费用化项目：研究阶段支出（如可行性分析）；日常维护费用（如数据存储的常规服务器租赁）；培训员工使用数据的成本。

（二）成本法下数据资产初始计量特殊情况的处理

政府补助或无偿取得的数据资产，按公允价值入账，若无公允价值，则按名义金额（如1元）+相关税费入账。

（三）不同取得方式下数据资产初始计量的会计分录

1. 外购数据资产

支付购买价款及附加费用时：

借：数据资产——××数据库	1050000	
贷：银行存款		1050000

2. 自建数据资产

归集开发阶段支出并资本化时：

借：数据资产——用户画像系统	800000	
贷：研发支出		800000

3. 混合并购分摊

按公允价值分配并购成本时：

借：数据资产——客户数据库	3360000	
固定资产——服务器	2240000	
贷：银行存款		5600000

五、成本法下数据资产初始计量中的难点与注意事项

（一）内部人工成本的分摊

须根据工时记录或项目预算，合理分配数据工程师、算法研发人员的薪酬至数据资产。

（二）确定合规性成本的边界

数据合规审查费应计入成本，但数据泄露后的罚款需费用化。

（三）对资本化时点的判断

自建数据资产需明确“技术可行性”分界点（如通过测试验证数据可用性），来确认数据资源资产化的时点。

成本法仅反映历史投入，不体现数据未来收益（如用户数据潜在变现能力）。成本法下数据资产初始计量的核心是归集直接、可验证的支出，需严格区分资本化与费用化，并关注合规性要求。企业应建立内部成本归集机制（如项目工时跟踪、合同分拆），确保计量符合会计准则，同时为后续摊销、减值测试提供可靠基础。随着数据资产交易市场的完善，未来可能结合成本法与公允价值法进行多维度计量。通过以上步骤，企业可在成本法下合理确定数据资产的初始价值，确保财务报告的合规性与透明度。实际应用中建议结合审计师意见，避免资本化过度或不足的风险。

六、成本法下数据资产初始计量会计核算实务

【例4－1】外购数据资产（第三方数据库授权）

某电商企业A向数据服务公司购买用户消费行为数据库的5年使用权，用于精准营销。合同总价200万元（含税），并支付以下费用：数据清洗费用15万元，法律咨询费（审查数据合规性）15万元，内部IT部署费用（将数据库接入企业系统）10万元。

成本法计量步骤如下：

1. 确认资产类型为外购数据资产（具有明确合同授权，可单独识别）。

2. 归集直接成本，购买价款200万元（含税）。

直接附加成本：数据清洗、法律咨询费用30万元。

不计入成本的费用：内部IT部署费用（属于日常运营支出，应费用化）。

3. 初始计量金额：200＋30＝230（万元）。

会计分录如下：

借：数据资产——用户消费行为数据库　　2300000

　　贷：银行存款　　2300000

【例4－2】自建数据资产（用户画像系统）

某车企B自行开发用户画像系统，采集车主驾驶行为数据并建模，具体支

出如下：研究阶段（可行性分析、数据采集测试），数据工程师薪资 30 万元，测试设备租赁费 5 万元；开发阶段（系统通过技术验证后），数据采集硬件部署 50 万元，数据清洗与标注 20 万元，算法模型开发 40 万元，合规审查费（确保符合《中华人民共和国个人信息保护法》）10 万元。

成本法计量步骤如下：

1. 区分阶段：研究阶段 35 万元全部费用化，计入当期损益。开发阶段（通过技术验证后），支出可资本化。

2. 归集开发成本：数据采集硬件部署 50 万元，数据清洗与标注 20 万元，算法模型开发 40 万元，合规审查费 10 万元，合计 120 万元。

3. 初始计量金额 120 万元，研究阶段支出费用化。

会计分录如下：

借：研发支出——数据资产研究　　350000
　　贷：应付职工薪酬等　　350000
借：数据资产——用户画像系统　　1200000
　　贷：研发支出　　1200000

【例 4-3】 混合获取（并购中数据资产分摊）

某 C 互联网公司以 900 万元收购一家数据分析公司，获得以下资产：服务器等硬件设备（公允价值 300 万元），客户偏好数据库（公允价值 600 万元）。

会计分录如下：

借：数据资产——客户偏好数据库　　6000000
　　固定资产——服务器等　　3000000
　　贷：银行存款　　9000000

第三节　成本法下间接成本分配计入数据资产初始价值的方法

在成本法下，数据资产的初始价值不仅包括直接成本（如数据采集、开发人员工资等），还需合理分配间接成本（如公共资源消耗、管理支持费用等）。实务中，间接成本的分配需遵循可归属与合理分配原则。

一、间接成本的类型与分配逻辑

（1）共享资源成本。根据数据资产对资源的使用比例分配（如服务器、存储空间）。数据资产占用服务器资源30%，分摊30%的服务器折旧费。

（2）管理支持费用。按项目工时或人员参与比例分配（如数据部门管理层的薪酬、行政支持）。数据项目占IT部门总工时的20%，分摊20%的IT管理费用。

（3）研发公共成本。按各数据项目的研发投入占比分配（如通用算法库的维护费用）。某数据项目研发投入占总研发预算的15%，分摊15%的算法库维护费。

（4）合规与安全成本。按数据资产的风险等级或数据量分配（如数据加密、合规审计费用）。高敏感数据资产分摊50%的年度合规审计成本。

二、间接成本分配的具体方法

（一）比例分配法

首先，确定成本池，将同一类别的间接成本汇总（如全年IT管理费用）。其次，选择分配基准，选择与数据资产关联性强的指标（如工时、数据量、服务器使用时间）。最后，计算分配比例，单个数据资产分配比例=（该资产占用基准值/总基准值）。

例如：成本池年度IT管理费用共200万元，分配基准为各数据项目占用服务器时长（A项目200小时，B项目300小时，总时长500小时）。A项目应分摊金额：200×（200/500）=80（万元）。

1. 按直接成本比例分配

计算直接成本总和：先确定与数据资产相关的所有直接成本，如数据采集成本、数据整理成本、硬件设备购置成本等，并计算其总和。

计算分配率：用间接成本总额除以直接成本总和，得到间接成本分配率。公式为：间接成本分配率=间接成本总额÷直接成本总和。

分配间接成本：将各数据资产的直接成本乘以间接成本分配率，得到该数据资产应分配的间接成本。公式为：某数据资产应分配的间接成本=该数据资产的直接成本×间接成本分配率。

例如：某企业开发一项数据资产，直接成本共计50万元，其中数据采集成本20万元，数据整理成本30万元。间接成本20万元，包括办公场地租金、设备折旧费等。则间接成本分配率为0.4（20÷50）。数据采集部分应分配的间接成本为8（20×0.4）万元，数据整理部分应分配的间接成本为12（30×0.4）万元。

2. 按工时比例分配

统计工时：统计为数据资产投入的各类人工工时，包括数据采集人员工时、数据处理人员工时、数据分析人员工时等。

计算总工时：将所有与数据资产相关的人工工时相加，得到总工时。

计算分配率：用间接成本总额除以总工时，得到每工时应分配的间接成本。公式为：间接成本分配率=间接成本总额÷总工时。

分配间接成本：根据各数据资产所耗费的工时，乘以间接成本分配率，得到该数据资产应分配的间接成本。公式为：某数据资产应分配的间接成本=该数据资产耗费的工时×间接成本分配率。

例如：假设A企业开发数据资产过程中，数据采集人员工作了100小时，数据处理人员工作了150小时，数据分析人员工作了50小时，间接成本为120万元。总工时为300（100+150+50）小时，间接成本分配率=120÷300=0.4（万元/小时）。数据采集部分应分配的间接成本为40（100×0.4）万元，数据处理部分应分配的间接成本为60（150×0.4）万元，数据分析部分应分配的间接成本为20（50×0.4）万元。

3. 按数据量比例分配

确定数据量：衡量各数据资产的规模大小，可以采用数据量作为指标，如数据的字节数、记录条数等。

计算数据总量：将所有相关数据资产的数据量相加，得到数据总量。

计算分配率：用间接成本总额除以数据总量，得到单位数据量应分配的间接成本。公式为：间接成本分配率=间接成本总额÷数据总量。

分配间接成本：根据各数据资产的数据量，乘以间接成本分配率，得到该数据资产应分配的间接成本。公式为：某数据资产应分配的间接成本=该数据资产的数据量×间接成本分配率。

例如：A企业有三项数据资产，A数据资产的数据量为150GB，B数据资产的数据量为200GB，C数据资产的数据量为350GB，间接成本为70万元。数据总量为700（150+200+350）GB，间接成本分配率=70÷700=0.1（万元/GB）。A数据资产应分配的间接成本为15（150×0.1）万元，B数据资产应分配的间接成本为20（200×0.1）万元，C数据资产应分配的间接成本为35（350×0.1）万元。

企业应根据自身的实际情况，选择合适的分配方法。如果数据资产的形成主要依赖人工劳动，工时比例法可能较为合适；如果直接成本与间接成本的关联性较强，按直接成本比例分配可能更准确；如果数据量是影响成本的主要因素，按数据量比例分配则更为合理。同时，也可以考虑采用多种方法相结合的方式，以更准确地将间接成本分配计入数据资产初始价值。

（二）作业成本法（ABC法）

该方法适用于间接成本涉及多环节、多驱动因素（如数据清洗、存储、分析分属不同作业）的情形。

具体步骤：（1）定义作业活动（如数据清洗、模型训练）。（2）归集各作业成本（如清洗作业的人工与工具费用）。（3）确定成本动因（如清洗次数、训练时长）。（4）分摊至数据资产，成本动因率=作业总成本/总动因量，再按动因量分配。

例如：某数据资产各项作业活动情况如表4-2所示。

表4-2 某数据资产各项作业活动及相关指标

作业活动	总成本（万元）	成本动因	总动因量	动因率
数据清洗	60	清洗次数	1000次	600元/次
模型训练	80	训练小时	400小时	2000元/小时

某数据资产各项指标数值，清洗60次，训练25小时。分摊成本：清洗成本=60×600=3.6（万元），训练成本=25×2000=5（万元），合计分摊8.6万元。

三、间接成本分配的注意事项

（一）间接成本分配基准的合理性

间接成本分配需选择与数据资产直接相关的驱动因素（如避免用收入比例

分配研发费用)。例如：数据存储成本按存储容量（TB）分配，而非按部门人数分配。

（二）间接成本分配的一致性

同类间接成本的分配方法需跨期一致，不得随意变更（除非业务模式改变）。

（三）间接成本资本化条件

数据资产初始价值计量仅分配开发阶段的间接成本（研究阶段间接成本需费用化）。

成本法下数据资产初始计量间接成本的分配，须保留分配计算表、基准选择依据等，以备审计核查。

四、实务案例

【例4-4】 某网络公司开发客户画像系统，发生以下成本：直接成本：数据采购费50万元，开发人员工资80万元。间接成本：IT部门管理费用50万元（按项目工时分配），服务器折旧费40万元（按存储容量分配）。

（一）分配过程

1. IT部门管理费用分配：客户画像系统项目工时占比 = 300小时/总工时1000小时 = 30%。分摊金额 = 50 × 30% = 15（万元）。

2. 服务器折旧费分配：客户画像数据存储占比 = 20TB/总存储100TB = 20%。分摊金额 = 40 × 20% = 8（万元）。

3. 初始价值计算：直接成本130（50 + 80）万元，间接成本23（15 + 8）万元，数据资产初始价值为153（130 + 23）万元。

（二）会计分录

借：数据资产——客户画像系统	1530000	
贷：银行存款（数据采购）		500000
应付职工薪酬（开发工资）		800000
研发支出（间接费用）		230000

五、间接成本分配的核心要点

（1）识别间接成本类型，区分共享资源、管理支持、合规等不同类别。

（2）选择分配基准，确保基准与数据资产使用强相关（如工时、存储量、作业动因）。

（3）计算与分摊，按比例或作业成本法精确分配，避免主观估计。

（4）会计确认，仅资本化确认开发阶段间接成本，研究阶段费用化。

（5）持续复核，定期验证分配方法的合理性，随业务变化调整。

通过以上步骤，企业可系统化地将间接成本合理计入数据资产价值，既符合会计准则要求，又能真实反映资源投入。

第四节 收益法下数据资产的初始计量

收益法是数据资产初始计量的重要方法，它通过预测数据资产未来的收益并折现来确定其当前价值。

一、收益法下数据资产初始计量的步骤

第一，确定数据资产的收益。

①直接收益：数据资产直接产生的收入（如数据销售、授权费）。

②间接收益：通过数据资产提升运营效率或降低成本（如精准营销减少广告支出）。

③协同收益：数据资产与其他资产结合产生的额外收益（如结合算法提升产品定价能力）。

第二，预测未来经济收益。

①收益期限：明确数据资产的经济寿命（如3年、5年），需考虑技术迭代、数据过时风险。

②收益金额：基于历史数据或市场分析，分年度预测净收益（收入－相关成本）。如：某用户数据库预计未来5年每年产生净收益100万元。

第三，选择折现率。

折现率可反映数据资产的风险和资金时间价值，通常参考企业加权平均资本成本（WACC）或行业平均回报率并进行专项风险（如数据合规风险、技术淘汰风险）调整后确定。

第四，计算现值。

二、收益法下数据资产初始计量的主要方法

（一）现金流量贴现法

现金流量贴现法是通过预测数据资产在未来特定期间内产生的净现金流量，然后选择适当的折现率将这些未来现金流量折算为现值，以此作为数据资产的初始价值，其计算公式为：

$$V = \sum_{t=1}^{n} \frac{CF_t}{(1+r)^t}$$

其中，V 表示数据资产的价值，CF_t 表示第 t 期的数据资产产生的净现金流量，r 表示折现率，n 表示预测期数。

例如，某企业的数据资产预计未来 3 年每年产生的净现金流量分别为 100 万元、120 万元和 150 万元，折现率为 10%，则该数据资产的价值为：

$$V = \frac{100}{(1+10\%)^1} + \frac{120}{(1+10\%)^2} + \frac{150}{(1+10\%)^3} \approx 325.44\text{（万元）}$$

（二）经济利润法

经济利润法是基于数据资产对企业经济利润的贡献来计量其价值。经济利润等于税后净营业利润减去全部投入资本的成本，数据资产的价值就是其在未来期间为企业创造的经济利润的现值。计算公式为：

$$V = \sum_{t=1}^{n} \frac{EVA_t}{(1+r)^t}$$

其中，EVA_t 为第 t 期的数据资产创造的经济利润。

例如，某企业的数据资产使企业每年的税后净营业利润增加 80 万元，投入资本成本为 30 万元，假设折现率为 8%，预计未来 4 年数据资产对经济利润的贡献不变，则数据资产价值为：

$$V = \sum_{t=1}^{4} \frac{(80 - 30)}{(1 + 8\%)^t} \approx 165.6 \text{（万元）}$$

三、收益法下数据资产初始计量现金流量贴现法参数的确定

（一）未来现金流量预测

1. 分析历史数据。研究数据资产过去的使用情况以及为企业带来的收益，例如，分析过去通过数据挖掘实现的销售增长、成本降低等数据，以了解其收益产生的规律和趋势。

2. 考虑市场趋势。结合行业发展动态、市场需求变化等因素，预测数据资产未来在不同业务场景下的应用前景和收益潜力。例如，随着市场对个性化服务需求的增加，企业的数据资产在精准营销方面的应用可能会带来更多的收益增长。

3. 评估业务拓展。根据企业的战略规划和业务拓展计划，分析数据资产在新业务领域或新市场中的潜在收益。比如，企业计划开拓海外市场，数据资产在市场调研、客户定位等方面的作用将为预测未来现金流量提供依据。

（二）折现率确定

1. 参考市场利率，以市场上无风险利率为基础，通常可以选择国债利率或银行定期存款利率作为无风险利率的参考。例如，当前国债利率为3%，这是折现率的一个基础组成部分。

2. 考虑风险溢价，根据数据资产的风险特性确定风险溢价。风险越高，风险溢价越大。数据资产的风险因素包括数据的稳定性、安全性、市场竞争等。例如，在竞争激烈的互联网行业，数据资产更新换代快，面临的风险较高，风险溢价可能设定为5%—8%；而在一些相对稳定的行业，如公用事业行业，数据资产风险较低，风险溢价可能在3%—5%。将无风险利率与风险溢价相加，得到折现率。如在上述互联网行业例子中，折现率可能为8%—11%。

四、收益法下数据资产初始计量经济利润法参数的确定

（一）确定预期收益

预期收益的确定是收益法的关键步骤，需要综合考虑多种因素。常见的确定

方法有：

1. 增量收益法：分析使用数据资产前后企业收益的变化，将增加的收益作为数据资产的预期收益。例如，某电商企业利用数据资产进行精准营销，使销售额增长，增长的销售额扣除相关成本后即为数据资产带来的增量收益。

2. 分成收益法：当数据资产与其他资产共同创造收益时，按照一定的分成比例确定数据资产的收益。比如，数据资产与企业的业务系统结合创造了总收益，可根据预先确定的数据资产贡献比例来分配收益。

（二）确定收益期

收益期是指数据资产能够为企业带来收益的持续时间。需要考虑数据资产的时效性、技术更新速度、市场竞争等因素。例如，一些时效性较强的数据资产，如市场行情数据，其收益期可能较短；而一些具有长期价值的数据资产，如客户关系数据，收益期可能较长。

（三）确定折现率

折现率反映了投资者对数据资产未来收益的风险预期和期望回报率。常见的确定方法有：

1. 资本资产定价模型（CAPM）：$r = R_f + \beta \times (R_m - R_f)$

其中，R_f 表示无风险收益率，β 表示数据资产的系统性风险系数，R_m 表示市场平均收益率。

2. 加权平均资本成本（WACC）：综合考虑企业的债务资本和权益资本成本，计算公式为：$WACC = w_d \times r_d \times (1 - T) + w_e \times r_e$

其中，w_d 和 w_e 分别表示债务资本和权益资本的权重，r_d 表示债务资本成本率，T 表示所得税税率，r_e 表示权益资本成本率。

（四）计算数据资产价值

根据上述确定的预期收益、收益期和折现率，代入基本公式即可计算数据资产的价值。

五、收益法的适用范围

收益法适用于数据资产具有明确的未来收益能力（如可直接产生收入或间

接支持业务增长），无法通过成本法或市场法可靠计量价值（例如数据资产为内部开发形成，或缺乏可比市场交易），能够合理预测未来收益，并且与收益相关的风险报酬能够合理估计的数据资产。例如，对于拥有大量用户数据的互联网平台企业，其数据资产能够通过精准营销、个性化推荐等方式为企业带来明确的收益增长，且可以根据历史数据和市场趋势对未来收益进行合理预测，就适合采用收益法来计量数据资产的初始价值。收益法的典型应用场景是企业自建或外购数据资产（如用户画像数据库、AI 训练数据集），数据资产作为核心资源参与商业合作（如数据授权、数据驱动的广告业务）。

六、采用收益法评估数据资产初始价值示例

（一）采用现金流量贴现法确认数据资产初始价值

【例4－5】假设 ABC 公司是一家电商企业，拥有大量的用户购物数据、浏览数据以及商家数据。公司计划对这些数据资产进行价值评估，以便在财务报表中进行更准确的资产计量，或者为可能的资产转让、融资等活动提供价值参考。

1. 预测未来现金流量

（1）分析历史数据。ABC 公司通过分析过去几年的数据，发现利用这些数据进行精准营销活动，平均每年能带来额外的销售收入增长 1000 万元，同时通过优化供应链管理，每年能节省成本 300 万元。考虑到数据资产的不断积累和优化，预计未来数据资产对销售收入增长和成本节省的贡献将逐年递增。

（2）考虑市场趋势。随着电商行业的持续发展，消费者对个性化购物体验的需求不断增加，ABC 公司的数据资产在精准营销方面的价值将越发凸显。预计未来 5 年，每年因数据资产带来的额外销售收入增长将以 10% 的速度递增，成本节省将以 8% 的速度递增。

具体预测数据如表 4－3 所示：

表4－3　ABC 公司相关预测数据　　单位：万元

年份	额外销售收入增长	成本节省	总现金流量
1	1000×(1+10%)=1100	300×(1+8%)=324	1100+324=1424
2	1100×(1+10%)=1210	324×(1+8%)=349.92	1210+349.92=1559.92
3	1210×(1+10%)=1331	349.92×(1+8%)=377.91	1331+377.91=1708.91
4	1331×(1+10%)=1464.1	377.91×(1+8%)=408.14	1464.1+408.14=1872.24
5	1464.1×(1+10%)=1610.51	408.14×(1+8%)=440.79	1610.51+440.79=2051.3

2. 确定折现率

（1）参考市场利率。当前国债利率为3%，作为无风险利率的参考。

（2）考虑风险溢价。ABC公司所处的电商行业竞争激烈，数据资产面临着数据安全、技术更新等风险。综合考虑这些因素，确定风险溢价为7%。因此，折现率为10%（3%+7%）。

3. 计算数据资产的初始价值

根据现金流量贴现法的公式：$V=\sum_{t=1}^{n}\frac{CF_t}{(1+r)^t}$

其中，V表示数据资产的价值，CF_t表示第t期的数据资产产生的净现金流量，r表示折现率，n表示预测期数。将上述预测的现金流量和折现率代入公式，计算数据资产的价值：

$$V=\frac{1424}{(1+10\%)^1}+\frac{1559.92}{(1+10\%)^2}+\frac{1708.91}{(1+10\%)^3}+\frac{1872.24}{(1+10\%)^4}+\frac{2051.3}{(1+10\%)^5}$$

$$\approx 1294.55+1289.19+1283.93+1278.77+1273.70\approx 6420.14\text{（万元）}$$

据此，通过收益法的现金流量贴现法评估，ABC公司的数据资产价值约为6420.14万元。需要注意的是，这只是一个简化的示例，实际评估中可能需要考虑更多的因素，如数据资产的寿命、税收影响、市场波动等，以确保评估结果的准确性和可靠性。

（二）采用经济利润法确认数据资产初始价值

经济利润法是一种基于企业未来经济利润折现来评估资产价值的方法，在数据资产初始计量中，经济利润可以理解为数据资产为企业带来的超过正常利润的收益。

1. 经济利润法原理

经济利润＝投入资本×（投资资本回报率－加权平均资本成本率）

数据资产价值＝数据资产未来经济利润的现值之和

2. 初始计量的核心步骤

（1）确定数据资产的收益：

直接收益：数据资产直接产生的收入（如数据销售、授权费）。

间接收益：通过数据资产提升运营效率或降低成本（如精准营销减少广告支出）。

协同收益：数据资产与其他资产结合产生的额外收益（如结合算法提升产

品定价能力）。

（2）预测未来经济收益：

收益期限：明确数据资产的经济寿命（如 3 年、5 年），需考虑技术迭代、数据过时风险。

收益金额：基于历史数据或市场分析，分年度预测净收益（收入 - 相关成本）。

3. 经济利润法的具体步骤

（1）确定数据资产带来的增量收益：评估使用数据资产前后企业收益的变化，确定数据资产为企业带来的额外收益。

（2）计算投入资本：投入资本是指用于获取和维护数据资产所投入的资金，涵盖购买数据、建设数据管理系统等方面的成本。

（3）确定投资资本回报率：投资资本回报率 = 数据资产带来的增量收益/投入资本。

（4）确定加权平均资本成本率（WACC）：加权平均资本成本反映了企业使用各种资本的平均成本率，其计算公式为：

WACC = 债务资本占比 × 债务资本成本率 ×（1 - 税率）+ 权益资本占比 × 权益资本成本率

（5）计算经济利润：依据上述公式计算每年的数据资产经济利润。

（6）计算数据资产价值：对未来各年的经济利润进行折现，得到数据资产的价值。

【例 4 - 6】 假设 F 电商企业为了精准营销投入大量数据资产，具体数据如下。

投入资本：该企业在数据收集、清洗、分析等方面共投入 100 万元。

增量收益预测：预计未来 3 年，数据资产带来的增量收益分别为 30 万元、40 万元、50 万元。

加权平均资本成本率（WACC）：假设为 10%。

4. 计算过程

（1）计算投资资本回报率：

第 1 年：$30 \div 100 \times 100\% = 30\%$

第 2 年：$40 \div 100 \times 100\% = 40\%$

第 3 年：$50 \div 100 \times 100\% = 50\%$

（2）计算每年的经济利润：

第 1 年：$100 \times (30\% - 10\%) = 20$（万元）

第 2 年：$100 \times (40\% - 10\%) = 30$（万元）

第 3 年：$100 \times (50\% - 10\%) = 40$（万元）

（3）计算经济利润的现值：

第 1 年：$20 \div (1 + 10\%)^1 \approx 18.18$（万元）

第 2 年：$30 \div (1 + 10\%)^2 \approx 24.79$（万元）

第 3 年：$40 \div (1 + 10\%)^3 \approx 30.05$（万元）

（4）计算数据资产价值：

数据资产价值 $= 18.18 + 24.79 + 30.05 = 73.02$（万元）

综上所述，采用经济利润法计算得出该电商企业的数据资产初始价值约为 73.02 万元。

【例 4 -7】假设某企业采用经济利润法评估一项自行开发的数据资产（如用户画像系统），具体计算过程如下：

1. 预测数据资产的增量经济利润（见表 4 -4）

表 4 -4　　某企业相关预测数据　　单位：万元

年份	增量收入	增量成本	增量利润
1	150	30	120
2	180	40	140
3	200	40	160

2. 确定折现率

企业加权平均资本成本率为 12%，叠加数据资产特有风险溢价率 3%，最终折现率为 15%。

3. 计算各年利润现值（见表 4 -5）

表 4 -5　　某企业经济利润相关数据

年份	增量利润（万元）	折现因子（15%）	现值（万元）
1	120	1. 15	104. 35
2	140	1. 3225	105. 86
3	160	1. 5209	105. 20
现值合计	—	—	315. 41

七、收益法下数据资产初始计量的会计处理

（一）初始确认分录

借：数据资产（现值金额）

　　贷：银行存款/研发支出（实际支出，若有）

　　贷/借：资本公积/损益（现值与实际支出的差额，需根据会计准则判断）

（二）实务案例

【例4－8】 企业自建数据资产，开发成本200万元，但通过收益法评估现值为413.6万元：

借：数据资产	4136000	
贷：研发支出		2000000
资本公积（其他综合收益）		2136000

【例4－9】 某电商公司开发客户行为分析数据库，用于提升广告精准度，预计未来5年每年节省广告支出200万元，折现率为8%。

1. 计算过程

预测净收益（节省成本）：

第一年200万元，第二年200万元，第三年200万元，第四年300万元，第五年300万元。

现值计算：

$$V = \frac{200}{(1+8\%)^1} + \frac{200}{(1+8\%)^2} + \frac{200}{(1+8\%)^3} + \frac{300}{(1+8\%)^4} + \frac{300}{(1+8\%)^5}$$

$$\approx 940.12\text{（万元）}$$

2. 会计处理

若开发成本为600万元，按收益法确认初始价值940.12万元：

借：数据资产	9401200	
贷：研发支出		6000000
资本公积		3401200

八、收益法下数据资产初始计量的注意事项

（一）收益预测的可靠性

需有合理依据支持未来收益预测（如合同约定、历史数据、市场研究）。避免过度乐观假设，需考虑数据贬值、竞争替代等风险。

（二）折现率的选择

高风险数据资产（如隐私合规风险高）需采用更高折现率。可参考行业报告或专业机构建议。

（三）会计准则限制

数据资产初始计量必须符合会计准则，例如：IAS38 规定仅当数据资产满足“可辨认性”（可分离或源自合同权利）时方可确认为无形资产。CAS6 也有类似要求，强调成本或公允价值可靠计量。

（四）收益分离难度

数据资产常与其他资源（算法、硬件）协同作用，需合理分配贡献比例（如采用层次分析法）。

（五）技术迭代风险

数据资产可能因技术更新迅速贬值（如 AI 模型迭代），需缩短收益期或提高折现率。

（六）数据合规成本

数据合规成本须从净收益中扣除。

收益法的优势是能反映数据资产的未来经济价值，适用于高潜力但成本难以衡量的场景。核心难点是收益预测和折现率的合理性，需依赖专业判断和数据支撑。用收益法对数据资产进行初始确认必须做到合规，严格遵守会计准则对“可辨认性”和“可靠计量”的要求，避免高估资产。

第五节　收益法下数据资产初始计量收益期的确定

收益法下数据资产的收益期指数据资产能够持续为企业带来经济利益的时间跨度，需明确其开始时间（如系统上线、数据首次商业化）和结束时间（如技术淘汰、合规失效）。在收益法中合理确定数据资产的收益期，需综合技术、市场、法律及经济等多维度因素。

一、确定数据资产收益期需考虑的因素

（一）考量数据资产自身特性

1. 时效性。时效性强的数据资产，收益期较短。例如，金融市场的实时交易数据、新闻资讯类数据，其价值会随时间迅速衰减。以股票交易数据为例，某一时刻的交易价格和成交量数据仅在极短时间内对投资者有决策参考价值，过了这个时间点，新的数据产生，旧数据的价值就会大打折扣，这类数据资产的收益期可能只有数小时到数天。而对于一些相对稳定、变化缓慢的数据资产，如企业的历史销售数据、客户基础信息等，时效性较弱，可在较长时间内为企业提供决策支持，收益期可能长达数年。

2. 可更新性。具备良好可更新性的数据资产，收益期可能更长。若数据资产能够定期更新和补充，就可以持续保持其价值和适用性。像气象数据，通过不断更新观测数据，能持续为农业、航空、旅游等多个行业提供服务，从而延长其收益期。相反，若数据资产难以更新，随着时间推移，其与实际情况的偏差会越来越大，收益期也会相应缩短。

3. 磨损和老化情况。数据资产也会面临磨损和老化问题。例如，由于技术发展、市场环境变化等原因，一些基于特定算法或模型的数据资产可能会逐渐失效。如早期基于简单统计模型的客户需求预测数据，随着市场需求变得更加复杂，这种模型可能无法准确预测，数据资产的价值就会下降，收益期也会受到影响。

（二）分析外部市场环境

1. 市场竞争态势。在竞争激烈的市场中，数据资产的收益期可能会缩短。

若竞争对手推出更优质、更具时效性的数据产品或服务，企业现有的数据资产可能会迅速失去竞争优势。以电商行业为例，各平台都在争夺用户数据以提供个性化推荐服务，如果某平台的数据处理和分析能力落后于竞争对手，其数据资产的收益期就会受到挤压。相反，在竞争相对缓和的市场中，数据资产的收益期可能相对较长。

2. 技术发展趋势。技术的快速发展会对数据资产的收益期产生重大影响。一方面，新技术可能会使现有的数据资产过时，例如，随着人工智能技术的发展，传统的基于规则的数据挖掘方法可能被更先进的深度学习算法所取代，基于旧方法的数据资产收益期会缩短。另一方面，新技术也可能为数据资产带来新的应用场景和价值提升机会，从而延长收益期。如区块链技术的出现，为数据资产的安全存储和共享提供了新的解决方案，使一些原本因安全问题受限的数据资产能够发挥更大的价值。

3. 政策法规变化。政策法规的变化可能会对数据资产的使用和收益产生限制或促进作用。例如，严格的数据保护法规可能会限制企业对某些敏感数据的使用，从而缩短相关数据资产的收益期。而政府对某些行业数据的开放政策，则可能为企业带来新的数据资产获取渠道和应用机会，延长收益期。

（三）结合企业运营策略

1. 业务规划。企业的业务规划会直接影响数据资产的收益期。如果企业计划在未来某个时间点推出全新的业务模式或产品，可能会导致现有的数据资产不再适用，收益期提前结束。例如，一家传统零售企业计划向线上电商转型，那么其原有的线下门店销售数据的收益期可能会随着转型的推进而缩短。相反，如果企业的业务具有连续性和稳定性，数据资产的收益期也会相对稳定。

2. 数据资产战略。企业对数据资产的战略定位和管理方式也会影响收益期。若企业重视数据资产的持续投入和创新应用，不断挖掘数据的新价值，数据资产的收益期可能会延长。例如，企业通过建立完善的数据管理体系，对数据进行深度分析和挖掘，开发出一系列基于数据的增值服务，从而使数据资产在较长时间内为企业创造收益。

3. 采用适当的评估方法。不同的评估方法对收益期的确定会有明显的影响。

影响收益期的关键因素如表 4－6 所示：

表 4－6　影响收益期的关键因素

因素类别	具体内容	示例
技术生命周期	数据资产依赖的技术（如算法、存储方式）更新速度	AI 模型因算法迭代可能在 3 年后失效
市场需求变化	数据应用场景的可持续性（如用户画像需求是否长期存在）	某购物节预测模型仅在促销季有效，收益期仅 1 年
法律与合规风险	数据采集、使用是否符合现行及未来法规（如 GDPR、《中华人民共和国个人信息保护法》	用户行为数据因隐私法收紧，收益期从 5 年缩短至 2 年
竞争环境	同类数据资产是否被竞争对手快速复制或替代	某金融风控模型被同业模仿，竞争优势期缩短至 18 个月
数据更新频率	数据是否需要持续更新以保持有效性（如实时交通数据 vs. 历史人口普查数据）	实时推荐系统须每日更新数据，静态行业报告数据有效期 3 年

除了数据资产自身特性、外部市场环境、企业运营策略等对数据资产收益期有影响外，还可以通过以下几方面来进一步细化和完善收益期的确定过程。

（一）数据资产的市场寿命

1. 产品或服务的生命周期

如果数据资产是为特定的产品或服务提供支持，那么，产品或服务的生命周期对数据资产的收益期有直接影响。例如，一款流行的手机游戏，其生命周期可能只有几年，相关的游戏用户行为数据、游戏内交易数据等数据资产的收益期与游戏的生命周期紧密相关。随着游戏热度下降，用户数量减少，这些数据资产为企业带来收益的能力也会逐渐减弱，收益期也就相应结束。

2. 行业的更新换代速度

不同行业的数据资产市场寿命差异较大。在一些新兴的科技行业，如人工智能、大数据分析等，技术更新换代迅速，数据资产的市场寿命可能较短。例如，某些基于特定人工智能算法的数据模型，可能在短短几个月到一年的时间内就会因为新算法的出现而被淘汰，其收益期也随之结束。而在一些传统行业，如制造业、农业等，数据资产的市场寿命相对较长，可能会持续数年甚至更长时间。

（二）数据资产的法律和合同限制

1. 数据使用许可期限

如果企业是通过许可协议获得的数据资产，那么许可期限就会限制数据资产的收益期。例如，企业从第三方购买了一定期限的数据使用许可，用于市场调研和产品研发。在许可期限内，企业可以利用这些数据资产为自身创造收益。需要说明的是，一旦许可期限届满，企业就不能再合法使用这些数据，收益期也就到此为止。

2. 数据存储和保密义务

某些数据资产可能受到法律规定的数据存储和保密义务的限制。例如，医疗行业的患者数据，需要按照相关法律法规进行长期存储和严格保密。虽然这些数据在一定时期内可以为医疗研究和临床决策提供价值，但在超过法律规定的存储期限后，企业可能需要按照规定进行数据销毁，从而结束数据资产的收益期。

（三）数据资产的收益稳定性

1. 收益波动情况

观察数据资产在过去一段时间内的收益波动情况。如果收益波动较大，说明数据资产的价值可能受到多种因素的影响，稳定性较差，那么收益期的确定需要更加谨慎。例如，某些社交媒体平台上的用户生成内容数据，其带来的广告收益可能会因为用户活跃度、话题热点等因素的变化而大幅波动。相反，如果数据资产的收益相对稳定，如一些大型企业的长期客户关系管理数据，能够持续为企业带来稳定的客户订单和销售收益，其收益期可能相对更稳定。

2. 收益增长或下降趋势

分析数据资产的收益是呈现增长趋势还是下降趋势。如果收益呈现明显的增长趋势，且有合理的预期和支撑因素，那么可以适当延长收益期的估计。例如，随着企业数字化转型的推进，其积累的生产运营数据越来越丰富，通过数据分析实现了生产效率的不断提升和成本的降低，收益不断增长，此时可以根据增长趋势合理预测收益期。反之，如果收益呈现下降趋势，则需要考虑数据资产是否已经过了其价值高峰期，收益期可能需要相应缩短。

在确定数据资产的收益期时，需要综合考虑以上多个方面的因素，并结合数据资产的具体情况进行深入分析和判断，以确保收益期的确定既符合实际情况，又能为数据资产的价值评估提供合理的基础。

二、确定收益期的具体方法

（1）技术预测法：运用技术成熟度曲线分析数据资产所处技术阶段（如萌芽期、成熟期、衰退期）。

例如，自然语言处理技术已进入成熟期，相关数据资产的收益期可设定为6年。

（2）市场类比法：参考行业标杆企业或类似产品的平均收益期。

例如，电商行业用户画像系统的平均收益期为3—5年，可据此设定基准。

（3）专家评估法：组织相关领域的专家，如行业分析师、数据科学家、企业管理人员等，根据他们的专业知识和经验，对数据资产的收益期进行评估。专家可以综合考虑数据资产的特性、市场环境、企业运营等多方面因素，给出较为合理的收益期建议。

（4）德尔菲法：通过技术、法律、市场专家多轮匿名评估，收敛收益期预测结果。

例如，专家预测某医疗影像数据分析系统的收益期为5年±1年。

（5）合同约定法：若数据来源于外部授权（如第三方数据采购），直接采用合同约定使用期限。例如，采购的社交媒体数据授权期为5年，则收益期不得超过5年。

（6）统计分析法：收集和分析类似数据资产的历史收益情况，通过统计模型来预测当前数据资产的收益期。例如，分析同行业企业在过去几年中某类数据资产的收益变化趋势，以此为基础推断目标数据资产的收益期。

（7）情景分析法：设定不同的情景，如乐观情景、悲观情景和中性情景，分别评估在不同情景下数据资产的收益期。这种方法可以考虑到各种不确定性因素对收益期的影响，为企业提供更全面的决策依据。

三、收益期不确定性的处理

（一）概率分析法

对不同收益期赋予概率权重（如悲观/中性/乐观情景），计算期望值。如

表 4 – 7 所示。

表 4 – 7　不同收益期相关数据

情景	收益期	概率	现值权重
悲观	2 年	30%	0. 3 × PV
中性	3 年	50%	0. 5 × PV
乐观	5 年	20%	0. 2 × PV

（二）蒙特卡洛模拟

通过随机生成技术迭代速度、法规变化等变量，模拟收益期的概率分布。

（三）保守性原则

若收益期无法可靠估计，按孰短原则选择技术寿命与经济寿命的较低值。

例如，技术寿命 5 年，但经济寿命因竞争缩短至 4 年，收益期则按 4 年计算。

四、收益法下数据资产初始计量收益期确定需注意的事项

（一）动态调整机制

定期复核：至少每年评估一次收益期，根据技术、市场变化调整。例如，原定 5 年收益期的数据资产，因新法规出台，第二年调整为 3 年。

（二）折现率与收益期的联动

高风险短周期：若收益期短且不确定性高，则需提高折现率（如增加 3% – 5% 风险溢价）。

例如，收益期 2 年的数据资产，折现率可以从 12% 提升至 15%。

（三）文档化支持依据

留存证据链：保存技术可行性报告、市场分析、专家意见等，以应对审计或评估核查。

五、数据资产初始计量收益法实例

【例 4 – 10】 某物流公司通过路径优化算法数据资产降低运输成本，试确定其收益期。

分析过程：技术层面，算法基于当前道路数据更新频率，预计有效期为 6 年（技术寿命）。市场层面，竞争对手可能在 3 年内推出同类系统（经济寿命 3 年）。法律层面，地理数据使用符合现行法规，无重大风险。

通过以上分析得出：采用保守性原则，收益期按 3 年计算，并提高折现率至 14%（原 WACC 10% +4% 风险溢价）。

六、收益法下合理确定数据资产收益期的核心逻辑

（一）多维度交叉验证

技术、市场、法律、竞争四重分析缺一不可，并进行动态管理：随环境变化及时调整，避免“一次性设定终身使用”。

（二）风险量化

通过概率分析或折现率调整反映不确定性。

通过上述方法，企业可以科学地确定数据资产的收益期，为估值提供可靠基础。

第六节 收益法下数据资产初始计量折现率的确定

折现率是将数据资产未来预期收益折算为现值的核心参数，反映了资金的时间价值和资产的风险溢价。其合理性直接影响资产价值的准确性。权益法下数据资产初始计量折现率的合理确定需要综合考虑多个因素，具体如下。

一、确定折现率需考虑的因素

（一）参考市场利率

可以观察市场上类似风险投资的收益率，例如长期国债利率、企业债券利率

等。国债利率通常被视为无风险利率，而企业债券利率则包含了一定的风险溢价。一般会在无风险利率的基础上，根据数据资产的风险程度加上适当的风险溢价来确定折现率。

（二）考虑数据资产的风险特性

1. 需要综合评定数据质量，数据的准确性、完整性、时效性等会影响其价值和风险。高质量的数据相对更稳定，风险较低，折现率可以适当降低；而质量较差的数据可能面临更大的不确定性，需要更高的折现率来补偿风险。

2. 需要全面分析数据的市场需求，如果数据资产所涉及的领域市场需求旺盛，且数据具有独特性和稀缺性，那么其风险相对较低，折现率可以相对较低。反之，如果市场需求不稳定或竞争激烈，数据资产的价值波动可能较大，折现率应相应提高。

3. 要综合评价数据的法律法规和合规风险，某些数据资产可能受到严格的法律法规监管，如个人隐私数据、金融数据等。如果存在合规风险，可能导致数据资产的使用受限或面临处罚，这会增加其风险，需要在确定折现率时予以考虑。

（三）分析行业平均回报率

了解所在行业的平均投资回报率是确定折现率的重要参考。不同行业的风险和回报水平差异较大，例如，科技行业可能具有较高的增长潜力，但也伴随着较大的不确定性和风险，其折现率可能相对较高；而一些传统行业，如公用事业，相对较为稳定，折现率可能较低。可以通过行业研究报告、统计数据等获取行业平均回报率，并结合数据资产在行业中的地位和特点进行调整。

二、确定折现率的具体方法

在数据资产初始计量中，若采用收益法评估其价值，折现率的合理确定需考虑以下因素：（1）资金的时间价值（无风险回报）；（2）数据资产的特有风险溢价（技术、法律、市场等风险）；（3）投资者要求的必要回报率。

（一）资本资产定价模型（CAPM）

CAPM 是一种常用的确定折现率的方法，其公式为：

$$R = R_f + \beta \times (Rm - R_f) + \alpha$$

其中，R_f 是无风险利率（如 10 年期国债收益率）；β 是数据资产所在行业的系统性风险系数（参考可比上市公司 β 值），是数据资产风险相对于市场的敏感度，是数据资产相对于市场组合的风险系数，用于衡量该资产的系统性风险；Rm 是市场预期回报率（如历史市场平均收益率）；α 是特定风险调整（数据资产特有风险，如合规风险、技术迭代风险）。通过估计数据资产的 β 值，并结合无风险利率和市场预期收益率，可以计算出适合的数据资产折现率。

用资本资产定价模型确定收益法折现率，从而确认数据资产初始价值的适用场景为：首先，数据资产为企业核心资产，需反映企业整体资本结构。其次，数据资产所属行业有公开市场数据参考，且风险可量化。

（二）加权平均资本成本（WACC）法

WACC 是企业各种资本来源的加权平均成本，它反映了企业整体的融资成本和风险水平。如果数据资产是企业整体资产的一部分，可以参考企业的 WACC 来确定折现率。在运用 WACC 时，需要考虑企业的资本结构，包括债务和股权的比例，以及各自的成本。计算公式为：

$$WACC = \frac{E}{V} \times Re + \frac{D}{V} \times R_d \times (1 - T)$$

其中，E 为权益价值或权益成本；D 为债务价值；$V = E + D$；Re 为权益成本率，R_d 为债务成本率，T 为所得税税率。

加权平均资本成本（WACC）法的适用场景为：数据资产为企业核心资产，需反映企业整体资本结构和风险。

（三）风险累加法

这种方法是将数据资产投资的各种风险因素所要求的风险补偿率进行累加，从而得到折现率。公式可表示为：

$$折现率 = 无风险利率 + \frac{行业风险}{报酬率} + \frac{经营风险}{报酬率} + \frac{财务风险}{报酬率} + \frac{其他风险}{报酬率}$$

无风险利率通常选取长期国债利率等稳定的无风险投资回报率；行业风险报酬率需要考虑数据资产所属行业的发展稳定性、竞争程度等因素，参考行业平均风险水平确定（如科技行业风险溢价 4%—6%）；经营风险报酬率则关注企业在数据资产运营管理方面的风险，如数据收集、处理、更新等环节的不确定性；财务风险报酬率与企业的财务状况和融资结构相关，例如，负债水平较高的企业，其数据资产折现率中的财务风险报酬率可能较高；其他风险报酬率涵盖可能影响数据资产价值的其他特殊风险因素，如数据安全事件、技术变革对数据资产的冲击等（通常加1%—5%）。

风险累加法适用于缺乏可比市场数据的情形，其通过逐项风险量化调整累加来确定数据资产现值折现率。

（四）专家判断法

组织相关领域的专家，包括数据资产领域的学者、行业内的资深分析师、企业的财务专家等，综合他们的经验和专业知识来确定折现率。专家们会根据自己对数据资产市场的了解、行业发展趋势以及特定数据资产的特性等多方面因素进行评估和判断。

为了提高判断的准确性和客观性，可以采用德尔菲法等专家调查方法。该方法通过多轮问卷调研，让专家们在匿名的情况下各自给出对折现率的判断，然后汇总分析专家意见，再将结果反馈给专家进行下一轮调整，经过几轮反复，使专家意见逐渐趋于一致，最终确定折现率。

（五）类比法

寻找与待评估数据资产类似的已交易数据资产案例，参考这些案例在交易时所采用的折现率来确定当前数据资产的折现率。在选择可比案例时，要尽可能确保案例与待评估资产在数据类型、应用场景、市场条件、风险特征等方面具有较高的相似性。

例如，若要评估某电商平台的用户行为数据资产，可寻找其他电商平台类似用户行为数据资产的交易案例。如果找到的案例中，数据资产在数据规模、数据质量以及对业务的重要性等方面与待评估资产相近，且交易时的市场环境也较为相似，那么可以参考该案例的折现率，并根据两者之间的细微差异进行适当调整，如待评估数据资产的质量更高，可适当降低折现率；若市场竞争环境更激烈，则适当提高折现率。

实际操作中，权益法下确定数据资产初始计量折现率需要综合运用多种方法，并充分考虑数据资产的自身特点、市场环境、行业风险等因素，以确保折现率能够合理反映数据资产的风险和收益特征，从而准确计量其初始价值。

三、操作步骤及注意事项

（一）操作步骤

1. 确定无风险利率：选择与数据资产期限匹配的国债收益率（如10年期国债利率）。

2. 估算市场风险溢价：参考历史数据（中国市场通常为4%—6%）。

3. 量化系统性风险（β值）：若数据资产属于科技行业，参考可比上市公司β值；若无直接可比公司，采用行业平均值。

4. 叠加特定风险溢价：技术风险：+2%；合规风险：+1%；流动性风险：+1%。

5. 计算最终折现率。

（二）注意事项

在实际工作中，由于数据资产自身的特殊性以及市场环境的复杂多样性，在确定收益法的折现率时需采用多种方法进行交叉验证，结合CAPM、WACC法和风险累加法，确定合理区间，进行敏感性分析，测试折现率微小变动对估值的影响，披露关键假设。同时需参考行业基准，如互联网行业WACC通常为8%—12%，高风险数据资产可适当上浮。此外，还需遵循各项相关准则，如遵循《企业会计准则第6号——无形资产》及国际财务报告准则（如IFRS 13），确保方法可行。

四、数据资产的特殊风险因素

在计算收益法折现率时，还需额外考虑以下风险并调整折现率：（1）技术风险：数据技术迭代快，可能导致资产快速贬值（折现率+1%或-3%）；（2）法律合规风险：数据隐私（如GDPR）、跨境传输限制（折现率+2%或-4%）；（3）收益期限不确定性：时效性数据（如用户行为数据）经济寿命短，需匹配短期利率；（4）市场流动性风险：数据资产交易市场不成熟，流动性差（折现率+1%或-2%）。

五、案例分析

【例 4 – 11】 假设某企业评估一项数据资产，预期未来 5 年净收益为 100 万元/年；无风险利率（国债）3%；市场风险溢价 5%；数据资产 β 值 1.2（科技行业平均）；特定风险溢价 2%（数据合规风险）。则收益法下折现率为：

折现率 = 3% + 1.2 × 5% + 2% = 11%

【例 4 – 12】 某公司拟评估一项基于人工智能的用户行为数据资产价值，该资产预期未来 5 年每年可产生净收益 1000 万元。请采用 CAPM 确定其折现率。

1. 确定无风险利率

依据：选择与数据资产收益期限匹配的国债收益率。

参数：10 年期国债收益率 3.0%（参考当前市场数据）。

2. 估算市场风险溢价

依据：参考历史市场平均回报率与无风险利率的差值。

参数：我国市场历史平均风险溢价 5.5%（沪深 300 指数近 10 年年化回报率 8.5% – 无风险利率 3.0%）。

3. 确定 β 值（系统性风险系数）

依据：参考可比上市公司 β 值（数据资产所属行业为科技行业）。

参数：可比公司 β 值范围：1.2—1.5（通过 Wind/彭博等数据库获取）；取中间值：$\beta = 1.35$（反映数据资产与科技行业整体风险同步性）。

4. 量化特定风险溢价

需额外叠加数据资产特有风险。分项量化：技术风险溢价，数据技术迭代快（如算法过时风险），加 2.0%；法律合规风险，涉及用户隐私（GDPR 合规成本），加 1.5%；流动性风险，数据资产交易市场不成熟，加 1.0%；

总特定风险溢价：$\alpha = 2.0\% + 1.5\% + 1.0\% = 4.5\%$

5. 折现率计算

将参数代入 CAPM 公式：$R = 3.0\% + 1.35 \times 5.5\% + 4.5\% = 3.0\% + 7.43\% + 4.5\% = 14.93\%$（约 15%）

6. 敏感性分析

测试关键参数变动对折现率的影响，如表 4 – 8 所示。

表 4－8　关键参数敏感性分析

参数变动	折现率范围	估值变动（5 年，1000 万元/年）
β＝1.2（原 1.35）	14.0%	现值增加约 300 万元
β＝1.5	16.1%	现值减少约 250 万元
特定风险溢价＋1%	16.0%	现值减少约 180 万元

7. 采用资本资产定价模型（CAPM）确定数据资产折现率应注意的事项

首先，对参数合理性进行验证。要对比行业基准，科技行业 WACC 通常为 10%—15%，本例 15% 处于合理区间。参考同类交易案例，类似数据资产并购中折现率多采用 12%—18%。符合会计准则要求，需在财务报告中披露参数假设（如 β 值来源、特定风险调整依据）。遵循《企业会计准则第 6 号——无形资产》对“公允价值层次”的要求。

其次，获取专业支持。建议聘请第三方评估机构，确保 β 值和风险溢价的客观性。

8. 采用资本资产定价模型（CAPM）确定数据资产折现率完整估值计算（示例）

假设数据资产未来 4 年净收益为 1000 万元/年，第五年净收益为 900 万元，按 15% 折现率计算现值：

$$PV = 1000/1.15 + 1000/1.15^2 + 1000/1.15^3 + 1000/1.15^4 + 900/1.15^5$$
$$= 3302.47 \text{（万元）}$$

采用 CAPM 确定数据资产折现率时，需系统性量化市场风险和特有风险，并通过敏感性分析验证结果稳健性。实务中应结合行业基准、专业判断和会计准则要求，确保估值逻辑清晰、可审计。

【例 4－13】某科技公司拟评估其核心数据资产（客户画像数据库）价值，该资产预期未来 10 年每年产生净现金流量 2000 万元。公司需采用收益法进行初始计量，并通过 WACC 法确定折现率。

1. 计算公式

$$WACC = \frac{E}{V} \times Re + \frac{D}{V} \times R_d \times (1 - T)$$

2. 确定资本结构

权益（E）：公司当前市值 50 亿元；

债务（D）：长期贷款余额 10 亿元；

总价值 $V=E+D$：50 + 10 = 60（亿元）。

权重：权益权重 $E/V=50/60=83.3\%$，债务权重 $D/V=10/60=16.7\%$。

3. 计算权益成本（Re）

使用 CAPM：$Re=R_f+\beta\times(R_m-R_f)+\alpha$

无风险利率（R_f）：10 年期国债收益率 3.0%；

市场风险溢价（R_m-R_f）：中国市场历史平均 5.5%；

β 值：可比科技公司平均 β 值 1.3；

特定风险溢价（α）：

数据技术迭代风险：+1.5%；

数据合规风险：+1.0%；

特定风险溢价：2.5%。

$Re=3.0\%+1.3\times5.5\%+2.5\%=3.0\%+7.15\%+2.5\%=12.65\%$

4. 计算债务成本（$R_d\times(1-T)$）

债务利率（R_d）：公司长期贷款利率 6.0%；

企业所得税税率（T）：25%；

税后债务成本：$R_d\times(1-T)=6.0\%\times(1-25\%)=4.5\%$。

5. 计算 WACC（折现率）

$$WACC=83.3\%\times12.65\%+16.7\%\times4.5\%=10.54\%+0.75\%$$
$$=11.29\%\approx11.3\%$$

6. 数据资产特定风险调整

由于数据资产风险高于企业整体水平，需额外叠加风险溢价：

技术过时风险：数据算法更新速度快，加 1.0%；

流动性风险：数据资产交易市场有限，加 0.5%；

最终折现率：11.3% + 1.0% + 0.5% = 12.8%。

7. 现值计算

假设数据资产未来 10 年每年净现金流量为 2000 万元，按折现率 12.8% 计算现值：

$$PV=\sum_{t=1}^{10}\frac{2000}{(1+12.8)^t}=2000\times\left(\frac{1-(1+12.8\%)^{-10}}{12.8\%}\right)=10432\text{（万元）}$$

8. 敏感性分析与验证

参数变动影响如表 4-9 所示：

表 4-9　参数变动敏感性分析

变动场景	WACC 变动	现值变动（10 年，2000 万元/年）
权益成本 +1%	12.8%→13.6%	现值减少约 1150 万元
债务成本 +1%	12.8%→12.9%	现值减少约 90 万元
特定风险溢价 +1%	12.8%→13.8%	现值减少约 1020 万元

行业基准对比：科技行业 WACC 通常为 10%—15%，本例 12.8% 处于合理区间；高风险数据资产折现率可参考 12%—18%（如 AI 数据集交易案）。

收益法下数据资产初始计量采用加权平均资本成本（WACC）法确定折现率的实务操作要点是：参数设定要合理，权益成本需通过 CAPM 验证 β 值和特定风险溢价；债务成本优先采用企业实际贷款利率，而非行业平均。若数据资产为独立业务单元，需单独测算其资本结构（如项目融资比例），若企业资本结构不稳定，建议采用目标资本结构（而非当前值）。数据资产的计量需符合相关会计准则的要求，遵循《企业会计准则第 6 号——无形资产》，披露折现率假设及风险调整依据，若数据资产涉及并购，需符合 IFRS3 对"公允价值"的要求并在报告中说明："数据资产折现率基于 WACC，叠加特定风险调整"。

采用 WACC 法确定数据资产折现率时，需系统性量化企业整体资本成本，并叠加数据资产特有风险溢价。实务中，需重点验证参数（如 β 值、债务成本）来源的合理性，并通过敏感性分析和行业基准对比确保结果稳健。最终估值应同时满足技术合理性和审计合规性要求。

第七节　收益法下数据资产初始计量未来现金流量与预期收益的确定

收益法是一种通过预测资产未来产生的现金流量并将其折现来确定资产价值的方法。未来现金流量是指数据资产在预期使用年限内，通过开发、应用、转让等方式为企业带来的现金流入扣除相关现金流出后的净额。

在收益法下对数据资产初始价值进行计量时，未来现金流量与预期收益的确定是关键环节，需综合考虑数据资产的特性、应用场景及市场环境等因素。以下是具体的确定方法与要点：

一、未来现金流量的确定

未来现金流量是收益法的核心输入参数，需结合数据资产的特性和应用场景进行科学预测。

（一）现金流量来源分析

数据资产的收益可能来自以下途径：直接收益：数据销售、授权许可、订阅服务等直接收入。间接收益：通过数据优化决策、提升运营效率、降低风险等带来的成本节约或收入增长。协同收益：与其他资产（如技术、品牌）结合产生的额外价值。

（二）预测未来现金流量的关键要素

1. 业务场景量化分析

基于历史数据或行业基准，确定数据资产在不同场景下的量化影响。例如：某电商平台的用户画像数据可提升广告转化率X%，进而计算由此增加的销售收入；制造业的设备运行数据可降低故障率Y%，转化为维修成本节约额。若数据资产为新开发（无历史数据），可参考同类数据资产的市场表现或行业平均水平进行估算。

2. 收益期限确定

数据资产的收益期限受技术迭代、政策变化、市场竞争等因素影响，通常按以下方式界定：

（1）法定寿命：如数据隐私法规限制的使用期限；

（2）经济寿命：数据资产对业务的有效贡献周期（如用户数据因更新换代失去价值的时间）；

（3）合同约定期限：数据许可协议或合作合同中明确的使用年限。

3. 现金流量时间分布

按数据资产的应用节奏，将未来收益分解到各年度或季度。例如：数据产品分阶段上线时，收益可能呈“先低后高”的增长趋势；数据服务按订阅模式收费时，现金流量可视为稳定的年金。

4. 风险调整

考虑数据资产特有的风险对现金流量的影响，如：数据安全风险，泄露或损坏可能导致收益中断或赔偿损失；合规风险，政策变动（如数据出境新规）可能限制使用范围；市场风险，同类数据资产竞争导致价格下跌。

通常通过风险调整系数或概率加权法对预测的现金流量进行修正。例如，估计某风险事件发生概率为 P，若发生将导致现金流量减少 Q，则调整后现金流量 = 原预测值 ×（$1-P$）+（原预测值 $-Q$）× P。

（三）现金流量预测方法与步骤

1. 生命周期划分：根据数据资产的更新周期、技术迭代速度等，划分预测期（如高速增长期、稳定期、衰退期）。

2. 历史数据参考：分析类似数据的历史收益表现（如有），但需考虑数据资产独特性。

3. 市场对标：参考行业同类数据的交易价格或收益模式（如数据授权费率）。

4. 敏感性分析：对关键假设（如增长率、折现率）进行压力测试，评估其对价值的影响。

（四）现金流量预测难点

数据资产可能缺乏可比交易案例，且其价值易受技术、法规、市场需求变化影响，需动态调整预测。

二、预期收益的确定

预期收益是指数据资产在正常使用情况下所能实现的平均收益水平，预期收益需剥离出数据资产单独贡献的部分，避免与其他资产或业务混淆，须与数据资产的风险相匹配。常用的确定方法如下：

（一）基于历史数据的趋势外推法

适用场景：数据资产已有稳定的历史收益记录，且未来业务环境与历史趋势具有延续性。

步骤：（1）收集过去3—5年的数据资产收益数据（如数据服务收入、成本节约额等）；（2）分析数据的变化趋势（如年均增长率）、季节性波动等规律；（3）结合未来业务规划（如数据应用规模扩大），对历史趋势进行合理外推。

例如，某企业客户数据分析服务近三年收入年均增长 15%，若未来无重大市场变化，可假设预期收益增长率维持在 10%—15%。

（二）市场比较法

适用场景：存在活跃的数据资产交易市场，可获取同类或类似数据资产的收益案例。

步骤：（1）筛选与目标数据资产在类型、规模、应用场景等方面相似的可比案例；（2）分析可比案例的收益水平（如交易价格对应的收益率、许可费率等）；（3）结合目标数据资产的差异（如数据质量、稀缺性）进行调整，确定其预期收益。

例如，市场上同类用户数据平均许可费率为数据使用方收入的 4%，若目标数据质量更高，可调整费率至 6%—8%。

（三）收益分成法

适用场景：数据资产与其他资产（如技术、资本）共同创造收益，须明确数据资产的贡献比例。

1. 边际分析法：测算单独使用数据资产与不使用数据资产时的收益差额，作为数据资产的预期收益。例如，某营销活动使用数据精准投放后利润为 100 万元，不使用数据时利润为 60 万元，则数据资产的预期收益为 40 万元。

2. 层次分析法：通过构建指标体系（如数据对业务的贡献率、替代成本等），量化数据资产在整体收益中的分成比例。公式如下：

预期收益 = 整体收益 × 数据资产分成率

其中，分成率可通过行业惯例（如数据在数字经济中的平均贡献率为 20%—30%）或专家打分确定。

（四）现金流量贴现法

在收益法估值模型中，预期收益通常以净现金流量的形式体现，并通过贴现率转换为现值。具体公式为：

$$V = \sum_{t=1}^{n} \frac{CF_t}{(1+r)^t}$$

其中，V：数据资产价值，CF_t：第 t 年的净现金流量，r：贴现率（反映数据资产的风险水平，通常高于无风险利率）n：收益期限。

关键要点：净现金流量需扣除数据采集、清洗、存储、维护等成本；贴现率需综合考虑数据资产的技术风险、市场风险、流动性风险等，可参考资本资产定价模型（CAPM）或行业平均收益率确定。

（五）增量收益法

对比持有数据资产与不持有时的收益差额。

（六）超额收益法

计算数据资产带来的收益超过行业平均回报的部分。收益法下预期收益的确定需多方法交叉验证，可结合多种方法（如趋势外推法与市场比较法）确定预期收益，以降低单一方法的局限性。

三、注意事项

（1）数据资产的动态性：技术进步或业务模式变革可能导致未来现金流量大幅波动，需定期更新预测模型。

（2）合规性约束：数据收集、使用和交易需符合《中华人民共和国数据安全法》《中华人民共和国个人信息保护法》等法规，避免因违规导致收益损失。

（3）收益与成本的匹配：确保现金流量预测中包含数据资产全生命周期成本（如合规成本、安全防护成本），避免高估价值。

四、数据资产初始计量的特殊考量

（一）合规性风险

数据隐私法规（如 GDPR、CCPA）可能限制使用范围，影响收益持续性。

（二）可扩展性

数据能否持续更新、整合新来源以延长生命周期。

（三）场景依赖性

同一数据在不同应用场景下的价值差异显著（如医疗数据用于研发 vs. 营销）。

五、应用难点与对策

应用难点与对策如表 4－10 所示。

表 4－10　　应用难点与对策

难点	对策
收益波动性大	分阶段预测（短期详细预测＋长期保守估计）
协同效应难以量化	采用情景分析法（最佳/中性/最差情景）
法律与伦理风险	在折现率中增加风险溢价或设置风险准备金

六、案例分析

【例 4－14】某电商平台用户画像数据估值。

收益预测：未来 5 年通过精准营销提高转化率，预计年均增收 500 万元，数据维护成本 100 万元/年。分成率：参考行业标准，数据贡献占比 20%（净收益 80 万元/年）。折现率：WACC 12%＋数据风险溢价 3%→15%。现值计算：5 年期现金流折现，得出数据资产价值约 268 万元。

收益法下数据资产的价值计量需结合其动态性、场景依赖性和风险特性，通过科学分拆收益、合理预测生命周期、审慎选择折现率，并辅以敏感性分析，才能实现相对可靠的估值。实际操作中，建议结合成本法或市场法进行交叉验证，以降低单一方法偏差。

【例 4－15】某互联网公司拥有一项用户行为分析数据资产，用于优化其广告推荐系统。公司计划对该数据资产进行估值，用于内部资产管理决策。

1. 明确数据资产的收益来源

该数据资产的核心价值在于提升广告点击率（CTR），从而增加广告收入。具体收益逻辑如下：

直接收益：广告主根据点击量支付的费用。

间接收益：用户满意度提高带来的长期留存率提升（此处暂不量化）。

2. 预测未来现金流量

（1）基础数据假设：

当前年广告收入1亿元（未使用该数据资产），使用数据资产后CTR提升15%（历史测试结果验证），数据资产有效期5年（技术迭代周期）。年广告收入增长率：行业平均8%（不考虑数据资产），数据维护成本（存储、清洗等）：每年100万元。

（2）收益增量计算（见表4-11）。

第1年增量收入：原收入1亿元×CTR提升15% =1500万元

扣除维护成本：1500万元-100万元=1400万元

后续年度增长：广告收入每年增长8%，CTR提升效果维持不变（假设数据持续更新）。

表4-11　未来5年现金流量预测表　单位：万元

年度	原广告收入	增量收入（15% CTR提升）	数据维护成本	净现金流量
1	10000	1500	100	1400
2	10800	1620	100	1520
3	11664	1750	100	1650
4	12597	1890	100	1790
5	13605	2041	100	1941

注：增量收入=原广告收入×15%；原广告收入每年增长8%。

3. 分离数据资产的预期收益

须排除其他因素（如品牌、技术团队）对广告收入的贡献，仅保留数据资产的独立价值。

方法选择：采用增量收益法，即假设"无此数据资产时，CTR提升为0"，因此全部增量收益归因于数据资产。

替代验证：若行业同类数据资产的利润分成率约为20%；可交叉验证：总广告收入×20% =1亿元×20% =2000万元，与增量收益法结果（1400万元）差异在合理范围内（需结合专家判断调整）。

4. 确定折现率

基础折现率：公司加权平均资本成本为12%。

风险溢价调整：数据资产特有风险：技术过时风险（+2%）、隐私合规风险（+1%）。

最终折现率：12% +3% =15%。

5. 计算数据资产现值

将未来5年净现金流量按15%折现率贴现，求和得到资产价值，如表4-12所示。

表4-12　数据资产现值计算表

年度	净现金流量（万元）	折现因子（15%）	现值（万元）
1	1400	0.8696	1217.44
2	1520	0.7561	1149.27
3	1650	0.6575	1084.88
4	1790	0.5718	1023.52
5	1941	0.4972	965.05
合计：			5440.16

结论：该数据资产的初始价值约为5440万元。

6. 关键验证与敏感性分析

（1）情景测试：

悲观情景：CTR仅提升10%，资产价值降至3620万元；

乐观情景：CTR提升20%，资产价值增至7310万元。

（2）参数敏感性：

折现率每增加1%，资产价值下降约8%；

CTR每下降1%，资产价值下降约6%。

7. 案例总结

未来现金流量：基于数据资产带来的增量收益（CTR提升），结合业务增长预测；

预期收益分离：通过增量收益法直接量化，或利用分成率交叉验证；

折现率调整：需反映数据资产的独有风险（技术、合规等）；

动态修正：须定期更新数据有效期、技术迭代风险等假设。

8. 延伸思考

若该数据资产还可授权给第三方使用（如年授权费600万元），则需额外预测授权收入现金流量，并评估协同效应（如是否影响主业竞争力）。此时，收益法需扩展至多场景价值叠加。

【例4－16】某互联网公司用户行为数据估值。

收益来源：向广告主提供用户标签服务，按点击量收费（直接收益）；优化广告投放降低客户获客成本（间接收益）。

1. 未来现金流量预测

第1年，服务100个客户，预计点击量5000万次，单价0.5元/次，收入2500万元；成本（数据处理、合规）800万元，净现金流量1700万元。第2年至第3年：客户数量增长30%，点击量单价维持不变，规模效应使成本率下降至30%，净现金流量分别为2730万元、3549万元。

2. 收益期限

预计该数据资产经济寿命为3年（用户标签更新迭代快）。

3. 贴现率

考虑数据行业风险，设定为15%。

4. 估值结果

通过上述方法，可系统地确定数据资产的未来现金流量与预期收益，为收益法估值提供可靠依据。实际操作中需结合数据资产的独特性，灵活调整模型参数，并充分披露假设条件。

【例4－17】假设某电商企业M公司拥有一项用户消费行为数据资产（包含用户浏览记录、购买偏好、交易金额等），计划通过收益法计量该数据资产的初始价值。该数据资产主要用于以下场景：精准营销，向第三方品牌商提供用户画像分析，并收取数据服务费用；产品优化，内部使用数据优化商品推荐算法，提升自有平台销售额。

1. 未来现金流量的确定

未来现金流量需围绕数据资产的使用场景，分阶段预测其在经济寿命周期内产生的现金流入和流出。

2. 明确数据资产的经济寿命

假设该数据资产的经济寿命为5年（考虑数据更新迭代速度、市场竞争等因素）。

3. 分场景预测现金流入

场景1：对外提供数据服务

收入来源：向品牌商收取的数据服务费（按调用次数或用户标签数量计费）。

预测依据：历史数据：过去1年已与10家品牌商合作，年均服务收入500

万元；

市场增长：预计未来3年数据服务需求年增长率为20%，第4年至第5年增长率降至10%（市场趋近饱和）；

客户拓展：每年新增2家品牌商，合作费率保持年均5%增长（基于服务质量提升）。

分年度现金流入预测如表4－13所示。

表4－13　　现金流入预测表

年份	合作品牌商数量	单客户年均服务费（万元/家）	总服务收入（万元）
第1年	12家	50	600
第2年	14家	52.5	735
第3年	16家	55.1	881.6
第4年	18家	58	1044
第5年	20家	60.9	1218

场景2：内部优化提升销售额

收入来源：数据驱动商品推荐带来的自有平台销售额增长。

预测依据：历史测试，使用数据优化算法后，转化率提升15%，对应年均销售额增加800万元；边际效益递减，预计未来3年销售额增量按10%逐年递减（用户对推荐策略敏感度下降），第4年至第5年维持稳定。

分年度现金流入预测如表4－14所示。

表4－14　　现金流入预测表　　金额单位：万元

年份	销售额增量	备注
第1年	800	
第2年	720	800×90%
第3年	648	720×90%
第4年	583	维持第3年水平×90%，需结合实际调整，此处假设稳定
第5年	583	

合计现金流入：将两场景收入叠加，如第1年合计为1400（600＋800）万元，以此类推。

4. 预测现金流出

成本项：数据存储与维护成本（服务器租赁、数据清洗等），年均60万元；合规成本（隐私保护合规、数据安全认证等），年均20万元；税费，按收入的13%计算增值税及附加。

分年度现金流出示例（以第1年为例）：

总成本＝60＋20＋(1400×13%)＝80＋182＝262（万元）

净现金流量＝现金流入－现金流出＝1400－262＝1138（万元）

5. 预期收益的确定

预期收益需综合考虑数据资产的收益类型（直接收益、间接收益）和风险因素，通常通过折现率体现。

（1）收益类型划分：

直接收益：场景1的对外服务收入（可直接计量）；

间接收益：场景2的内部销售额提升（需扣除其他成本后确认净收益）。

（2）风险调整与折现率确定：

风险因素：市场风险，数据服务需求不及预期，如品牌商转向竞品数据；技术风险，数据算法失效或被新技术替代；合规风险，政策变动导致数据使用受限，如《中华人民共和国数据安全法》修订。

6. 折现率计算

采用资本资产定价模型（CAPM）。

无风险利率：参考5年期国债利率，假设为3%；

β系数：反映数据资产行业风险，假设为1.2（高于市场平均风险）；市场风险溢价：历史平均溢价率取5%；

企业特定风险溢价：考虑公司数据运营能力，取2%。

折现率＝3%＋1.2×5%＋2%＝11%

7. 预期收益的量化（净现金流量现值）

将各年度净现金流量按折现率折现，计算总现值，如表4－15所示。

表4－15　净现金流量现值计算表

年份	净现金流量（万元）	折现系数（11%）	现值（万元）
第1年	1138	0.9009	1025.2
第2年	假设：1300－280＝1020	0.8116	827.8

续表

年份	净现金流量（万元）	折现系数（11%）	现值（万元）
第 3 年	假设：1400 － 300 = 1100	0. 7312	804. 3
第 4 年	假设：1200 － 250 = 950	0. 6587	625. 8
第 5 年	假设：1000 － 200 = 800	0. 5935	474. 8
总计	—	—	3757. 9

注：第 2—5 年净现金流量需根据实际收入与成本预测调整，此处为简化示例。

七、关键要点

（一）未来现金流量的确定

1. 需分场景、分年度预测，结合历史数据与市场趋势，考虑数据资产的实际使用方式（如对外销售、内部增效）；

2. 需扣除相关成本（直接成本、间接成本、税费等），确保现金流的净现值属性。

（二）预期收益的测定

1. 收益须体现数据资产的经济贡献，区分直接收益与间接收益；

2. 折现率需反映数据资产的特有风险（如技术更新快、合规要求高），通常高于传统资产折现率。

（三）假设前提

1. 数据资产经济寿命、市场增长率、成本结构等假设需合理且可验证；

2. 需定期更新预测模型，应对数据资产价值的动态变化（如数据过时、场景扩展）。

通过以上步骤，可系统性确定数据资产的未来现金流量与预期收益，为收益法计量提供依据。

第八节　采用收益法进行数据资产初始计量的优势和局限性

收益法是通过预测数据资产未来预期收益或现金流量，并折算成现值来计量其初始价值的方法。其优点是能够充分考虑数据资产的未来经济利益和对企业权益的贡献，符合数据资产的本质特征。它可以根据企业自身的情况和对数据资产的预期，灵活地确定其价值，避免了成本法或市场法可能存在的局限性。但在实际应用中还存在以下不足：

一、未来收益预测的主观性强

（一）数据资产收益及预期现金流入的不确定性高

数据资产的价值实现依赖于数据的应用场景、市场需求变化、技术迭代等多重因素。例如，用户行为数据在不同行业（如电商、金融）中的变现能力差异显著，且易受政策法规（如数据隐私法）影响，导致未来收益难以精准量化。例如，某社交平台用户数据因数据安全法规限制，无法用于广告精准投放，直接导致预期收益大幅下降。

（二）预测模型依赖假设条件

收益预测需假设数据资产的使用期限、收益增长率、分成比例等参数，但这些假设常缺乏历史数据支撑。例如，新兴领域（如生成式 AI 数据）无成熟市场参考，预测者可能过度依赖主观判断，导致价值计量偏差。

二、折现率选取缺乏客观标准

（一）风险因素难以量化

数据资产面临技术过时风险（如算法更新导致旧数据失效）、市场风险（如竞争对手获取同类数据）和法律风险（如数据权属纠纷），需在折现率中体现。但现有方法（如资本资产定价模型）更适用于传统资产，对数据资产特有风险的量化缺乏公认标准。传统固定资产可通过折旧率、市场交易数据估算风险，而数据资产的风险因子（如数据时效性）难以标准化衡量。

（二）行业差异导致折现率可比性低

不同行业的数据资产收益特征差异大（如医疗数据注重长期稳定性，互联网数据侧重短期爆发性），统一的折现率无法反映行业特性，可能导致跨行业价值计量结果失真。

三、数据资产的收益贡献难以单独剥离

（一）数据与其他资产的协同效应难以拆分

数据资产通常与技术、人力、资本等要素共同创造收益，难以单独识别其贡献比例。例如，某企业的精准营销收益可能源于数据 + 算法 + 运营团队的共同作用，仅凭收益法难以准确量化数据的独立价值。现行方法常采用“剩余法”（总收益减去其他要素贡献）估算数据收益，但其他要素的价值评估本身可能存在误差，导致结果连锁偏差。

（二）多期收益分配的复杂性

数据资产可重复使用且边际成本低，但不同使用场景下的收益归属难以划分。例如，同一批用户数据用于广告投放和产品研发时，各期收益的分配缺乏明确规则，可能导致初始价值计量不完整。

四、数据资产的权属和成本难以匹配收益

（一）权属不清晰引发收益归属争议

数据资产可能涉及多方权益（如用户数据的隐私权益、数据收集方的加工权益），收益法需明确收益归属的主体，但现实中权属纠纷频发（如社交媒体用户数据的使用权争议），导致收益预测缺乏法律基础。

（二）政策法规的影响

《中华人民共和国数据安全法》《中华人民共和国个人信息保护法》等法规限制了数据的商业化收益，可能使基于“完全收益权”假设的计量结果高于其价值。

（三）历史成本与收益的关联性弱

数据资产的获取和加工成本（如数据采集、清洗、存储费用）与其未来收益可能无直接关联。例如，低成本获取的公开数据可能因市场需求变化产生高收益，而高成本开发的专属数据可能因技术迭代迅速贬值，导致收益法忽略成本对价值的基础性影响。

五、易受市场环境和政策的动态影响

（一）市场成熟度不足导致参照缺失

数据交易市场尚处于发展阶段，缺乏活跃的公开交易案例，难以通过市场数据验证收益预测的合理性。例如，非结构化数据（如文本、图像数据）的定价模型尚未标准化，收益法结果可能偏离实际交易价格。

（二）政策法规的不确定性

数据相关政策（如数据分类分级、跨境流动限制）频繁调整，可能直接改变数据资产的使用范围和收益模式。例如，欧盟《通用数据保护条例》（GDPR）实施后，企业的数据营销收益因合规成本增加而下降，而收益法难以实时反映政策变动的影响。

收益法的局限性本质上源于数据资产的非实体性、高波动性和权益复杂性。为提升计量准确性，可结合成本法（核算数据获取与加工成本）和市场法（参考同类数据交易价格）进行综合评估，或引入实物期权法量化数据资产的潜在灵活性价值。此外，完善数据资产的权属界定、建立行业基准数据库和动态调整机制，将是未来优化收益法应用的关键方向。

第九节　数据资产初始计量的公允价值法

一、公允价值法的核心逻辑

公允价值法是以数据资产在公平交易中，熟悉情况的交易双方自愿进行资产交换的金额作为初始计量基础。其核心逻辑是基于市场价格信号，通过模拟或直接获取市场交易价格来反映数据资产的价值，适用于存在活跃交易市场或可通过估值技术获取同类/类似数据资产市场价格的场景。

二、公允价值的确定方法

数据资产的公允价值通常通过以下方式确定：

（一）直接市场交易价格

当数据资产在公开市场（如数据交易所、数据交易平台）中存在活跃交易时，以实际成交价格作为公允价值。例如，某企业从贵阳大数据交易所购入标准化的“区域人口统计数据”，交易合同约定价格为60万元，则该数据资产的初始计量价值为60万元。

（二）类比市场法估值

若缺乏相同数据的交易案例，但存在同类或类似数据的市场价格，可通过调整差异（如数据时效性、颗粒度、应用场景等）确定公允价值。例如，企业购入“某行业用户消费偏好数据”，市场上无完全相同数据，但同类“用户浏览行为数据”近期成交价为100万元。经评估，消费偏好数据因涉及更敏感的交易信息，价值溢价20%，则公允价值为120万元。

（三）估值技术

当市场交易不活跃时，需结合估值技术（如收益法预测未来现金流量现值，或成本法估算重置成本）间接推导公允价值，但需优先参考市场参数。

三、公允价值法的适用场景

（一）公开数据交易场景

适用于在数据交易所、第三方平台等公开市场交易的标准化数据资产，如：天气数据、交通流量数据、行业报告数据等。例如，某金融机构从数据交易平台购入“企业信用评级数据”，平台公示的同类数据单价为15万元/年，按3年使用权计算，初始计量价值为45万元。

（二）企业并购或资产置换

在企业合并、股权交易或资产置换中，被收购方的数据资产需按公允价值计量。例如，W公司收购B电商平台，B电商平台的“用户注册数据”无公开交易记录，但同类电商用户数据在市场上的估值约为600元/用户。B平台拥有20万用户，则该数据资产公允价值为1.2亿元。

（三）政府数据授权运营

政府将公共数据（如政务数据、公共设施数据）授权给企业运营时，通过公开拍卖、招投标等方式确定公允价值。例如，某市政府将“城市公共交通数据”授权给企业 C 运营，经公开竞价，最终成交价为 600 万元/年，5 年授权期的初始计量价值为 3000 万元。

四、会计核算流程与会计分录

（一）购入数据资产的会计处理

【例 4－18】 甲公司 2025 年 3 月以银行存款 120 万元购入一批“消费者舆情数据”，该数据在市场上的公允价值为 120 万元，适用增值税税率为 6%。

会计分录：

借：数据资产——消费者舆情数据	1132075. 47	
应交税费——应交增值税（进项税额）	67924. 53	
贷：银行存款		1200000

科目说明：

1. “数据资产”科目需按数据类型、用途等设置明细，如“用户数据”“运营数据”等。

2. 若数据资产属于无形资产（如拥有独占使用权），也可记入“无形资产”科目，后续按使用寿命摊销。

（二）接受投资的数据资产处理

【例 4－19】 乙公司接受股东投入的“医疗影像分析模型数据”，双方约定公允价值为 600 万元，注册资本为 500 万元。

会计分录：

借：数据资产——医疗影像分析模型数据	6000000	
贷：实收资本		5000000
资本公积——资本溢价		1000000

（三）后续计量与减值

1. 若数据资产发生更新、维护等符合资本化条件的支出，须计入资产成本：

会计分录：

借：数据资产——××数据

　　贷：银行存款/应付职工薪酬等

2. 定期进行减值测试，若公允价值低于账面价值，应计提资产减值准备：

会计分录：

借：资产减值损失——数据资产减值损失

　　贷：数据资产减值准备

五、公允价值法在数据资产初始计量中的应用

【例4-20】 F公司是一家电商企业，2025年1月以银行存款120万元从公开数据交易平台购入一批某地区用户的消费行为数据（含浏览记录、购买偏好等），用于优化商品推荐算法。该数据在市场上有同类产品交易，近期类似数据的成交均价为100万—140万元，经评估其公允价值为120万元。

1. 公允价值的确定依据

市场法估值：参考交易平台上同类数据的近期成交价（如3个月内3笔类似数据交易分别为110万元、120万元、130万元，取平均值120万元）。

2. 评估调整

考虑到该数据的时效性（数据采集于近6个月，优于部分历史数据）和颗粒度（细化至地级市维度，附加值较高），最终认定公允价值与成交价一致。

3. 财务核算的会计分录

（1）购入数据资产时：

借：数据资产——用户行为数据　　　　1200000

　　贷：银行存款　　　　1200000

科目说明：数据资产需根据企业会计政策设置明细科目，反映数据资产的类型（如用户数据、运营数据）、用途或来源。“银行存款”科目核算实际支付的对价，若涉及增值税（如数据服务增值税税率为6%），需单独记入“应交税费——应交增值税（进项税额）”科目。

（2）后续计量时：

假设F公司购入数据后，花费20万元对数据进行清洗、去重和结构化处理，符合资本化条件，会计分录如下：

借：数据资产——用户行为数据　　200000

　　贷：银行存款/应付职工薪酬等　　200000

【例 4 - 21】 某电商公司 M 通过并购交易收购了一家数据分析公司 B，其核心资产为用户行为数据库（涵盖 500 万用户的购物偏好、浏览记录等）。根据独立评估机构的估值报告，该数据资产在并购日的公允价值为 1200 万元。

1. 假设条件

（1）数据资产满足可辨认性（可通过 API 单独调用）。

（2）存在活跃市场参考（同类用户数据交易均价为 1000 万—1500 万元）。

（3）未来经济利益可验证（已签订数据服务合同，预计未来 3 年产生收益）。

2. 公允价值法计量步骤

（1）市场法调整：参考同类数据资产交易价格（1000 万—1500 万元），结合标的数据质量（完整性 + 时效性评分高于行业平均 20%），确定基准值为 1200 万元。

（2）收益法验证：预测未来 3 年数据服务收入（800 万元/年），按折现率 12%（含技术过时风险溢价）计算现值：

$$PV = 800/1.12 + 800/(1.12)^2 + 800/(1.12)^3 \approx 1920\ (\text{万元})$$

考虑协同效应贡献率 60%（数据需与公司算法结合），调整后价值为 1152（1920 × 60%）万元。

（3）综合取值：取市场法与收益法结果均值 1176 [(1200 + 1152)/2] 万元，最终确认公允价值为 1200 万元（取整至百万元）。

（4）财务核算会计分录

若 M 公司以 2000 万元收购 B 公司全部股权，B 公司净资产账面价值 800 万元（含数据资产账面价值 200 万元），公允价值调整如下：

借：无形资产——数据资产（公允价值调整）

　　（12000000 - 2000000）10000000

　　其他可辨认资产/负债（净值）　　X（根据其他资产调整）

　　商誉　　Y（差额部分）

　　贷：银行存款　　20000000

【例 4 - 22】 车企 A 拟收购图商 G，其核心资产为覆盖全国的高精地图数据（账面价值 0.8 亿元）。

估值逻辑：市场法下同类高精地图交易价为 3 亿—6 亿元（取中值 4.5 亿

元)；收益法下预测未来 10 年自动驾驶订阅收入，折现率 15%，现值 5.2 亿元；综合取值公允价值确认为 5 亿元。

会计处理（假设不考虑其他资产负债情况）：

借：无形资产——数据资产（高精地图数据） 500000000

商誉 X

贷：银行存款 Y

六、公允价值法会计处理要点

（一）初始确认条件

数据资产需满足合同权利（如数据使用权协议）或法律可执行性（如数据库版权登记），经济利益流入需有可靠证据（如客户订阅协议、数据 API 调用量承诺）。

（二）后续计量

成本模式：按初始成本减累计摊销（需合理估计使用寿命，如 3—5 年）。

重估模式（IFRS 允许）：若活跃市场存在，定期按公允价值重估（差额计入其他综合收益）。

（三）披露要求

估值方法（市场法/收益法参数，如折现率、收益期假设），数据资产类型（结构化/非结构化）、应用场景（如个性化推荐、风险建模），法律风险提示（如隐私合规成本、数据主权限制）。

七、公允价值法的优点与缺点

（一）公允价值法的优点

1. 客观性强：直接基于市场交易价格，减少主观判断。
2. 及时性好：反映数据资产的当前市场价值。
3. 符合会计信息质量要求：满足相关性与可靠性。

（二）公允价值法的缺点

1. 市场流动性不足：非标准化数据（如企业内部生成的个性化数据）缺乏公开交易案例，公允价值难以获取。

2. 估值主观性强：需依赖资产评估机构的专业判断，不同机构对同类数据可能给出差异较大的估值（如社交媒体用户画像数据因隐私程度不同，估值区间波动大）。

3. 时效性影响：数据资产价值随时间衰减较快（如新闻数据、促销期用户数据），初始计量的公允价值可能迅速偏离后续实际价值。

（三）实务中的挑战与应对

1. 活跃市场的判定

是活跃市场：数据交易所标准化产品（如上海数据交易所挂牌的金融风控数据包）。

非活跃市场：非标数据（如企业定制化工业传感器数据），需依赖收益法估值。

2. 数据资产可辨认性

可单独识别：数据需能独立于企业其他资产产生现金流量（如授权第三方使用的数据库）。

不可识别：数据深度嵌入业务系统（如实时推荐算法依赖的数据流），可能无法单独确认为资产。

3. 法律风险对冲

在公允价值中需扣减潜在合规成本（如数据隐私赔偿准备金）。例如，某社交平台数据公允价值为1亿元，需计提10%准备金以应对隐私诉讼风险。

（四）相关建议

优先采用市场法（若有可比交易）；交叉验证收益法结果（需明确数据资产的独立贡献率）；充分披露估值假设（如折现率、数据生命周期、合规成本）。

八、会计处理注意事项

（1）权属证明：需附数据交易合同、权属转移证明（如数据使用授权书）、付款凭证等，确保资产合法性。

（2）估值披露：在财务报表附注中说明公允价值的确定方法（如市场法、收益法）、关键假设（如数据有效期、市场活跃程度）及估值机构信息。

（3）减值测试：定期对数据资产进行减值测试（如每年度），若公允价值低于账面价值，需计提减值准备。

公允价值法适用于有明确市场参照或可验证收益流的数据资产（如外购数据库、并购中的用户画像库），但需严格披露估值假设与风险。对于自建数据资产，若缺乏活跃市场，仍需回归成本法，体现会计谨慎性原则。数据资产的初始计量采用公允价值法时，需结合其可观察市场价值或未来收益的合理预测，同时符合会计准则中无形资产的确认条件。

公允价值法是数据资产初始计量中最贴近市场实际的方法，尤其适用于可交易的标准化数据。随着数据要素市场的完善（如全国性数据交易所的建立），其应用场景将进一步扩展。但企业需注意数据资产的独特性（如非实体性、易复制性），避免盲目依赖市场价格，必要时可结合多种估值方法进行综合判断，确保会计信息真实反映数据资产价值。

第十节　数据资产初始计量成本法、收益法、公允价值法的异同

在数据资产的初始计量中，成本法、收益法、公允价值法是三种主要的估值方法。它们的核心目标均为合理反映数据资产的经济价值，但在计量基础、适用场景、可靠性等方面存在显著差异。

一、相同点

（一）核心目的相同

均旨在为数据资产提供合理、可验证的初始价值依据，支持财务报告、交易定价或内部管理决策。

（二）遵循准则相同

均须符合会计准则（如 IFRS、GAAP）或资产评估标准，确保计量结果的合

规性、可靠性、相关性和可理解性。

（三）信息需求相同

均需要充分的数据支持（如历史成本、市场数据、收益预测等），以降低主观性。

（四）后续调整相同

初始计量后，可能需根据资产减值、市场变化或收益波动进行后续调整。

（五）数据特性分析相同

计量时均需考虑数据资产的真实性、完整性、时效性、稀缺性等核心特征，以及数据采集、加工、存储等环节的成本或价值贡献。

二、核心差异

成本法、收益法、公允价值法的核心差异如表 4 – 16 所示。

表 4 – 16　三种方法的核心差异

维度	成本法	收益法	公允价值法
计量基础	历史成本（实际支出）	未来收益现值（折现现金流）	市场交易价格或类似资产价格
适用场景	①数据开发成本明确且可追溯； ②无活跃市场或收益难预测	①数据资产未来收益可量化预测； ②需反映长期价值潜力（如数据资产商业化）	①存在活跃市场或可比交易； ②需反映当前市场价值（如并购、交易）
优势	①客观性强； ②数据易获取	①反映未来价值潜力； ②适合战略性资产	①动态反映市场供需； ②符合公允价值计量要求
局限性	①忽略未来收益或市场溢价； ②可能低估高潜力资产	①预测主观性强（如现金流、折现率）； ②对数据稳定性要求高	①依赖市场有效性（若无活跃市场则估值困难）； ②需复杂模型支持
典型成本/参数	①开发人工成本； ②数据采集费用； ③硬件/软件投入	①预期现金流； ②折现率（风险调整）； ③收益期限	①可比交易价格； ②市场乘数（如市销率）； ③调整参数（如流动性折扣）

三、差异分析

成本法、收益法、公允价值法差异分析如表 4－17 所示。

表 4－17　　三种方法的差异分析

维度	成本法	收益法	公允价值法
核心逻辑	以历史成本为基础，计量数据资产的取得或开发成本	以未来预期收益为核心，通过折现计算数据资产现值	以市场价格为基准，反映公平交易中熟悉情况的双方自愿达成的交易价格
适用场景	①数据资产成本可明确计量（如外购数据）； ②无活跃市场或收益难以预测	①数据资产能带来可量化的未来收益（如用户数据驱动的精准营销）； ②需具备稳定的收益预测基础	存在活跃的数据交易市场或可观察的同类/类似资产交易价格
关键参数	①直接成本：采集、清洗、存储、授权等费用； ②间接成本：人工、技术、管理等分摊费用	①预期收益：数据资产带来的收入增长、成本节约等； ②折现率：反映风险的货币时间价值参数	市场成交价、可比资产价格、估值技术（如市场乘数法）
优点	①数据来源客观，计量过程简单透明； ②符合传统会计计量习惯，易于审计追溯	①直接关联数据资产的经济价值，体现“未来收益决定当前价值”的逻辑； ②适用于收益驱动型数据资产（如数据产品）	①反映市场供需关系，结果贴近实际交易价值； ②便于横向比较和资产流动性评估
缺点	①忽略数据资产的潜在收益和市场供需变化； ②对自创数据的成本分摊可能存在主观性	①依赖未来收益预测，存在较高不确定性； ②折现率和收益期限的估计易受主观判断影响	①数据市场成熟度低时，缺乏可观察的公允价值数据； ②非标准化数据难以找到可比交易案例
案例	①企业外购第三方数据集，按采购价款＋相关税费计量； ②内部开发数据平台，按开发阶段的资本化支出计量	某电商平台用户行为数据，通过预测其带来的广告收入增长折现计量	在数据交易所交易的标准化数据产品，按成交价格计量
会计处理	记入“数据资产”科目，成本后续可能通过摊销或减值调整	需结合现值计算结果，可能涉及“合同负债”或“预计负债”等科目（如收益分成模式）	直接按公允价值计入资产，差额计入当期损益或其他综合收益（视计量属性而定）

四、选择方法的关键考量

（一）数据资产特性

若资产收益明确（如数据订阅服务），优先采用收益法；若成本清晰且市场不活跃，则选择成本法。

（二）市场环境

存在可比交易时，公允价值法更优；若市场波动大，需结合多种方法进行交叉验证。

（三）报告需求

财务报告（如按 IFRS13）通常要求采用公允价值法，内部管理可能侧重成本或收益视角。

（四）风险与可靠性

成本法最可靠但相关性低，收益法和公允价值法需平衡主观性与信息价值。

五、举例说明

（1）成本法：某公司自建客户数据库，初始计量包括开发团队工资 70 万元、数据采集费用 30 万元，总成本 100 万元。

（2）收益法：该数据库预计未来 5 年每年带来 30 万元收益，折现率 10%，现值为 113 万元。

（3）公允价值法：同类数据库市场交易均价为 120 万元，经流动性调整后确认为 110 万元。

三种方法各有适用场景，成本法侧重“过去投入”，收益法关注“未来潜力”，公允价值法反映“市场共识”。实践中常需多方法结合，以全面评估数据资产价值。

六、总结与选择建议

成本法适用于成本明确且收益难以量化的场景，操作简单但灵活性不足；收益法适用于收益可预测的数据资产，需谨慎处理预测参数的主观性；公允价值法依赖成熟的数据市场，是最贴近市场真实价值的方法，但应用受限。企业需根据数据资产类型、交易环境和计量目标综合选择，必要时可结合多种方法进行交叉验证（如成本法与收益法结合评估自创数据资产）。随着数据要素市场的发展，公允价值法的应用场景可能会逐步扩大。

第五章

数据资产的后续计量

数据资产的后续计量是指企业在取得数据资产后，对其价值进行持续评估和核算的过程。由于数据资产具有非实物性、易复制性、价值波动性等特点，其后续计量面临诸多挑战，目前尚未形成统一的会计准则和计量模式。以下从计量属性、常见方法、影响因素及发展趋势等方面进行详细分析。

第一节　概　述

一、数据资产后续计量的计量属性

会计计量属性主要包括历史成本、重置成本、可变现净值、现值和公允价值。数据资产的特性使其在选择计量属性时需特殊考量。

（一）数据资产按历史成本进行后续计量

数据资产历史成本计量是指按取得数据资产时的实际成本（如采集、加工、存储、验证等费用）计量。

历史成本的适用场景：适用于成本可明确归集且价值相对稳定的数据资产（如企业内部积累的基础业务数据）。

历史成本的局限性：无法反映数据资产的预期收益或市场价值波动，可能低估其真实价值。

（二）数据资产按公允价值进行后续计量

数据资产公允价值计量是指以市场参与者在计量日发生的有序交易中，出售数据资产所能收到的价格计量。

公允价值的适用场景：存在活跃交易市场的数据资产（如公开数据交易平台的标准化数据产品）。

公允价值的局限性：数据资产市场流动性不足，多数数据难以直接获取公允价格，需依赖估值技术（如收益法、市场法）。

（三）数据资产按现值法进行后续计量

数据资产现值法计量是对数据资产的未来现金流量以恰当的折现率进行折现后的价值计量。

现值法的适用场景：能独立产生可预测收益的数据资产（如用户行为数据驱动的精准营销模型）。

现值法的局限性：需合理估计未来收益、折现率和收益期限，主观性较强。

二、数据资产后续计量常用的计量方法

（一）成本法

1. 成本法的核心逻辑：以数据资产的取得和维护成本为基础，扣除损耗或贬值。

2. 成本法的计算公式：

数据资产价值 = 初始成本 + 后续投入成本 – 累计摊销或减值

3. 成本法的应用场景：企业自建的非交易性数据资产（如内部管理系统数据）或无法通过收益或市场交易衡量价值的数据资产。

4. 成本法的优缺点：

优点：操作简单、数据可追溯，符合会计稳健性原则。

缺点：忽略数据资产的潜在收益和市场供需关系，可能导致账面价值与实际价值偏离。

（二）收益法

1. 收益法的核心逻辑：通过预测数据资产未来预期收益并折现，确定其

价值。

2. 收益法常用模型：

现金流量折现法：将数据资产带来的未来现金流量按风险折现率折现。

经济增加值法：衡量数据资产对企业超额收益的贡献。

3. 收益法的应用场景：可直接产生经济效益的数据资产（如用于外部数据服务的数据产品）；数据资产与业务收益强相关的场景（如用户数据驱动的广告收入）。

4. 收益法的优缺点：

优点：贴近数据资产的经济实质，可反映其盈利能力。

缺点：依赖未来收益预测的准确性，折现率和收益期限的主观判断影响结果可靠性。

（三）市场法

1. 市场法的核心逻辑：参考同类数据资产的市场交易价格，调整差异后确定估值。

2. 市场法的应用场景：存在活跃的数据交易市场（如数据交易所、第三方数据平台）；可获取可比数据资产的交易案例及详细参数（如数据类型、规模、时效性）。

3. 市场法的优缺点：

优点：结果直观，可反映市场供需关系。

缺点：数据资产异质性强，可比案例稀缺，交易信息透明度低。

三、影响数据资产后续计量的关键因素

（一）数据资产特性

1. 数据资产的时效性，实时数据（如金融市场行情）价值高于历史数据。

2. 数据资产的稀缺性，独家数据（如企业专利算法衍生数据）溢价更高。

3. 数据资产的可复用性，多次使用不减少价值的数据资产（如用户画像数据）需考虑边际成本。

（二）数据资产的计量目的

1. 数据资产科学合理计量的目的是服务于财务报告，这就要求数据资产的

后续计量需符合会计准则，倾向保守计量（如历史成本或成本与市价孰低）。

2. 数据资产科学合理计量是为资产交易提供参考，这就要求数据资产后续计量侧重公允价值，需结合市场供需和收益预期。

3. 数据资产计量是企业内部规范管理的需要，这就要求数据资产后续计量需关注数据对业务的驱动价值，可采用多维指标（如用户转化率、收入增量）。

（三）数据资产后续计量的政策与技术

1. 数据资产后续计量的会计准则规定

各国对数据资产的会计处理尚未统一，如我国《企业数据资源相关会计处理暂行规定》将数据分为“存货”“无形资产”等类别。

2. 数据资产后续计量所使用的技术工具

区块链技术可用于数据确权和交易追溯，提升计量准确性；人工智能模型可辅助预测数据资产收益。

四、数据资产后续计量的主要挑战与发展趋势

（一）数据资产后续计量的主要挑战

1. 计量标准缺失：数据资产的确认、计量和披露缺乏统一规范，导致企业间会计信息不可比。

2. 价值波动性：数据资产价值受技术迭代、市场需求变化影响显著，需定期重新计量。

3. 成本与收益匹配难：数据资产的成本可能跨期分摊，而收益实现具有滞后性（如长期用户数据积累的价值）。

（二）数据资产后续计量的发展趋势

1. 混合计量模式：结合成本法、收益法和市场法，针对不同类型数据资产采用混合计量模式（如基础数据用成本法，交易性数据用公允价值法）。

2. 动态计量体系：利用大数据和 AI 技术实时跟踪数据资产价值变化，定期进行减值测试或重估。

3. 政策与市场协同：推动数据要素市场建设，完善数据资产定价机制，为公允价值计量提供市场基础。

4. 披露多元化：除财务报表外，通过管理层讨论与分析（MD&A）或非财务报告披露数据资产的战略价值、风险等定性信息。

五、相关建议

（1）分类管理：按数据资产用途（自用/交易）、来源（内部生成/外部获取）、价值模式（直接收益/间接增效）分类，匹配不同计量方法。

（2）建立估值模型：联合数据科学团队与财务部门，开发符合企业特点的估值模型（如结合用户生命周期价值（LTV）评估用户数据资产）。

（3）加强技术赋能：利用数据治理平台记录数据资产的成本、使用频率、收益贡献等，为计量提供基础支撑。

（4）关注政策动态：跟踪会计准则更新（如国际会计准则理事会（IASB）对无形资产的修订）和数据要素市场政策，及时调整会计处理。

数据资产的后续计量是数据要素市场化的核心环节，目前仍处于探索阶段。企业需在合规框架内，结合自身业务特点选择灵活的计量方式，同时借助技术创新和市场完善，逐步实现数据资产价值的精准反映。未来，随着政策法规和估值体系的成熟，数据资产计量将更趋标准化和科学化，为数字经济发展提供重要支撑。

第二节　数据资产后续计量的成本法

成本法下数据资产后续计量的核心是：历史成本 + 系统摊销 + 及时减值。企业需定期评估数据价值变化，确保会计处理符合准则要求，同时通过资本化优化投入提升资产效益。以下通过具体案例说明如何运用成本法对数据资产进行后续计量，并附相应会计分录。假设企业根据企业会计准则处理，将数据资产归类为无形资产。

一、案例分析

【例 5 -1】 某公司于某年 1 月 1 日以 100 万元购入一个用户行为数据库（数据资产），预计使用寿命 5 年，无残值。第三年年末发现数据因技术迭代过时，可收回金额仅为 30 万元。第四年年初对数据库升级投入 15 万元，可显著提升数据价值，使使用寿命延长至剩余 3 年。

（一）初始确认（购入时）

计量：按历史成本 100 万元确认为无形资产。

会计分录：

借：无形资产——数据资产　　1000000

　　贷：银行存款　　1000000

（二）每年摊销（直线法）

年摊销额 = 成本/使用寿命 = 1000000/5 = 200000（元/年）。

会计分录（前 3 年每年末）：

借：管理费用——数据资产摊销　　200000

　　贷：累计摊销——数据资产　　200000

说明：若数据用于销售业务，可记入“销售费用”科目。

（三）第三年年末，进行减值测试

账面价值 = 初始成本 - 累计摊销 = 1000000 -（200000 × 3）= 400000（元）；

可收回金额为 300000 元（经评估）；

减值损失 = 账面价值 - 可收回金额 = 400000 - 300000 = 100000（元）。

会计分录：

借：资产减值损失——数据资产减值损失　　100000

　　贷：无形资产减值准备——数据资产　　100000

注：减值后，账面价值调整为 300000 元（原值 1000000 - 累计摊销 600000 - 减值准备 100000）。

（四）第四年，资本化后续支出

升级支出：投入 150000 元用于优化数据算法，显著提升数据价值并延长使用寿命至剩余 3 年（原剩余 2 年，现剩余 3 年）。

资本化条件：支出提升资产性能且延长寿命，符合资本化要求。

会计分录：

借：无形资产——数据资产　150000
　　贷：银行存款　150000

更新后资产成本 = 原账面价值 300000 + 资本化支出 150000 = 450000（元）。

剩余使用寿命 3 年（原剩余 2 年 + 新增 1 年）。

（五）第四年起按新成本与寿命摊销

年摊销额 = 新账面价值/剩余寿命 = 450000/3 = 150000（元/年）。

会计分录（第四年年末）：

借：管理费用——数据资产摊销　150000
　　贷：累计摊销——数据资产　150000

（六）本例关键注意事项

1. 摊销与减值关系：减值后须按新的账面价值（原值 - 累计摊销 - 减值准备）为基础继续摊销，不可转回已计提减值。

2. 后续支出资本化：仅当支出显著提升资产价值或延长寿命时资本化，否则费用化（如日常维护）。

3. 数据资产特殊性：使用寿命需结合技术迭代速度（如 AI 模型更新频率）、数据有效性（如用户行为数据时效性）动态评估。

二、数据资产成本法后续计量总结

数据资产成本法后续计量总结如表 5 - 1 所示。

表 5 - 1　数据资产成本法后续计量总结

阶段	计量逻辑	应记科目
初始确认	历史成本（购买价/开发成本）	借记“无形资产——数据资产”
正常摊销	按使用寿命分摊成本	贷记“累计摊销”
减值计提	账面价值 > 可收回金额时计提减值准备	借记“资产减值损失”
资本化后续支出	符合条件的支出计入资产成本	借记“无形资产——数据资产”
费用化后续支出	直接计入当期损益	借记“管理费用/销售费用”

通过以上案例可知，成本法通过“初始成本—累计摊销—减值准备”的框

架，实现了数据资产价值的持续计量，符合会计稳健性原则，适用于成本可追溯、收益难以单独量化的企业自用数据资产（如内部管理数据、客户关系数据）。

第三节 数据资产后续计量的收益法

收益法下数据资产后续计量的核心是动态评估未来现金流现值，需满足严格的可验证性要求。其优势在于反映数据资产的真实经济价值，但依赖可靠的预测模型和参数。企业需建立数据价值评估体系，协同业务、财务与技术团队，确保计量符合会计准则且具备商业合理性。

以下通过具体案例说明如何运用收益法对数据资产进行后续计量，并附相应会计分录（假设企业采用现金流量折现模型，遵循企业会计准则等相关规定）。

【例 5－2】某电商企业拥有一项用户消费偏好数据资产，初始确认成本为 500 万元，无明确使用寿命（视为使用寿命不确定的无形资产）。企业通过分析数据资产的未来收益，采用收益法进行后续计量。具体信息如下：

①预计未来 3 年现金流量（基于管理层最佳估计）：第 1 年 200 万元，第 2 年 180 万元，第 3 年 150 万元。

②折现率：10%（反映了当前市场货币时间价值和资产特定风险）。

③第三年年末，数据资产因市场环境变化，预计未来现金流量调整为：第 4 年 100 万元，折现率不变。

后续计量步骤及会计分录：

（1）初始确认（取得数据资产时），按成本法进行初始计量（假设无后续支出）。

会计分录：

借：无形资产——数据资产　　　　5000000

　　贷：银行存款　　　　5000000

（2）第一年年末：首次收益法计量：

步骤：计算未来 3 年现金流量现值（复利现值系数：第 1 年 0.9091，第 2 年 0.8264，第 3 年 0.7513）。

现值 $=200\times0.9091+180\times0.8264+150\times0.7513\approx443.28$（万元）。

比较现值（443.28 万元）与账面价值（500 万元），确认减值损失：

减值损失 =500 -443.28 =56.72（万元）。

会计分录：

借：资产减值损失——数据资产减值损失　　567200

　　贷：无形资产减值准备　　567200

注：使用寿命不确定的无形资产需每年进行减值测试，收益法下减值损失直接调整账面价值。

（3）第二年年末：再次收益法计量（假设现金流量不变）：

步骤：计算剩余 2 年现金流量现值（第 2 年现值对应第一年年末，需重新折现）。

现值 =180 ×0.9091（第 2 年折现至第一年年末）+150 ×0.8264（第 3 年折现至第二年年末）≈287.60（万元）。

账面价值 =500 -56.72 =443.28（万元）（第一年年末减值后价值）。现值（287.60 万元）<账面价值（443.28 万元），确认减值损失 =443.28 -287.60 =155.68（万元）。

会计分录：

借：资产减值损失——数据资产减值损失　　1556800

　　贷：无形资产减值准备　　1556800

（4）第三年年末：调整未来现金流量并延长使用年限：

步骤：预计第 4 年现金流量 100 万元，折现率 10%，计算现值：

现值 =100 ×0.7513（第 4 年折现至第三年年末）≈75.13（万元）。

账面价值 =500 -56.72 -155.68 =287.60（万元）（第二年年末减值后价值）。

现值（75.13 万元）<账面价值（287.60 万元），确认减值损失 =287.60 -75.13 =212.47（万元）。

同时，企业对数据资产升级投入 15 万元（符合资本化条件），调整账面价值。

会计分录：

①确认减值损失：

借：资产减值损失——数据资产减值损失　　2124700

　　贷：无形资产减值准备　　2124700

②资本化后续支出：

借：无形资产——数据资产　　150000

　　贷：银行存款　　150000

调整后账面价值 = 75.13 + 15 = 90.13（万元）（以现值为基础，加上符合条件的支出）。

（5）第四年年末：按新使用寿命摊销（假设改为有限寿命）：

步骤：升级后数据资产使用寿命调整为剩余 3 年（原预计无寿命，现按升级后重新估计），采用直线法摊销。

年摊销额 = 90.13 ÷ 3 ≈ 30.04（万元）。

会计分录：

借：管理费用——无形资产摊销　　300400

　　贷：累计摊销　　300400

【例 5－3】假设 AB 公司根据会计准则规定允许在特定条件下采用公允价值模式，且数据资产符合收益法估值要求。相关资料如下：

AB 公司自建一套客户数据分析系统（数据资产），初始成本为 500 万元，使用寿命 5 年。第三年年末，企业发现该数据资产因市场需求爆发，未来现金流显著增长，决定采用收益法重新计量其价值。

经评估，未来 3 年（剩余寿命）净现金流量预测如下：第 4 年 200 万元，第 5 年 300 万元，第 6 年（因技术升级延长 1 年）400 万元；折现率（反映风险）为 10%；公允价值（现值）为 734.6 万元；原账面价值（成本法）为 200 万元（初始成本 500 万元－前 3 年累计摊销 300（500/5 × 3）万元）。

后续计量步骤与会计分录如下：

1. 初始确认（自建时）

计量：按历史成本 500 万元确认为无形资产。

会计分录：

借：无形资产——数据资产　　5000000

　　贷：研发支出/银行存款　　5000000

2. 前 3 年按成本法摊销（直线法）

年摊销额 = 5000000/5 = 1000000（元/年）。

会计分录（前 3 年每年年末）：

借：管理费用——数据资产摊销　　1000000

　　贷：累计摊销——数据资产　　1000000

3. 第三年年末：切换至收益法（公允价值模式）

计算公允价值（未来现金流量现值）：

第4年现金流量现值 $=2000000/(1+10\%)^{1}=1818182$（元）；

第5年现金流量现值 $=3000000/(1+10\%)^{2}=2479339$（元）；

第6年现金流量现值 $=4000000/(1+10\%)^{3}=3005259$（元）；

合计现值 $=1818182+2479339+3005259=7302780$ 元。

收益法公允价值与原账面价值的差额为534.6万元［734.6万元（公允价值）-200万元（原账面价值）］。

会计分录（重估增值）：

借：无形资产——数据资产　　5346000

　　贷：其他综合收益——重估增值　　5346000

　　注：IFRS下重估增值计入权益，而非损益。

4. 第四年起：按收益法调整与摊销

新的账面价值：734.6万元；

剩余使用寿命：3年（原剩余2年+技术升级延长1年）；

年摊销额 $=7346000/3=2448667$（元/年）。

会计分录（第四年年末）：

借：管理费用——数据资产摊销　　2448667

　　贷：累计摊销——数据资产　　2448667

5. 后续价值变动处理（假设第五年年末发生减值）

第五年年末：因竞争对手数据垄断，未来现金流量预测下降，重新评估现值为200万元。

账面价值 $=7346000-2448667\times2=2448666$（元）；

减值损失 $=2448666-2000000=448666$（元）（需冲减原重估增值并确认减值）。

会计分录：

借：其他综合收益——重估增值　　448666

　　贷：无形资产——数据资产　　448666

　　注：若减值超过累计重估增值，超出部分计入损益。

一、数据资产后续计量收益法的核心逻辑

收益法通过预计数据资产未来经济利益的现值确定其账面价值，关键步骤

包括：

（1）预测未来现金流量：基于数据资产的应用场景（如精准营销、用户画像等）估算经济利益流入。

（2）确定折现率：反映数据资产的风险（如技术过时风险、市场竞争风险等）。

（3）计算现值：将未来现金流量折现至当前时点，作为数据资产的计量基础。

二、数据资产后续计量收益法关键注意事项

（1）收益法适用场景：数据资产能独立产生可计量的经济利益（如直接用于销售、广告投放等）；未来现金流量可合理预测，且折现率能可靠获取（需结合行业风险、技术更新等因素）。

（2）收益法与成本法的差异：成本法以历史成本摊销 + 减值测试为核心；收益法以未来收益现值为计量基础，能动态反映数据资产的经济价值变化。

（3）数据资产后续计量收益法会计科目选择：数据资产通常归类为“无形资产”，减值通过“无形资产减值准备”科目核算，摊销记入“累计摊销”科目。

（4）收益法数据资产后续计量披露要求：需在财务报表附注中说明收益法的关键假设（如现金流量预测、折现率）、减值测试过程及后续支出性质。

（5）会计分录逻辑：对于数据资产重估增值，增加资产账面价值，对应权益科目（其他综合收益）；针对数据资产减值，优先冲减权益中的重估增值，超出部分计入损益。

三、数据资产后续计量收益法的特殊性

现金流量预测需与数据应用场景绑定（如用户画像变现、AI 模型训练）；需定期验证模型假设（如市场增长率、数据生命周期）。

收益法通过量化数据资产的未来经济价值实现动态计量，更贴近数据资产“随时间变化价值”的特性，但需依赖可靠的预测和假设。企业需结合数据资产类型、行业实践及会计准则，合理选择计量方法并确保信息披露透明。

第四节　数据资产后续计量的公允价值法

在数据资产的后续计量中，公允价值法是按照市场参与者在计量日发生的有序交易中，出售资产所能收到的价格（即公允价值）进行计量。若数据资产存在活跃市场或可通过估值技术可靠获取公允价值，可采用该方法。以下结合具体场景说明公允价值法的应用。

一、场景假设与会计处理逻辑

【例5－4】甲公司持有一项客户数据资产（如用户行为数据、消费偏好数据等），初始计量时以成本法入账（假设成本为120万元）。持有期间，该数据资产因市场需求变化或数据更新，公允价值发生波动。年末，甲公司需按公允价值法对其进行后续计量。

（一）公允价值变动的会计处理

1. 公允价值上升的情形

若年末该数据资产的公允价值经评估为150万元（较初始成本上涨30万元）。

会计处理逻辑：公允价值变动损益计入当期损益（类似交易性金融资产的处理）。

会计分录：

借：数据资产——公允价值变动　　300000

　　贷：公允价值变动损益　　300000

说明："数据资产——公允价值变动"科目反映资产价值的增减变动；"公允价值变动损益"为损益类科目，计入利润表，影响当期利润。

2. 公允价值下降的情形

若年末该数据资产的公允价值经评估为100万元（较初始成本下跌20万元）：

会计处理逻辑：公允价值下跌损失计入当期损益。

会计分录：

借：公允价值变动损益　　200000

　　贷：数据资产——公允价值变动　　200000

说明：损失直接冲减当期利润。

（二）数据资产处置时的会计处理

若甲公司将该数据资产对外出售，售价为 120 万元（假设处置时公允价值为 120 万元，账面余额为 110 万元，其中公允价值变动贷方余额 10 万元）：

1. 会计处理逻辑：

（1）终止确认数据资产，结转账面余额；

（2）处置价款与账面价值的差额计入当期损益；

（3）原公允价值变动损益转入“其他业务收入”或“资产处置损益”（需根据企业业务性质判断）。

2. 会计分录：

（1）结转数据资产账面余额：

借：银行存款　　1200000

　　数据资产——公允价值变动　　100000

　　贷：数据资产——成本　　1100000

　　　　资产处置损益或其他业务收入　　200000

（2）结转公允价值变动损益（若需）：

借：资产处置损益或其他业务收入　　100000

　　贷：公允价值变动损益　　100000

说明：若数据资产为企业日常经营出售的“产品”，处置损益记入“其他业务收入”科目；若为非经常性处置，记入“资产处置损益”科目。

二、公允价值法的适用条件与注意事项

（一）适用条件

数据资产存在活跃交易市场（如数据交易所公开报价）；或可通过估值技术（如市场法、收益法）可靠计量公允价值（需有充足市场数据支持）。

（二）注意事项

数据资产公允价值法后续计量，公允价值需定期评估（如每年年末），确保

计量的及时性和准确性。公允价值变动损益属于未实现损益，不涉及现金流量，需在财务报表附注中披露估值方法和关键假设。数据资产的特殊性（如非实物性、易复制性）可能导致公允价值波动较大，需谨慎评估市场需求和数据时效性。

三、数据资产后续计量公允价值法的会计影响

如果将数据资产后续计量的价值增减计入损益的话，将会影响利润表，适用于短期交易性数据资产。如果计入其他综合收益，适用于长期持有的战略性数据资产，可平滑利润波动。

四、数据资产后续计量公允价值法相关说明

成本法需定期摊销并计提减值，而公允价值法可直接反映市场价值变动，但波动性更大。

通过公允价值法，数据资产的账面价值可始终反映市场实时价格，并提供更透明的财务信息，但依赖可靠的估值技术或活跃市场支持。企业需根据持有目的和会计准则的规定选择合适的计量模式。

第五节　数据资产后续计量中公允价值的确定

数据资产的公允价值计量是数据资产会计处理中的核心问题之一，尤其是在后续计量环节，合理运用估值技术能够更准确地反映数据资产的价值变动。使用估值技术确定数据资产的公允价值需结合数据资产的特性（如非实体性、可复制性、价值易变性等）和市场环境，常见方法包括市场法、收益法和成本法，同时需考虑数据质量、合规性等调整因素。

一、估值技术的选择原则

数据资产的特殊性（如非实体性、可复制性、价值易变性等）决定了其估

值需结合资产类型、交易目的、市场条件等因素综合判断。估值技术选择应遵循以下原则：

（一）市场优先原则

优先采用市场法，若存在活跃市场中的可比交易案例（如公开数据交易平台的同类数据资产成交价格），应以此为基础调整确定公允价值。

（二）收益匹配原则

当市场法不适用时（如独特性数据资产），可采用收益法，通过预测数据资产未来经济利益流入（如数据驱动的收入增长、成本节约等），结合折现率评估现值。

（三）成本合理原则

成本法适用于数据资产开发成本可准确计量且无明显收益或市场参照的场景（如初始开发阶段的基础数据），需考虑重置成本及贬值因素（如数据陈旧化）。

二、主要方法

数据资产后续计量公允价值确认是一项系统而又比较复杂的工作，下面区分不同方法加以说明。

（一）市场比较法

市场比较法是基于市场交易案例进行估值。市场法的核心逻辑是通过可比数据资产的市场交易价格，调整差异后确定目标资产价值。市场法的适用场景是存在活跃数据交易市场（如数据交易所）、有可比案例参考的情况。

1. 市场比较法的操作步骤

（1）寻找可比案例，筛选与目标数据资产类型、规模、用途、时效性相近的交易案例。

例如：同类行业数据（如电商用户行为数据 vs. 金融消费数据）；相似数据维度（如包含地理位置、消费频次等字段）。

（2）.收集案例的交易价格、交易量、交易条款（如使用权期限、许可范围）

等信息。

（3）分析差异并调整。数据质量差异：对比数据完整性、准确性、更新频率（如实时数据 vs. 月度更新数据）。稀缺性差异：评估数据的独特性（如独家数据源 vs. 公开数据）。合规性差异：考虑数据采集、使用的合法性（如是否符合《中华人民共和国数据安全法》《中华人民共和国个人信息保护法》）。市场条件差异：区分买方市场或卖方市场对价格的影响（如供不应求时价格溢价）。

（4）计算公允价值。对可比案例价格进行加权平均或中位数调整，得出目标数据资产的公允价值。

公允价值 = 可比案例价格 × 质量调整系数 × 稀缺性溢价率 × 合规成本折扣率

2. 市场比较法的优缺点

优点：直观、贴近市场，可反映当前供需关系。

缺点：依赖活跃市场和可比案例，数据资产标准化程度低时难以匹配。

（二）收益折现法

数据资产后续计量公允价值确定收益折现法是基于未来收益估值。核心逻辑是通过预测数据资产未来预期收益，折现为当前价值。收益折现法的适用场景是数据资产能直接或间接带来经济利益（如用于精准营销、风险建模等），且收益可量化的场景。

1. 收益折现法的操作步骤

（1）预测未来收益。直接收益指数据直接销售产生的收入（如向第三方企业提供数据服务）。间接收益指数据提升业务效率或创造的增量价值（如通过用户数据分析降低营销成本、提升转化率）。预测收益常用的方法包括历史数据回归分析、行业基准对比、管理层预测等。

（2）确定收益期限。数据的经济寿命受技术迭代、政策变化、市场需求影响（如某类用户数据在 3 年后可能过时）。通常短于法定保护期限（如有），需结合行业惯例评估。

（3）计算折现率。折现率用来反映数据资产的风险水平，需考虑：①市场风险：数据市场波动、竞争对手替代数据的威胁；②合规风险：数据合规性缺陷可能导致的处罚或业务中断；③技术风险：数据存储、处理技术过时的可能性。

（4）现金流量折现模型（DCF）。①预测收益期内数据资产带来的增量现金流（如广告收入增加额、风控损失减少额）；②确定收益期限（受数据时效性、技术替代等因素影响，通常短于法定权利期限）；③选择折现率（需反映数据资产的风险特性，如市场风险、合规风险等）。

（5）期权定价模型（如 Black – Scholes 模型）。①适用场景：数据资产存在未来开发或应用的灵活性（如未充分利用的数据储备）。②关键参数：包括标的资产当前价值（数据潜在价值）、行权价格（开发成本）、波动率（数据应用效果不确定性）。

折现率可参考行业平均收益率、资本资产定价模型（CAPM）等确定。

公允价值 = $\sum_{t=1}^{n} \frac{\text{第 } t \text{ 年预期收益}}{(1+\text{折现率})^t}$ 其中，n 为收益期限。

2. 收益折现法的优缺点

（1）优点：能体现数据资产的获利能力，适用于长期持有或自用的数据资产。

（2）缺点：依赖收益预测和折现率假设，主观性较强，需充分披露假设依据。

（三）成本重置法

数据资产后续计量公允价值确定成本重置法是基于投入成本估值的一种方法。成本重置法的核心逻辑是估算重新获取或开发同类数据资产的重置成本，扣除损耗后确定价值。成本重置法的适用场景为数据资产无活跃市场、收益难以量化（如内部生成的非经营性数据），或用于资产清查、成本核算场景。

1. 成本重置法的操作步骤

（1）估算重置成本：

直接成本：数据采集成本（如购买传感器、支付数据爬取费用）、清洗加工成本（如人工标注、算法开发）、存储与管理成本（如服务器租赁、数据治理系统投入）。间接成本：管理费用、合规审核费用（如数据安全评估）、机会成本（如占用其他项目资源）。

（2）扣除损耗（贬值）：

物理损耗：数据存储介质老化等（通常可忽略，因数据非实体资产）。功能性损耗：技术更新导致数据处理效率下降（如旧版数据格式难以兼容新系统）。经济性损耗：市场需求变化导致数据价值下降（如政策限制某类数据使用）。

（3）计算公允价值

公允价值 = 重置成本 – 实体性贬值 – 功能性贬值 – 经济性贬值

2. 成本重置法的优缺点

优点：操作简单、成本数据可追溯，适合内部估值或合规要求严格的场景。

缺点：未反映数据的实际收益能力，可能低估稀缺性数据的价值。

（四）其他估值方法与技术

1. 混合估值法

混合估值法是结合市场法、收益法和成本法进行公允价值估值的一种方法，例如：用收益法计算基础价值，再通过市场法调整溢价或折价。混合估值法适用于复杂数据资产组合（如多维度数据集 + 数据分析模型）估值。

2. 期权定价模型（如 Black – Scholes 模型）

期权定价模型适用于数据资产具有未来选择权的场景（如数据使用权可延期、转换或放弃）。需考虑行权价格、波动率、无风险利率等参数。

3. 数据资产评估工具与平台

利用数据资产评估工具与平台来确定数据资产后续计量的公允价值，是指借助专业工具（如 IDC 的数据资产估值模型、第三方数据交易所的估值系统），并结合算法自动匹配参数，以提升估值效率。

三、关键注意事项

（一）数据质量评估

需先通过数据审计确认数据的完整性、准确性、时效性，例如：检查数据字段覆盖率、错误率、更新频率等。

（二）合规性审查

确保数据采集、使用、交易符合法律法规，避免因合规问题导致估值无效（如非法获取的个人信息数据无价值）。

（三）动态调整机制

数据资产价值随时间变化显著，需定期复核（如每年一次），更新市场条件、收益预测等参数。

（四）披露估值假设

在报告中明确说明估值方法、关键参数（如折现率、收益期限）的选取依据，提高估值透明度。

四、参数确定的难点与解决方案

（1）数据收益预测：需结合历史数据、行业趋势及业务场景联动性（如通过回归分析建模）。

（2）折现率选取：可采用资本资产定价模型（CAPM），考虑数据资产的 β 系数（系统性风险）及特定风险溢价。

（3）市场可比数据：通过行业报告、数据交易平台公开信息或第三方估值机构数据库获取。

五、数据资产后续计量公允价值的验证机制

交叉验证：三家独立评估机构结果差异度应小于 25%。压力测试：模拟数据泄露场景下的价值归零风险。流动性测试：评估 90 天紧急处置的折价率。

数据资产的公允价值估值需结合资产特性、应用场景和估值目的，灵活选择方法并综合判断。实际操作中建议引入专业评估机构，结合行业实践与监管要求，确保估值结果合理、合规。

六、实务挑战与应对建议

（一）挑战

数据资产定义模糊导致估值范围不明确；缺乏活跃市场，可比案例稀缺；数据价值随时间衰减的量化难度大。

（二）应对建议

建立数据资产分类体系（如按应用场景、价值模式分类），匹配差异化估值方法；推动行业数据估值标准制定，鼓励第三方估值机构参与；定期复核估值模

型参数，动态调整公允价值（如每年结合数据使用效果重新评估）。

七、案例分析

【例5－5】市场法——电商平台用户标签数据估值

某电商企业拟将“用户购物偏好标签数据”（含年龄、地域、消费频次等结构化数据，覆盖100万活跃用户）用于对外授权交易，需确定其公允价值。

市场可比信息：同类电商平台曾以80万元成交“80万用户基础标签数据”（数据质量为行业平均水平，授权期限1年）。

目标数据资产优势：覆盖用户量多20%，且包含高价值的“消费金额分段”字段（稀缺性溢价约15%）；劣势：需承担数据合规检测成本5万元（从交易价格中扣除）。

估值步骤：

（一）可比案例选择与调整（见表5－2）

表5－2 数据资产相关资料

对比维度	可比案例	目标数据资产	调整方向
用户规模	80万	100万	+25%（规模溢价）
数据字段丰富度	基础标签（5个）	含消费金额分段（8个）	+15%（稀缺性溢价）
合规成本	已包含在成交价中	需额外支出5万元	－5万元（直接扣除）

（二）公允价值计算

调整后价格＝80×(1＋25%)×(1＋15%)－5＝110（万元）。

（三）财务报表披露要点

估值方法：市场法，基于同类数据资产交易案例调整；

关键参数：用户规模溢价率25%、稀缺性溢价率15%、合规成本5万元；

敏感性说明：若用户规模溢价率±5%，公允价值变动±4.6万元。

【例5－6】收益法——金融企业风控数据估值

某银行持有“企业信贷违约预测模型数据”（含历史违约记录、财务指标等，用于内部风控），需在年度报告中计量其公允价值。

（一）收益预测

该数据资产可使未来3年不良贷款率降低0.3%，每年贷款规模均为100亿元，不良贷款回收成本为违约金额的20%；预计年折现率为8%（反映金融行业风险水平）。

（二）估值步骤

年违约金额减少额 = 贷款规模 × 不良贷款率降低幅度 = 100 × 0.3% = 3000（万元）

年净收益 = 违约金额减少额 ×（1 − 回收成本率）= 3000 ×（1 − 20%）= 2400（万元）

现金流量折现模型（DCF）公允价值 = $\sum_{t=1}^{3}\frac{2400}{(1+8\%)^{t}} = 2400 \times \left(\frac{1}{1.08}+\frac{1}{(1.08)^{2}}+\frac{1}{(1.08)^{3}}\right) \approx 6184.8$（万元）

（三）财务报表披露要点

估值方法：收益法，采用现金流量折现模型；

关键参数：收益期限3年（模型更新周期）、折现率8%（基于行业平均资本成本）；

敏感性说明：若折现率±1%，公允价值变动±约500万元。

【例5-7】 成本法——制造业企业设备运行数据估值

某制造企业需对“生产线设备运行实时数据”（含温度、能耗、故障预警等原始数据，未投入外部应用）进行初始计量。

（一）成本构成

数据采集设备购置及安装费：20万元；数据清洗与存储系统开发成本：15万元；人工验证与合规审核成本：5万元。

（二）贬值因素

技术升级导致数据处理效率下降10%（功能性贬值），无市场需求变化（经济性贬值为0)。

(三) 估值步骤

1. 重置成本计算：重置成本 =20 万元（设备）+15 万元（系统开发）+5 万元（人工）=40 万元；

2. 贬值调整：功能性贬值 = 重置成本 × 贬值率 =40 万元 ×10% =4 万元：公允价值 =40 万元 -4 万元 =36 万元。

(四) 财务报表披露要点

1. 估值方法：成本法，基于重置成本扣除功能性贬值；

2. 关键参数：重置成本构成明细、功能性贬值率 10%（参考技术迭代周期)；

3. 说明：该数据资产尚未产生直接收益，暂不适用市场法和收益法。

八、对比分析

市场法、收益法、成本法对比分析如表 5 -3 所示。

表 5 -3　市场法、收益法、成本法对比分析

估值技术	适用数据资产特征	案例核心驱动因素	优缺点对比
市场法	存在公开交易案例、标准化程度高	可比案例价格、规模/质量差异	直观高效，但依赖市场活跃度
收益法	可独立产生经济利益、收益可预测	未来现金流量、折现率	反映价值本质，但预测难度大
成本法	开发成本可计量、无活跃市场	重置成本、贬值因素	操作简单，但可能低估潜在价值

九、相关说明

(1) 多方法交叉验证。对重大数据资产可同时采用两种以上方法估值（如市场法与收益法结合)，减少单一方法偏差。

（2）动态复核机制。每年根据数据资产使用效果（如收益实现情况、技术替代风险）更新估值参数。

（3）合规性前置。估值需确保数据权属清晰、符合《中华人民共和国数据安全法》《中华人民共和国个人信息保护法》等法规要求，避免法律风险。

通过以上案例可知，数据资产公允价值计量需紧密结合业务场景，合理选择估值技术并充分披露其核心逻辑，以提升会计信息的决策有用性。利用估值技术确定数据资产后续计量的公允价值需兼顾科学性与灵活性，企业应结合数据资产特性选择适配方法，充分披露估值逻辑与参数依据，以提升会计信息的可靠性与透明度。随着数据要素市场的完善，估值技术将向标准化、智能化方向发展（如结合区块链技术追溯数据交易历史，辅助市场法估值）。

第六节　数据资产后续计量成本法、收益法、公允价值法的异同

数据资产的后续计量方法（成本法、收益法、公允价值法）在会计处理和价值评估中存在显著差异，同时也具备一些共性。以下是对其异同的详细分析。

一、相同点

（1）目的相同。都是为了对数据资产在后续持有期间进行价值计量，以便在财务报表等相关信息中合理反映数据资产的价值，为决策提供有用的财务信息。

（2）数据基础要求相同。都需要一定的数据基础来进行计量。无论是成本信息、收益预测数据还是市场交易相关数据，都需要有可靠的数据来源和合理的估计方法，以保证计量结果的准确性和可靠性。

（3）均需考虑经济效益。无论采用何种方法，均需评估数据资产的经济效益，尽管侧重点不同（历史成本、未来收益或市场价值）。

（4）都涉及估计与判断。尽管程度不同，但均需一定程度的主观判断，如成本法的减值测试、收益法的现金流量预测、公允价值法的市场参数选择。

二、不同点

（一）计量基础不同

1. 成本法：以数据资产的历史成本为基础，考虑资产的摊销等因素，对数据资产进行后续计量。即根据取得数据资产时所发生的实际成本，减去累计摊销以及减值准备后的余额作为其账面价值。

2. 收益法：通过预测数据资产未来可能带来的经济利益流入，将其折现到当前时点来确定数据资产的价值。主要考虑数据资产在未来使用过程中能够产生的预期收益，并根据一定的折现率将未来收益折算为现值。

3. 公允价值法：按照市场参与者在计量日发生的有序交易中，出售一项资产所能收到或者转移一项负债所需支付的价格计量数据资产。强调的是市场当前的公平交易价格，不受历史成本或未来收益预期的直接影响。

（二）适用场景不同

1. 成本法：适用于数据资产的价值主要取决于其初始投入成本，且后续使用过程中价值变动相对较小的情况。例如，一些基础数据的收集和整理，其价值主要体现在收集和整理过程中所花费的成本，且在后续使用中没有明显的增值或减值因素。

2. 收益法：适用于能够合理预测未来收益的数据资产，如经过深度加工和分析的数据产品，能够为企业带来明确的经济利益流入，并且可以对其未来收益进行可靠估计的情况。

3. 公允价值法：当数据资产存在活跃的市场交易，有公开的市场价格信息可供参考时，公允价值法是较为合适的计量方法。例如，在一些数据交易市场中，有类似数据资产的频繁交易，其交易价格可以作为确定公允价值的参考依据。

（三）主观性与客观性不同

1. 成本法：相对较为客观，因为历史成本是实际发生的，有明确的凭证和记录作为依据。但在确定摊销方法和年限以及减值准备时，可能会存在一定的主观性。

2. 收益法：主观性较强，因为需要对未来收益进行预测，涉及对市场趋势、数据资产的应用效果、风险因素等多方面的主观判断和估计。不同的预测假设和参数选择可能会导致计量结果存在较大差异。

3. 公允价值法：在有活跃市场的情况下，客观性较强，市场价格是公开透明的。但如果市场不够活跃或不存在可比的市场交易，需要采用估值技术来确定公允价值，此时主观性会增加。

（四）计量结果的波动性不同

1. 成本法：计量结果相对稳定，除非发生减值或增值等特殊情况，否则，数据资产的账面价值通常会随着摊销逐渐减少，不会出现大幅波动。

2. 收益法：计量结果可能会因市场环境、行业发展等因素对未来收益预期的影响而产生较大波动。如果市场情况发生变化，导致对数据资产未来收益的预测调整，其价值计量结果也会相应改变。

3. 公允价值法：计量结果会随着市场价格的波动而变化。如果市场价格波动频繁，数据资产的公允价值也会相应波动，可能导致企业财务报表中的资产价值出现较大幅度的变动。

数据资产后续计量成本法、收益法、公允价值法的不同点如表 5 -4 所示：

表 5 -4　　成本法、收益法、公允价值法的比较

维度	成本法	收益法	公允价值法
价值基础	历史成本	未来收益现值	市场交易价格
后续调整	摊销或减值测试（如资产减值）	定期重估未来现金流量和折现率	按市场变化调整账面价值
可靠性	较高（基于实际成本）	较低（依赖预测假设）	中等（依赖市场信息充分性）
主观性	较低	较高	中等至较高（若市场不活跃）
适用场景	收益难预测、缺乏活跃市场	可预测稳定现金流量的数据资产	存在活跃市场或可比交易案例
会计处理复杂度	简单（固定摊销）	复杂（需建模预测）	中等（需获取市场数据或模型）
对市场依赖程度	不依赖市场	不直接依赖市场	高度依赖市场有效性

三、相关建议

（1）选择依据。结合数据资产的用途（自用还是交易）、市场活跃度及会计准则要求（如 IFRS 对公允价值的定义）。

（2）混合使用。某些情况下可采用组合方法（如成本法记录初始价值，收益法辅助减值测试）。

（3）披露要求。无论采用何种方法，需在财报中充分披露估值假设、参数及不确定性。

通过理解这些异同，企业可以更科学地选择计量方法，提升数据资产在财务报告中的透明度和决策相关性。

第七节 数据资产后续计量的摊销方法

数据资产首先是一项资产，它的摊销方法与无形资产类似，常见的有以下几种。

一、直线法

（一）直线法的计算方式

数据资产摊销的直线法是指将数据资产的应摊销金额在其预计使用年限内平均分摊。

计算公式为：每年摊销额 =（数据资产原值 − 预计净残值）÷ 预计使用年限。

（二）直线法的特点

该方法简单易懂，操作方便，适用于数据资产在其使用年限内均匀发挥作用，为企业带来相对稳定经济利益的情况。适用场景：数据资产的经济价值随时间均匀消耗（如定期更新的客户数据库）；无法明确预测数据未来收益的波动性。

优点：计算简单，符合传统无形资产摊销惯例。缺点：若数据价值快速衰减

(如时效性强的舆情数据)，可能导致账面价值与实际价值偏离。

一些基础的、具有长期稳定价值且更新频率较低的数据资产，如企业长期积累的客户基本信息数据，可采用直线法进行摊销。

二、工作量法

(一) 工作量法的计算方式

该方法根据数据资产在使用过程中的实际工作量来计算其摊销额。首先，确定数据资产的总工作量，其次，计算单位工作量的摊销额，最后，根据实际工作量计算每期的摊销额。

计算公式为：单位工作量摊销额 =(数据资产原值 - 预计净残值) ÷ 预计总工作量；

本期摊销额 = 单位工作量摊销额 × 本期实际工作量。

(二) 工作量法的特点

这种方法能够更准确地反映数据资产的实际消耗情况，适用于数据资产的使用程度与工作量密切相关的情况。比如，用于特定项目的数据资产，其使用频率和产生的效益与项目的工作量直接相关，就可以采用工作量法摊销。此外，数据使用频率波动大（如季节性需求的数据产品）；可量化数据贡献的业务场景（如按 API 调用次数计费的数据接口)，也可以采用该方法。

工作量法的优点是摊销与实际业务挂钩，避免价值与消耗脱节。缺点是需精确预测总使用量，技术实施成本较高。

三、双倍余额递减法

(一) 双倍余额递减法的计算方式

双倍余额递减法是一种加速摊销法。在不考虑数据资产预计净残值的情况下，以直线法摊销率的双倍作为固定的摊销率乘以逐年递减的数据资产期初净值，得出各年应摊销额。计算公式为：年摊销率 =2 ÷ 预计使用年限 ×100%；年摊销额 = 年初数据资产账面净值 × 年摊销率。在摊销年限到期前两年内，将数据资产的账面净值扣除预计净残值后的余额平均摊销。

（二）双倍余额递减法的特点

该方法前期摊销金额大，后期摊销金额小，能体现数据资产在前期为企业带来较高经济利益，随着时间推移，其价值逐渐降低的特点。适用于更新换代较快的数据资产，如一些基于新兴技术的数据资产，在初始阶段具有较高的价值，但随着技术的快速发展，其价值可能迅速下降。

四、年数总和法

（一）年数总和法的计算方式

年数总和法也是一种加速摊销法。年数总和法是将数据资产的原值减去预计净残值后的净额乘以一个逐年递减的分数计算每年的摊销额，这个分数的分子代表数据资产尚可使用的年数，分母代表使用年数的逐年数字总和。

计算公式为：年摊销率＝尚可使用年限÷预计使用年限的年数总和×100%；年摊销额＝(数据资产原值－预计净残值)×年摊销率。

（二）年数总和法的特点

年数总和法与双倍余额递减法类似，年数总和法也能使数据资产在前期摊销较多金额，后期摊销较少金额。适用于那些随着使用时间推移，其为企业带来经济利益的能力逐渐减弱的数据资产。例如，某些时效性较强的数据资产，随着时间的推移，其价值会加速下降，技术迭代快导致数据效用短期内骤降（如AI训练数据)，就可以采用年数总和法进行摊销。

优点：更匹配数据资产实际价值消耗模式。缺点：计算复杂，需频繁调整残值及年限假设。

五、收入比例法

（一）收入比例法的计算方式

收入比例法是指按数据资产各期产生的收入乘以数据资产成本占预计总收入的比例摊销其成本。计算公式如下：

摊销率＝数据资产成本÷预计总收入

当期摊销额＝当期实际收入×摊销率

（二）收入比例法的特点

收入比例法适用场景：数据变现路径明确且收入可追踪（如数据授权使用费）；数据价值与收入直接相关（如精准广告投放的用户画像数据）。

优点：摊销与收益匹配，符合“成本收益配比”原则。缺点：依赖收入预测准确性，若收入不达预期可能导致摊销不足。

六、税务处理中的特殊规定

（一）税法刚性摊销年限

税法规则：企业所得税法规定无形资产摊销年限不得低于 10 年（高新技术企业可缩短至 3 年）。可申请地方政策试点（如深圳允许参照软件按 2 年摊销）。

税法规则与会计处理的冲突：数据资产实际寿命常短于 10 年（如行业分析数据有效期为 3—5 年），导致税会差异。

对税法规则与会计准则冲突的应对：会计上按经济寿命摊销，税务按法定年限调整，形成递延所得税资产/负债。

（二）特殊行业税务优惠

例如：研发费用加计扣除，若数据资产开发阶段支出符合条件，摊销额可享受加计扣除（如按 175% 税前扣除）；区域性税收政策，海南自贸港对数据产业给予摊销年限灵活调整支持。

七、案例解析

（一）直线法

【例 5 -8】某金融科技公司开发了一套“信用评分模型数据集”，用于评估贷款申请人的信用风险。数据集开发成本为 500 万元，预计有效使用年限为 5 年（因监管政策更新周期为 5 年），无残值。

年摊销额计算：年摊销额 = 500/5 = 100（万元）。

会计处理：每年在利润表中确认 100 万元摊销费用，资产负债表上数据资产账面价值逐年递减：

第 1 年年末：500 - 100 = 400（万元）；

第 2 年年末：400 - 100 = 300（万元）；

……

税务差异：若税法要求按 10 年摊销，每年税前扣除仅 50 万元，需确认递延所得税负债 12.5[(100 - 50) × 25%] 万元。

（二）工作量法

【例 5 - 9】一家物流企业拥有一套运输路线优化数据资产，原值为 80 万元，预计总工作量（即预计能优化的运输路线里程）为 400 万千米，预计净残值为 0。本年该企业利用该数据资产优化了 80 万千米的运输路线。

单位工作量摊销额 = (80 - 0) ÷ 400 = 0.2（元/千米）；

本年摊销额 = 0.2 × 80 = 16（万元）。

（三）双倍余额递减法

【例 5 - 10】某科技公司拥有一项人工智能算法数据资产，价值 300 万元，预计使用年限为 5 年，预计净残值为 30 万元。

年折旧率 = 2 ÷ 5 × 100% = 40%；

第一年摊销额 = 300 × 40% = 120（万元）；

第二年摊销额 = (300 - 120) × 40% = 72（万元）；

第三年摊销额 = (300 - 120 - 72) × 40% = 43.2（万元）；

第四年和第五年改为直线法摊销，每年摊销额 = (300 - 120 - 72 - 43.2 - 30) ÷ 2 = 17.4（万元）。

（四）年数总和法

【例 5 - 11】一家游戏公司有一款热门游戏的用户数据资产，价值 220 万元，预计使用年限为 4 年，预计净残值为 20 万元。

第一年摊销率 = 4 ÷ (1 + 2 + 3 + 4) × 100% = 40%，摊销额 = (220 - 20) × 40% = 80（万元）。

第二年摊销率 = 3 ÷ (1 + 2 + 3 + 4) × 100% = 30%，摊销额 = (220 - 20) × 30% = 60（万元）。

第三年摊销率 = 2 ÷ (1 + 2 + 3 + 4) × 100% = 20%，摊销额 = (220 - 20) × 20% = 40（万元）。

第四年摊销率 = 1 ÷ (1 + 2 + 3 + 4) × 100% = 10%，摊销额 = (220 − 20) × 10% = 20（万元）。

（五）收入比例法

【例 5 − 12】某医疗数据分析公司将“患者诊疗数据库”授权给药企使用，合同总收入预计 1000 万元，数据库开发成本 500 万元。

摊销率计算：摊销率 = 500/1000 = 50%；

实际年度摊销：第 1 年收入 200 万元→摊销额 = 200 × 50% = 100（万元）；

第 2 年收入 300 万元→摊销额 = 300 × 50% = 150（万元）；

……

累计摊销至 500 万元为止。

适用性分析：数据变现收入可追踪，摊销与收益直接挂钩，符合配比原则。

风险：若实际收入未达预期（如仅实现 500 万元收入），需调整剩余成本一次性摊销。

（六）税法刚性年限下的税会差异处理

【例 5 − 13】某电商平台自研“用户画像数据集”，会计按经济寿命 3 年直线摊销（成本 600 万元，年摊销 200 万元），但税法要求最低按 10 年摊销。

税务调整：会计年摊销额 200 万元；税法允许扣除额 60（600/10）万元。暂时性差异 = 200 − 60 = 140（万元）。

递延所得税资产 = 140 × 25% = 35（万元）。

（七）国际实践（可变寿命摊销法）

【例 5 − 14】美国某 AI 公司购买的“自动驾驶训练数据集”，初始按 5 年直线摊销（成本 500 万美元，年摊销 100 万美元）。第 3 年因传感器技术升级，旧数据失效，剩余账面价值 300 万美元需提前核销。

处理方式：

第 1—2 年累计摊销：100 × 2 = 200（万美元）；

第 3 年调整：剩余 300 万美元一次性计入资产减值损失。

适用性：动态调整年限需严格证明数据失效（如技术替代报告），否则可能被税务机关质疑。

八、数据资产后续计量摊销不同方法的对比

不同摊销方法的对比如表5－5所示。

表5－5 不同摊销方法的对比

摊销方法	适用场景	优点	缺点
直线法	价值均匀消耗（如政策周期明确的数据）	简单易行，符合传统惯例	不匹配快速贬值的数据
加速摊销法	高时效性数据（如营销数据）	反映前期高价值消耗	计算复杂，税务差异大
工作量法	使用频率波动大（如API调用数据）	摊销与实际业务挂钩	依赖精准使用量统计
收入比例法	直接变现的数据（如数据授权使用）	收益与成本配比	收入预测风险影响摊销
税法刚性年限	所有企业（如中国税法要求）	合规性强	导致长期税会差异

九、数据资产后续计量摊销方法企业选择建议

（1）高时效性数据（如实时交易数据）优先选择加速摊销法或工作量法；

（2）长期稳定数据（如专利关联数据）采用直线法；

（3）直接创收数据（如数据销售）适用收入比例法；

（4）内部使用的数据（如风控模型数据）可选直线法或加速摊销法。

（5）国内企业需优先满足税法最低年限，再通过会计政策调整匹配经济实质；跨国企业需协调不同国家税制差异（如中美摊销规则冲突）。

通过案例可知，数据资产摊销需结合业务模式、数据特性及合规要求，选择最匹配价值消耗规律的方法，同时利用技术工具（如区块链追踪使用量）优化管理。

十、国际实践与创新方法

（一）可变寿命摊销法（美国）

规则：根据数据资产的实际使用情况动态调整摊销年限。

例如，初始按5年摊销，若第3年数据因技术过时失效，剩余成本一次性计

入损益。

（二）成本节约法（欧盟）

规则：按数据应用后节约的成本反向计算摊销额。

适用场景：数据用于优化运营（如供应链数据降低库存成本）。

十一、未来趋势与建议

（1）政策动态跟踪：关注财政部数据资产入表新政，争取试点区域摊销优惠；

（2）技术工具应用：利用区块链记录数据使用痕迹，为工作量法摊销提供证据链；

（3）业财融合：联合业务部门制定数据价值评估标准，确保摊销方法贴合实际场景。

数据资产摊销需在合规性、业务实质与技术可行性间平衡，企业应结合自身特点选择最优方案，必要时引入专业机构进行评估支持。

第八节 收入比例法的具体应用

收入比例法的核心是将数据资产的成本根据其产生的收入按比例分摊，实现“成本与收益配比”。以下通过具体案例详细说明该方法的应用步骤、会计处理及关键注意事项。

【例 5－15】某互联网公司开发了一套“用户行为分析数据库”，用于向广告主提供精准营销服务。数据库开发成本为 600 万元，预计通过数据授权和广告分成在未来 3 年内实现总收入 1200 万元。合同约定收入分成为每年实际广告收入的 30%。

一、收入比例法的具体步骤

（一）确定摊销率

根据数据资产成本与预计总收入的比值计算摊销率。

摊销率 = 数据资产成本/预计总收入 = 600/1200 = 50%。

（二）按实际收入计算年度摊销额

每年根据实际收入计算摊销费用：当期摊销额 = 当期实际收入 ×50%。

关键要求：实际收入需与数据资产直接相关（如广告分成收入）；需严格区分数据资产收入与其他业务收入。

（三）具体会计处理（分年度说明）

假设实际收入分年实现如下：

第 1 年：实际收入 400 万元；

第 2 年：实际收入 500 万元；

第 3 年：实际收入 300 万元。

1. 第 1 年处理

计算摊销额：400 ×50% = 200（万元）。

会计分录：

确认收入（此处不考虑增值税，下同）：

借：应收账款/银行存款	4000000	
贷：主营业务收入		4000000

摊销数据资产成本：

借：主营业务成本	2000000	
贷：累计摊销——数据资产		2000000

数据资产账面价值：600 − 200 = 400（万元）。

2. 第 2 年处理

计算摊销额：500 ×50% = 250（万元）。

会计分录：

确认收入：

借：应收账款/银行存款	5000000	
贷：主营业务收入		5000000

摊销数据资产成本：

借：主营业务成本	2500000	
贷：累计摊销——数据资产		2500000

数据资产账面价值：400 − 250 = 150（万元）。

3. 第 3 年处理

计算摊销额（理论摊销额）：300 × 50% = 150（万元）。

剩余未摊销成本：150 万元（账面价值）。

实际摊销额：取两者较小值（避免超摊），即 150 万元。

会计分录：

确认收入：

借：应收账款/银行存款　　3000000

　　贷：主营业务收入　　3000000

摊销数据资产成本：

借：主营业务成本　　1500000

　　贷：累计摊销——数据资产　　1500000

摊销后，数据资产账面价值为 0。

二、特殊情况处理

（一）实际总收入超过预计（乐观情景）

假设第 3 年实际收入为 500 万元（累计总收入 1400 万元）：

前两年已摊销：200 + 250 = 450（万元）；

剩余账面价值：600 − 450 = 150（万元）；

第 3 年理论摊销额：500 × 50% = 250（万元）；

实际摊销额：仅能摊销剩余 150 万元（不可超摊）。

会计分录：

借：主营业务成本　　1500000

　　贷：累计摊销——数据资产　　1500000

（二）实际总收入未达预计（悲观情景）

假设第 3 年实际收入为 100 万元（累计总收入 1000 万元）：

前两年已摊销：200 + 250 = 450（万元）；

剩余账面价值：600 − 450 = 150（万元）；

第 3 年理论摊销额：100 × 50% = 50（万元）；

实际摊销后剩余成本：150 - 50 = 100（万元）。

处理方式：剩余 100 万元需一次性计入资产减值损失。

会计分录：

（1）摊销部分：

借：主营业务成本　500000

　　贷：累计摊销——数据资产　500000

（2）计提减值：

借：资产减值损失　1000000

　　贷：数据资产减值准备　1000000

三、税务处理与税会差异

（一）税法要求（以中国为例）

摊销年限：无形资产按≥10 年摊销（税法刚性要求）；

税前扣除：会计上按收入比例法摊销，但税法仅允许按年限平均法扣除。

（二）税会差异调整

假设【例 5 - 15】中税法要求按 10 年摊销，年税前扣除额为 60（600/10）万元。会计摊销额：第 1 年 200 万元、第 2 年 250 万元、第 3 年 150 万元。

暂时性差异：

第 1 年：200 - 60 = 140（万元）→递延所得税 140 × 25% = 35（万元）；

第 2 年：250 - 60 = 190（万元）→递延所得税累计 35 + 47.5 = 82.5（万元）；

第 3 年：150 - 60 = 90（万元）→递延所得税累计 82.5 + 22.5 = 105（万元）。

四、适用场景与注意事项

（一）适用场景

数据变现路径清晰，如数据授权使用费、广告分成收入等；收入可追踪，能明确区分数据资产产生的收入与其他业务收入；合同期限明确，如固定期限的订阅服务或授权协议。

（二）注意事项

1. 收入预测准确性：需定期复核预计总收入，若偏差超过 20% 应调整摊销率；

2. 成本与收入匹配：仅摊销直接关联成本，避免将无关费用纳入；

3. 税务合规性：提前与税务机关沟通，确认收入比例法是否被认可（部分国家可能仅允许年限平均法）。

收入比例法通过将数据资产成本与收入动态绑定，实现了“收益与成本配比”，尤其适合直接创收的数据资产。但其成功应用依赖于：精准的收入预测与追踪；灵活的会计估计调整机制；合规的税务差异管理。企业需建立数据资产收入与成本的独立核算体系，并借助信息化工具（如 ERP 系统）实时监控数据使用与收入实现情况，确保摊销方法的合理性与合规性。

第九节　数据资产后续计量中价值摊销的会计核算

在数据资产的后续计量中，价值摊销的会计核算需依据其使用寿命是否确定以及经济利益预期消耗方式进行处理。以下从使用寿命有限的数据资产和使用寿命不确定的数据资产两类场景，结合会计科目、账务处理及案例展开说明。

一、使用寿命有限的数据资产

使用寿命有限的数据资产摊销的核心要点：

（1）摊销期限。自数据资产达到预定用途时起，至终止确认时止（当月增加当月开始摊销，当月减少当月不再摊销）。

（2）摊销方法。通常采用直线法（年限平均法），若经济利益预期消耗方式明确（如与使用量挂钩），也可采用产量法等。

（3）会计科目。摊销额根据用途计入成本或费用（如“管理费用”“销售费用”“生产成本”等）。增设“数据资产累计摊销”科目（类似固定资产“累计折旧”）。

二、直线法与产量法摊销案例分析

【例 5－16】产量法摊销（与使用量挂钩）

乙公司购入一项生产数据资产，成本 200 万元，预计总使用次数为 10 万次，2024 年使用 1.5 万次。

单位摊销额＝200÷10＝20（元/次）；

2024 年摊销额＝1.5×20＝30（万元）。

借：制造费用——数据资产摊销　300000

　　贷：累计摊销——数据资产　300000

【例 5－17】直线法摊销

某互联网公司于 2023 年 1 月 1 日以 1000 万元购入一项用户行为数据资产（符合无形资产确认条件），用于精准广告投放业务。

合同约定：数据使用权期限为 5 年（至 2027 年 12 月 31 日），到期后数据需销毁且无残值。

其他假设：采用直线法摊销，每年年末计提摊销并进行减值测试。

2025 年年末，因行业数据隐私政策收紧，经评估，该数据资产可收回金额为 400 万元。

（一）初始确认（2023 年 1 月 1 日）

购入数据资产时，按成本入账：

借：无形资产——数据资产　10000000

　　贷：银行存款　10000000

（二）每年年末摊销（2023—2025 年）

年摊销额＝10000000÷5＝2000000（元）。

会计分录（每年年末）：

借：销售费用——数据资产摊销　2000000

　　贷：累计摊销——数据资产　2000000

注：摊销费用计入“销售费用”，因数据用于广告业务（根据用途选择科目）。

（三）减值测试（2025 年年末）

步骤 1：计算减值前账面价值；

截至 2025 年年末累计摊销 = 2000000 × 3 = 6000000（元）。账面价值 = 10000000 − 6000000 = 4000000（元）。

步骤 2：比较可收回金额；

经测算，可收回金额为 4000000 元。因此无需计提减值准备（账面价值 = 可收回金额）。

假设修改（若 2025 年年末可收回金额为 3500000 元）：

步骤 1：计算减值损失；

减值损失 = 账面价值 4000000 元 − 可收回金额 3500000 元 = 500000 元。

步骤 2：计提减值准备；

借：资产减值损失——数据资产减值损失　　　　500000

　　贷：无形资产减值准备　　　　500000

步骤 3：调整后续摊销额；

剩余使用年限：2 年（2026—2027 年）；

新账面价值：3500000 元；

剩余年摊销额 = 3500000 ÷ 2 = 1750000（元）。

2026—2027 年年末摊销会计分录：

借：销售费用——数据资产摊销　　　　1750000

　　贷：累计摊销——数据资产　　　　1750000

（四）财务报表列示（见表 5 – 6）

表 5 – 6　　2025 年资产负债表（部分）

项目	金额（元）
无形资产——数据资产	10000000
减：累计摊销	（6000000）
减：无形资产减值准备	（500000）
账面价值	3500000

三、使用寿命不确定的数据资产

（一）使用寿命不确定的数据资产摊销的核心要点

1. 判断依据：无法合理估计数据资产为企业带来经济利益的期限（如持续更新的动态数据池）。

2. 会计处理：不摊销，但需在每年年末进行减值测试。若可收回金额低于账面价值，计提减值准备（记入“资产减值损失”科目），且减值损失一经确认不得转回。

（二）使用寿命不确定的数据资产摊销案例分析

【例 5－18】某公司 2024 年 1 月 1 日自主开发一项行业数据平台资产，无法合理估计其使用寿命（如持续更新的实时数据平台）。2024 年年末，该资产可收回金额为 800 万元（开发成本为 1000 万元）。

1. 开发完成时

借：数据资产——行业数据平台　　10000000

　　贷：研发支出——资本化支出　　10000000

2. 期末减值测试

可收回金额（800 万元）< 账面价值（1000 万元），需计提减值准备 200 万元：

借：资产减值损失——数据资产减值损失　　2000000

　　贷：数据资产减值准备　　2000000

3. 后续期间：

（1）减值损失一经确认，不得转回。

（2）每年继续进行减值测试，若价值回升不做会计处理。

四、数据资产摊销的特殊情形

（一）摊销方法或年限变更

该情形属于会计估计变更，采用未来适用法调整，无需追溯调整。

【例 5－19】丁公司原按直线法对数据资产（成本 120 万元，原预计使用年限 4 年，无残值）摊销，第 2 年起因数据价值衰减加速，改为年数总和法（剩余年限 2 年)。

原直线法下已摊销额：120/4 ×1 =30（万元)，账面价值为 90 万元；

年数总和法下剩余摊销额：第 2 年摊销额 =90 ×(2/3) =60 万元，第 3 年 = 90 ×(1/3) =30 万元。

第 2 年摊销时：

借：管理费用——数据资产摊销　600000

　贷：累计摊销——数据资产　600000

（二）数据资产处置

【例 5 –20】 丁公司 2024 年 1 月 1 日以 200 万元购入一项数据资产，预计使用年限 4 年，无残值，直线法摊销。2025 年 12 月 31 日以 120 万元出售，增值税税率 6%。

会计处理如下：

累计摊销：200/4 ×2 =100（万元)，账面价值 =200 –100 =100（万元)。

出售时：

借：银行存款　1272000

　累计摊销——数据资产　1000000

　贷：数据资产　2000000

　　应交税费——应交增值税（销项税额)　72000

　　资产处置损益　200000

（三）数据资产报废或毁损

数据资产发生报废或毁损时账面价值先转入“待处理财产损溢”科目，待相关手续完成后，净损失记入“营业外支出”科目。

【例 5 –21】 戊公司数据资产因病毒攻击报废，成本 50 万元，累计摊销 30 万元，无残值。

借：待处理财产损溢——待处理数据资产损溢　200000

　累计摊销——数据资产　300000

　贷：数据资产——××数据　500000

借：营业外支出——数据资产报废损失　200000

　贷：待处理财产损溢——待处理数据资产损溢　200000

五、关键会计科目说明（见表5－7）

表5－7　关键会计科目说明

科目名称	用途说明
数据资产	核算企业拥有的数据资产成本，按类别（如客户数据、运营数据）设置明细账
数据资产累计摊销	核算使用寿命有限的数据资产的摊销额，类似“累计折旧”科目
数据资产减值准备	核算发生减值的数据资产计提的减值，影响当期损益
资产处置损益	处置数据资产时的利得或损失，计入当期营业利润

六、注意事项

（1）摊销起点：数据资产达到预定用途的当月开始摊销，处置当月不再摊销。

（2）减值测试频率：使用寿命不确定的数据资产需每年年末进行减值测试。

（3）税务处理：数据资产摊销额可按规定在企业所得税前扣除，具体需遵循税法规定。

七、税务与会计准则差异

（1）税法摊销年限：若税法对数据资产摊销年限有特殊规定（如不低于10年），需进行纳税调整。

（2）研发加计扣除：自主开发的数据资产，符合条件的研发支出可享受企业所得税加计扣除优惠。

八、报表列示

（一）资产负债表

数据资产账面价值＝数据资产原值－数据资产累计摊销－数据资产减值准备。

（二）利润表

摊销额记入“管理费用”“销售费用”等科目，减值损失记入“资产减值损失”科目。

通过以上分类和案例，可明确数据资产摊销的会计核算逻辑，实际操作中需结合企业业务场景、会计准则及税务规定综合处理。使用寿命有限的数据资产必须摊销，不可无限期挂账。摊销费用根据资产用途记入对应损益科目（如销售费用、管理费用）。减值后需按新账面价值重新计算剩余年限摊销额。减值损失一经计提不得转回（与存货、应收账款不同）。需在报表附注中说明数据资产的摊销政策、减值测试方法及关键假设（如使用寿命、可收回金额计算依据）。若数据资产的使用寿命或经济利益消耗模式发生变化（例如因技术升级提前淘汰数据），需作为会计估计变更调整剩余年限：按未来适用法重新计算摊销额（无需追溯调整，直接按新年限摊销）。

第十节　数据资产后续计量中摊销期限的确定

数据资产后续计量中摊销期限的确定是会计核算的关键环节，需结合数据资产的性质、合同约定、法律规定、经济利益预期实现方式等因素综合判断。以下分使用寿命有限和使用寿命不确定两类数据资产，详细说明摊销期限的确定原则、方法及案例。

一、确定摊销期限的核心原则

（一）核心公式

摊销期限 = min（合同期限，技术经济寿命，政策安全期，实际用途周期）+ 谨慎性调整

（二）关键原则

1. 保守性原则：选择最短的合理期限，避免高估资产价值。
2. 动态复核：每年评估使用寿命，必要时调整（会计估计变更）。

3. 可验证性：需有充分证据支持判断（如技术报告、合同条款、政策文件等）。

二、影响摊销期限的因素

（一）合同/法律期限

摊销期限不得超过合同或法律规定的截止日期。若技术或政策因素导致资产提前失效，按实际经济寿命终止。

（二）技术经济寿命

数据因技术迭代、算法更新或兼容性下降而失去价值的周期。

评估方法：行业技术升级周期（如 AI 模型平均更新频率）；数据质量退化速度（如用户行为数据因市场变化过时）；企业自身技术替代计划（如系统升级时间表）。

（三）政策安全期

数据受法规限制可能被停用的风险期。

评估方法：隐私保护法规（如 GDPR、《中华人民共和国个人信息保护法》）对数据使用的限制；跨境数据传输政策（如数据本地化要求）；行业监管动态（如金融数据使用新规）。

（四）实际用途周期

数据服务于特定业务场景的预计周期。

例如，短期营销活动数据：按活动周期摊销（如 6 个月）。长期科研项目数据：按项目周期摊销（如 3 年）。

三、确定摊销期限的具体步骤

步骤 1：收集关键信息；

合同协议（使用期限、续约条款），技术部门提供的技术经济寿命评估报告，法务部门对政策风险的评级，业务部门对数据用途的规划说明。

步骤2：进行综合评估（见表5－8）。

表5－8　评估因素及评估要点

因素	评估要点
合同期限	是否强制到期销毁？是否有续约可能？
技术经济寿命	技术迭代是否会导致数据提前失效？
政策安全期	未来法规变动是否会缩短数据可用期？
实际用途周期	数据是否绑定特定项目？项目周期是否明确？

（一）使用寿命有限的数据资产

1. 核心判断依据

数据资产的使用寿命有限，需同时满足以下条件之一：

（1）合同性权利或其他法定权利明确（如数据使用许可期限、合作协议约定）。

（2）可合理估计经济利益的预期消耗期限（如数据更新周期、行业惯例等）。

2. 具体确定方法

（1）基于合同或法律规定的期限。优先以合同/法律期限为准，若数据资产的使用受限于合同约定或法律规定（如数据采集授权期限、知识产权保护期），摊销期限取合同期、法律期较短者。

例如，甲公司通过授权协议取得某数据库7年使用权（合同期），法律保护期为10年，则摊销期限为7年。

（2）基于经济利益预期消耗期限。无明确合同/法律期限时，需通过以下因素综合估计：

①数据的性质与用途，客户数据随客户流失而价值衰减，可按历史客户平均生命周期（如3年）估计。

②生产数据，与设备使用年限挂钩（如设备预计使用10年），摊销期限可设为10年。

③行业惯例或技术更新周期，高频更新的市场数据（如电商促销数据），使用寿命可能仅为1年或更短。低频更新的基础地理数据，使用寿命可长达5—10年。

④数据的维护与更新频率，定期更新的数据资产（如年度行业报告数据），

可按更新周期（1 年）确定摊销期限。一次性采集且无更新的数据（如某项目特定数据），按预计使用次数对应的期限摊销（如预计 3 年内使用完毕，则摊销期限为 3 年）。

例如，乙公司开发医疗影像分析数据模型，无合同/法律期限，但行业内同类模型平均迭代周期为 5 年，且公司计划每 4 年重新训练模型，则摊销期限可定为 4 年（取较短的实际使用周期）。

（3）合同/法律期限与经济利益期限不一致。若合同期届满后数据资产仍能带来经济利益，需重新评估使用寿命。合同到期前，按合同期摊销。合同到期后，若能合理估计剩余经济利益期限，可继续摊销（需在报表附注中披露依据）。

例如，ABC 公司购入某专利数据，合同期 8 年，法律保护期 20 年，预计 8 年后该数据仍可使用 3 年。

前 8 年：按合同期 8 年摊销。

第 9—11 年：需在第 8 年年末重新评估，若确认剩余 3 年经济利益可靠，可继续按 3 年摊销（需提供技术可行性证明）。

（二）使用寿命不确定的数据资产

1. 核心判断依据

无法通过合同、法律或行业惯例等合理估计数据资产为企业带来经济利益的期限，例如：动态更新的数据池：如持续采集的用户行为数据，无明确终止日期；战略性数据资产：如企业积累的核心技术数据，随业务扩展不断增值且无替代风险。

2. 会计处理要求

（1）不摊销，但需在每年年末进行减值测试（同商誉处理逻辑）。

（2）定期复核使用寿命：若后续条件发生变化（如数据价值显著下降、政策限制使用），需重新评估是否转为“使用寿命有限”，并自变更日起按新期限摊销（属于会计估计变更）。

例如，F 公司运营实时交通数据平台，数据通过传感器持续更新，无法确定终止日期，视为使用寿命不确定。2024 年不摊销，年末测试未发生减值。2025 年因新政策限制数据采集范围，预计平台剩余可用年限为 5 年，则从 2025 年起按 5 年摊销（当年摊销额 = 账面价值/5）。

四、摊销期限确定的特殊情形

（一）数据资产组合的处理

若数据资产包含不同使用寿命的子资产（如客户数据中包含短期促销数据和长期会员数据），需分拆核算。对可单独区分的子资产，按各自使用寿命摊销；无法分拆的，按最短使用寿命摊销（谨慎性原则）。

例如，戊公司购入“用户全生命周期数据包”，包含短期数据（促销响应数据，使用寿命2年）和长期数据（会员基础信息，使用寿命6年）。需分拆为两项数据资产，分别按2年和6年摊销。

（二）数据资产更新或升级的影响

1. 功能性更新（如增加数据维度），若显著延长经济利益期限，视为会计估计变更，重新估计剩余摊销期限。

例如，原按3年摊销的市场数据，更新后预计使用寿命延长至5年，剩余账面价值在剩余2年内摊销。

2. 维护性更新（如修正错误），不改变使用寿命，按原期限继续摊销。

（三）数据资产终止确认的情形

摊销期限应截至数据资产终止确认时点，包括：出售、捐赠、报废或被强制删除（如违反数据安全法规），数据资产已无法为企业带来经济利益（如被公开免费获取）。

五、会计披露要求

企业需在财务报表附注中披露：

（1）数据资产的摊销方法（如直线法、产量法）。

（2）摊销期限的确定依据（合同约定、行业惯例等）。

（3）使用寿命不确定的数据资产的判断理由及减值测试结果。

（4）会计估计变更的原因（如摊销期限调整）及对当期损益的影响金额。

六、与税务处理的差异

（1）税法默认摊销年限：若会计摊销期限短于税法规定的最低年限（如企业所得税法未明确数据资产摊销规则，可参考“无形资产”不低于10年），需进行纳税调整。

（2）加速摊销的适用：若数据资产属于“高新技术企业的研发数据”，可按税法规定享受加速摊销优惠（如缩短至6年）。

通过以上原则和案例可知，数据资产摊销期限的确定需结合定性分析（合同、法律、行业特性）与定量分析（经济利益预期年限），同时遵循会计准则的谨慎性与可追溯性要求，确保会计信息真实反映数据资产的价值损耗。

七、案例分析

以下通过多个具体场景案例，详细说明数据资产后续计量中摊销期限的确定方法，涵盖不同行业、不同类型的数据资产及特殊情形。

【例5-22】基于合同约定期限的摊销（互联网行业）

B公司与某数据供应商签订协议，获取其“电商用户行为分析数据库”使用权，合同约定授权期限为3年，无法律限制或续约条款。

分析：合同明确约定了使用期限，且无证据表明到期后数据仍能带来经济利益。

摊销期限：直接采用合同期限3年，自数据可供使用时起开始摊销（如合同签订日）。

会计处理：数据资产初始入账价值120万元，按直线法摊销，每年摊销40（120÷3）万元。

【例5-23】基于法律保护期限的摊销（金融行业）

G银行通过自主研发获得一项客户信用评分模型数据，该模型已申请软件著作权，法律保护期为25年，但行业内同类模型平均更新周期为10年（即10年后可能因政策变化或技术迭代被淘汰）。

分析：法律保护期（25年）与经济利益期限（10年）不一致，需取较短者。

摊销期限：按10年（经济利益预期消耗期限）摊销，而非法律保护期。

会计处理：数据资产成本600万元，每年摊销60（600÷10）万元。

【例5－24】 基于行业惯例的摊销（医疗行业）

W医院购入一套疾病诊断数据模型，无合同或法律期限，但行业内同类模型通常每5年需根据最新临床指南更新一次，否则准确性将显著下降。

分析：行业惯例表明数据资产的经济利益期限为5年（更新周期即失效周期）。

摊销期限：按5年（行业惯例）确定。

会计处理：数据资产价值80万元，按直线法每年摊销16万元。

【例5－25】 使用寿命不确定的数据资产（零售行业）

W公司运营“会员标签数据库”，持续采集和更新会员的消费偏好、地理位置等数据，无明确终止日期，且无法合理估计其经济利益期限（数据随会员规模扩大而增值）。

分析：数据处于动态更新中，经济利益流入无明显期限限制，符合“使用寿命不确定”条件。

会计处理：不摊销，每年年末进行减值测试。若发现部分标签因隐私政策调整失效，导致数据整体价值下降20%，则计提减值准备，但摊销期限仍不确认（除非后续能合理估计剩余年限）。

【例5－26】 数据资产组合的分拆摊销（制造业）

F公司购入“生产线智能监控数据包”，包含两类数据：（1）设备运行实时数据：需每日更新，预计使用寿命2年（数据实时性强，过期后无价值）；（2）历史故障分析数据：长期有效，预计使用寿命8年（可用于长期故障趋势预测）。

分析：两类数据可单独区分，需分拆核算。

摊销期限：实时数据按2年摊销；历史数据按8年摊销；

会计处理：总购入成本110万元，其中，实时数据30万元、历史数据80万元。

实时数据年摊销额＝30÷2＝15（万元）；

历史数据年摊销额＝80÷8＝10（万元）。

【例5－27】 合同到期后延长使用寿命的处理（能源行业）

M公司通过合作协议取得某区域地质勘探数据使用权，合同期6年，法律保护期10年。合同到期后，经技术评估，该数据仍可用于后续勘探项目，预计剩余价值使用年限为4年。

分析：合同期内（前6年）按合同期6年摊销；合同到期后（第7－10年）需在第6年年末重新评估，确认剩余4年经济利益可靠（如提供后续项目计划书），则转为按剩余4年摊销（会计估计变更）。

会计处理：数据资产原值240万元，前6年每年摊销40（240÷6）万元，第6年年末账面价值为0。

注：若原摊销已完毕，但重新评估后仍有价值，需调整会计估计，可能涉及前期会计差错更正或按新数据资产入账（需依据企业会计准则进行判断）。

【例5－28】数据资产更新导致摊销期限调整（科技行业）

E公司拥有“自然语言处理（NLP）训练数据集”，原按5年摊销，已使用3年（累计摊销60%）。第4年，公司对数据集进行功能性升级（增加多语言数据），预计使用寿命延长至8年。

分析：功能性升级显著提升数据价值，属于会计估计变更。

剩余摊销期限：5年（新使用寿命8年－已使用3年）。

会计处理：初始成本100万元，已摊销60万元，账面价值40万元；

剩余年度每年摊销额＝40÷5＝8（万元）（自升级完成日起执行）。

【例5－29】政策变化导致使用寿命重新评估（跨境电商）

Z公司持有“跨境用户交易数据”，原视为使用寿命不确定的数据资产（因数据持续积累且无替代风险）。2025年1月1日，某国出台数据本地化政策，要求该公司在2年内删除本地用户数据。

分析：政策限制导致数据经济利益期限变为2年，需从“使用寿命不确定”转为“有限”。

会计处理：数据资产账面价值300万元，自政策发布之日起按2年摊销，当年摊销额为150万元［若政策发布日为2025年7月1日，则当年摊销额为75（150×6÷12）万元］。

案例总结：摊销期限确定逻辑（见表5－9）。

表5－9　　摊销期限确定逻辑

数据资产类型	判断依据
有明确合同/法律期限	取合同期与法律期较短者
有行业惯例/更新周期	按行业平均年限或更新周期

续表

数据资产类型	判断依据
动态更新/无明确期限	视为使用寿命不确定，不摊销
可分拆的资产组合	按各子资产单独寿命摊销
合同到期后仍有价值	重新评估剩余年限（需合理证据）
功能性更新/政策变化	调整摊销期限（会计估计变更）

通过以上案例可知，数据资产摊销期限的确定需紧密结合业务实质与会计准则，避免主观随意性，同时通过定期复核确保会计处理的准确性。

【例 5－30】 某金融科技公司于 2024 年 1 月 1 日购入一套用户信用评估数据资产（成本 800 万元），用于风控模型训练。

1. 公司要合理确定该数据资产的摊销期限，需综合考虑以下因素：

合同期限：数据授权协议约定使用期为 4 年（至 2027 年年底）。

技术迭代周期：行业同类数据通常因模型更新每 2—3 年需替换。

政策风险：数据隐私法规趋严，可能缩短数据可用性。

2. 摊销期限的确定过程

步骤 1：分析核心影响因素（见表 5－10）；

表 5－10　摊销期限影响因素

因素	具体影响
合同期限	授权协议允许使用的最长期限为 4 年，到期后数据需销毁
技术迭代周期	行业技术更新快，同类数据平均有效期为 2.5 年（可能早于合同到期）
政策风险	若未来出台更严格的隐私法规，可能要求提前停用数据（需预留调整空间）

步骤 2：综合判断合理摊销期限。

保守选择：因技术迭代风险和政策不确定性，选择 3 年作为摊销期限（短于合同期限 4 年）。

理由：技术更新周期（2.5 年）接近 3 年，可反映经济利益的实际消耗速度。预留 1 年缓冲期应对可能的政策变化（如法规要求提前停用）。

3. 会计处理（按直线法摊销）

（1）初始确认（2024 年 1 月 1 日）时：

借：无形资产——数据资产　　　　8000000

　　贷：银行存款　　　　8000000

（2）每年摊销（2024—2026 年）时：

年摊销额 = 8000000 ÷ 3 = 2666667（元）。

会计分录（每年年末）：

借：研发支出——数据资产摊销　　2666667

　　贷：累计摊销——数据资产　　2666667

（3）特殊情况处理：

若 2025 年年底，因技术升级加速，公司判定该数据资产剩余使用年限仅为 1 年（原剩余 1 年，无需调整）。

若 2025 年出台新法规，强制要求 2026 年 6 月停用数据，则剩余使用年限缩短至 0.5 年。

截至 2025 年年末累计摊销 = 2666667 × 2 = 5333334（元）；

剩余账面价值 = 8000000 − 5333334 = 2666666（元）；

2026 年摊销额为 2666666 元

会计分录（2026 年年末）：

借：研发支出——数据资产摊销　　2666666

　　贷：累计摊销——数据资产　　2666666

4. 摊销期限确定的关键逻辑（见表 5 − 11）

表 5 − 11　　摊销期限确定的处理原则

因素	处理原则
合同/法律期限	摊销期限≤合同或法律规定的最长期限（如数据授权到期必须停用）
技术经济寿命	若技术更新或市场需求变化导致资产提前失效，按实际经济寿命确定
政策风险	若法规可能缩短使用期，需按“谨慎性原则”选择更短的摊销期限
企业特定用途	若数据仅用于短期项目（如 1 年营销活动），按项目周期摊销

5. 示例对比：不同场景下的摊销期限（见表 5 − 12）

表 5 − 12　　不同场景下的摊销期限

场景	摊销期限确定依据	结果
数据用于 5 年期的政府合作项目	按项目周期确定（与合同一致）	5 年
数据依赖 AI 算法更新（每 2 年）	按技术迭代周期确定（短于合同期限）	2 年
数据受跨境传输法规限制	按政策风险预估可用期（如 3 年）	3 年

数据资产摊销期限的确定需结合"合同约束 + 技术迭代 + 政策风险 + 实际用途"四维度综合判断，优先选择最短的合理期限，避免高估资产价值。定期复核（至少每年一次），若发现使用寿命变化，按会计估计变更调整剩余期限。在财务报表附注中说明摊销期限的关键假设及影响因素（如技术风险、政策变动）。

【例 5－31】 某电商公司于 2025 年 1 月 1 日购入一套消费者购物行为数据资产（成本 1200 万元），用于个性化推荐算法优化。

1. 关键信息

合同期限：数据授权协议允许使用 5 年（至 2029 年年底）。

技术迭代周期：算法模型每 2 年升级一次，旧数据与新模型兼容性下降。

政策风险：数据采集法规可能收紧，预计 3 年内需调整数据使用方式。

市场需求：同类数据在行业内的平均有效期为 3—4 年。

2. 确认步骤

步骤 1：分析核心影响因素（见表 5－13）：

表 5－13　　核心影响因素

因素	具体影响
合同期限	授权协议允许的最长期限为 5 年，但需结合实际经济价值持续期判断
技术迭代	数据兼容性随算法升级下降，实际使用价值在 2—3 年后显著降低
政策风险	3 年后可能面临数据使用限制（如用户授权追溯要求）
市场需求	行业数据有效期通常为 3—4 年，反映市场对数据价值的认可周期

步骤 2：综合判断合理摊销期限。

最终选择：摊销期限定为 3 年（而非合同期的 5 年）。

依据：技术主导，算法模型每 2 年升级一次，数据价值在 3 年后大幅下降（技术寿命 < 合同期）。政策谨慎性，预留 1 年缓冲期应对法规变化风险（3 年政策风险预估 +1 年调整）。行业对标，行业平均有效期 3—4 年。

3. 会计处理（直线法摊销）

（1）初始确认（2025 年 1 月 1 日）时：

借：无形资产——数据资产　　　　12000000

　　贷：银行存款　　　　12000000

(2) 每年摊销（2025—2027 年）时：

年摊销额 = 12000000 ÷ 3 = 4000000（元）。

会计分录（每年年末）：

借：销售费用——数据资产摊销　　4000000

　　贷：累计摊销——数据资产　　4000000

4. 情景模拟：摊销期限的动态调整

情景 1：技术迭代加速（2026 年发生）：

2026 年公司引入 AI 大模型，旧数据无法适配新算法，剩余价值归零。

处理：提前终止摊销：剩余账面价值在 2026 年全部费用化。

会计分录：

截至 2026 年年末已摊销 2 年：4000000 × 2 = 8000000（元）；

剩余账面价值 = 12000000 − 8000000 = 4000000（元）。

借：资产减值损失　　4000000

　　贷：无形资产减值准备　　4000000

情景 2：政策放宽（2027 年发生）：

2027 年新法规允许数据使用期限延长至 5 年，原数据仍具有价值。

处理：会计估计变更：剩余摊销期限从 1 年延长至 3 年。

调整后摊销额：剩余账面价值 = 12000000 −（4000000 × 2）= 4000000（元）；

每年摊销额 = 4000000 ÷ 3 = 1333333（元）。

会计分录（2027—2029 年）：

借：销售费用——数据资产摊销　　1333333

　　贷：累计摊销——数据资产　　1333333

注：谨慎性调整通常为缩短期限（如政策风险预留 1 年）。

5. 对比：不同场景下的摊销期限（见表 5 − 14）

表 5 − 14　不同场景下的摊销期限

场景	主要影响因素	摊销期限
数据用于长期科研项目	合同期限（10 年）	10 年
数据依赖实时更新（如股价）	技术经济寿命（1 天）	1 天
数据涉及用户隐私争议	政策风险（立即停用）	费用化

6. 案例关键要点总结

(1) 多因素权重排序：技术迭代 > 政策风险 > 合同期限 > 市场需求（技术驱动型行业）。合同期限 > 政策风险 > 技术迭代（政府合作型项目）。

(2) 会计灵活性：摊销期限非固定，需每年复核（如发现使用寿命变化，按会计估计变更处理）。

(3) 极端情况处理：若数据因突发事件（如泄露）立即失效，需全额计提减值损失，不得继续摊销。

(4) 披露要求：在报表附注中披露摊销期限的关键假设（如技术周期 2 年、政策风险 3 年）。

7. 实务建议

建立数据资产台账，记录每项数据资产的合同期限、技术评估报告、政策风险评级。进行跨部门协作，财务部门需与技术、法务团队定期沟通，更新摊销参数。

通过这一案例，可清晰理解数据资产摊销期限需在“合规性、技术性和商业性”之间平衡，最终目标是反映数据经济利益的真实消耗模式。

八、案例总结

数据资产后续计量摊销最常用的方法是直线法，目的是在数据资产使用期内均匀分摊资产成本。若数据价值前期消耗更快（如短期营销数据）应采用加速摊销法。

（一）摊销时的会计分录

借：管理费用/销售费用/研发支出（根据用途）

　　贷：累计摊销——数据资产

（二）摊销期限变更

触发条件：技术升级、政策突变、业务调整等。

处理规则：会计估计变更：未来适用法，不追溯调整。

调整公式：新摊销额 = 剩余账面价值/新剩余年限。

（三）极端情况处理

立即失效（如数据泄露）：全额计提减值，终止摊销。

无限期使用（罕见）：需每年通过减值测试替代摊销。

（四）定期复核与披露要求

1. 复核频率

至少每年评估一次，重大事件（如政策出台、技术突破）发生时立即复核。

2. 财务报表披露

报表附注披露内容：摊销期限的确定依据（如基于技术寿命 2 年及合同期限 5 年）；关键假设和敏感性分析（如技术寿命缩短 1 年将增加年摊销额××%）；减值测试方法及结果（如可收回金额的估值技术）。

数据资产摊销期限的确定需以“经济利益的真实消耗”为核心，通过多维度评估选择最谨慎的期限，并动态调整以反映资产的实际价值变动。实务中，需建立跨部门协作机制（财务、技术、法务），确保参数依据充分可靠，同时严格遵守会计准则的披露要求。

第十一节　数据资产摊销方法的选择

数据资产摊销方法的选择需结合企业战略目标、财务状况、行业特性及会计准则要求进行综合判断。以下从常见摊销方法的特点、适用场景及对企业的影响展开分析，帮助企业选择更有利的摊销方式。

一、数据资产摊销的常见方法及特点

（一）直线法（平均年限法）

1. 计算方式：将数据资产原值按预计使用年限平均分摊，每年摊销额 =（原值 - 预计残值）÷ 使用年限。

2. 优点：计算简单，会计处理便捷，便于财务报表编制和审计。每年摊销额均匀，对利润波动影响小，适合希望财务数据稳定的企业。

3. 缺点：未考虑数据资产实际使用效率，若数据资产早期贡献大、后期价值衰减快，会导致账面价值与实际经济利益不匹配。

4. 适用场景：数据资产经济利益预期均匀实现（如基础数据库、稳定运营的数据分析系统）；传统行业或对利润稳定性要求高的企业（如上市公司、国企）。

（二）加速摊销法（双倍余额递减法/年数总和法）

1. 计算方式：

双倍余额递减法：前期按资产净值×双倍直线摊销率摊销，后期转为直线法（不考虑残值时，最后两年平均分摊）。

年数总和法：按（原值－残值）×（尚可使用年限÷年数总和）计算，前期摊销多、后期少。

2. 优点：前期摊销额高，可减少应税所得，推迟纳税，改善前期现金流（相当于获得无息贷款）。更符合数据资产“早期高价值、后期快速贬值”的特性（如时效性强的市场数据、技术迭代快的算法模型）。

3. 缺点：前期利润被压低，可能影响企业短期盈利指标（如市盈率、融资估值）。计算复杂，需持续跟踪资产净值和使用年限。

4. 适用场景：科技型企业、初创公司（需缓解前期资金压力，且更关注现金流而非短期利润）。数据资产更新换代快、经济寿命短（如社交媒体用户数据、短期营销数据）。

（三）工作量法（产量法）

1. 计算方式：按数据资产实际使用量（如数据处理量、访问次数、应用场景数）分摊成本，单位工作量摊销额＝(原值－残值)÷预计总工作量。

2. 优点：摊销额与实际使用效率挂钩，更符合“谁使用、谁分摊”原则，会计信息相关性高。灵活适应数据资产使用波动（如旺季数据处理量大时多摊销，淡季则少摊销）。

3. 缺点：需准确计量工作量，可能增加企业管理成本（如搭建数据追踪系统）。总工作量难以精准预估，可能导致后期调整频繁。

4. 适用场景：数据资产使用量与经济利益直接相关的企业（如大数据服务公司、云计算平台）；数据资产使用频率波动大的场景（如周期性营销活动的数据支持系统）。

二、不同摊销方法对企业的核心影响对比（见表5－15）

表5－15　　不同摊销方法对企业的核心影响对比

维度	直线法	加速摊销法	工作量法
利润影响	各期均匀，波动小	前期利润低，后期高	随使用量波动，灵活性高
税负优化	无明显前期节税优势	前期税负低，推迟纳税	按实际使用量分摊，节税效果取决于工作量分布
现金流	各期现金流出均匀	前期现金流出少，可改善现金流	随工作量动态变化，需匹配实际支出
会计合规性	符合“无法确定经济利益实现方式”时的默认选择	需证明数据资产价值衰减模式	需提供工作量与经济利益的直接关联证据
管理成本	低	中（需跟踪资产净值）	高（需持续计量工作量）

三、如何选择对企业最有利的摊销方法

（一）从税务与现金流角度：优先加速摊销法

若企业处于成长期或资金紧张阶段，希望通过税务筹划减少前期税负，加速摊销法（如双倍余额递减法）可显著降低前3—5年的应税所得，将纳税义务延后，尤其适合数据资产价值随时间快速衰减的场景（如用户行为数据、短期商业情报）。

例如，某互联网公司外购一套用户画像数据系统，原值100万元，预计使用5年，无残值。若采用双倍余额递减法，第一年摊销额为40（100×2/5）万元，而直线法每年仅20万元，第一年可少缴企业所得税5［（40－20）×25%］万元，直接增加现金流。

（二）从财务报表稳定性角度：选择直线法

若企业需向投资者、债权人展示稳定的盈利水平（如上市公司、拟融资企业），直线法可避免前期利润大幅波动。此外，若数据资产的经济利益实现方式难以准确估计（如企业自研的数据中台，使用场景较模糊），会计准则默认要求采用直线法，以降低会计处理争议。

（三）从行业特性与资产属性角度：匹配使用模式

1. 科技/互联网行业：数据资产更新快（如 AI 算法模型、实时数据流），适合加速摊销法，快速分摊成本并反映资产贬值趋势。

2. 金融/制造业：数据资产多为长期稳定使用的基础数据库（如客户信用数据、生产流程数据），直线法更符合其均匀贡献经济利益的特点。

3. 数据服务企业：若数据资产按客户使用量收费（如 API 按调用次数收费），工作量法可使摊销与收入直接匹配，提升成本核算准确性。

（四）从会计准则与合规性角度兼顾税务与会计差异

我国《企业会计准则第 6 号——无形资产》规定，摊销方法应反映数据资产的“经济利益预期实现方式”，若无法可靠确定，则采用直线法。但税务处理中，企业可根据税法规定选择加速摊销（如符合条件的无形资产可享受“加计扣除”优惠）。

会计处理时采用直线法保证报表稳定，税务申报时按税法规定选择加速摊销，通过“递延所得税负债”科目调整差异，实现“财务稳健 + 税务优化”的双重目标。

四、企业选择数据资产摊销方法的根本依据

企业选择数据资产摊销方法，没有“绝对最优”，只有“适配最优”。

（1）短期节税与现金流优先：选择加速摊销法（双倍余额递减法或年数总和法），尤其适合科技型、初创企业及高时效性数据资产。

（2）财务报表稳定与合规优先：采用直线法，适合传统行业、上市公司及经济利益实现方式不明确的数据资产。

（3）使用效率与成本匹配优先：采用工作量法，适合数据服务型企业或使用量波动大的场景。

最终选择应基于深入分析企业拥有的具体数据资产的经济特性（尤其是价值消耗模式），明确企业当前的优先财务目标（现金流 vs. 报表利润 vs. 精确匹配），评估税务影响和现金流影响并考虑实施的复杂性和成本。

第六章

数据资产后续计量的价值调整

数据资产的后续计量涉及对其账面价值的动态调整，以反映其实际经济价值的变化。不同的计量方法（成本法、收益法、公允价值法）在价值调整的逻辑、频率和操作上存在显著差异。

第一节　概　述

数据资产后续计量的价值调整是为了确保数据资产在财务报表中能够准确反映其实际价值，以下是关于数据资产后续计量价值调整的一些常见情形和方法。

一、数据资产后续计量价值调整的情形

（一）出现减值迹象

当数据资产的可收回金额低于其账面价值时，表明数据资产可能发生了减值。例如，市场环境发生重大变化，导致数据资产所支持的业务需求大幅下降，或者数据资产的技术过时，使其价值降低。

（二）数据更新与维护

对数据资产进行更新、补充或优化，可能会增加其价值。例如，企业收集了更多高质量的数据，或者对原有数据进行了深度清洗和挖掘，提高了数据的准确性和可用性。

（三）市场条件发生变化

数据资产的市场需求、市场价格或市场参与者的预期发生变化，也需要对其价值进行调整。如数据资产交易市场逐渐活跃，类似数据资产的交易价格上升，那么企业持有的相关数据资产价值可能也会相应提高。

二、数据资产后续计量价值调整的方法

（一）数据资产后续计量价值调整基于成本法的调整

1. 减值调整，如果数据资产发生减值，应按照减值金额计提减值准备，减少数据资产的账面价值。减值准备的计提通常需要根据资产减值准则估计数据资产的可收回金额，将账面价值高于可收回金额的部分确认为减值损失。

2. 成本增加调整，当发生数据更新、维护等增加成本的情况时，应将相关成本合理分摊到数据资产中，增加其账面价值。例如，企业投入资金对数据进行了升级处理，可将升级成本计入数据资产成本，按一定的方法进行摊销。

（二）数据资产后续计量价值调整基于收益法的调整

1. 收益预期变化调整，如果对数据资产未来收益的预期发生变化，需要重新估计未来现金流量，并按照适当的折现率折现，以调整数据资产的价值。例如，由于市场需求增长，预计数据资产未来带来的收益将增加，那么应相应提高其价值；反之，则降低其价值。

2. 折现率调整，折现率反映了数据资产的风险水平。如果数据资产的风险特征发生变化，如市场利率波动、行业竞争加剧等，需要调整折现率，重新计算数据资产的现值，以合理反映其价值变化。

3. 现值更新，根据新预测的现金流和折现率，重新计算现值并调整账面价值。进行减值测试，若现值显著低于账面价值，需确认减值。

（三）数据资产后续计量价值调整基于公允价值法的调整

1. 活跃市场价格变动调整，当数据资产存在活跃市场时，应根据市场价格的变动及时调整其账面价值。如果市场价格上涨，数据资产的价值应相应增加；市场价格下跌，价值则相应减少。

2. 估值技术调整，若采用估值技术确定公允价值，当估值技术所使用的参数或假设发生变化时，需要重新评估数据资产的公允价值。例如，市场可比交易案例的变化、收益乘数的调整等，都可能导致数据资产公允价值的变动，应据此对其账面价值进行调整。

3. 数据资产的利得或损失，数据资产公允价值变动直接计入损益（如利润表）或权益（根据会计准则）。

数据资产后续计量的价值调整需要企业根据具体情况，选择合适的计量方法，并遵循相关会计准则和制度的要求，确保财务信息的真实性和可靠性。同时，由于数据资产的特殊性，价值调整过程中可能需要专业的评估机构或数据分析人员提供支持，以保证调整结果的合理性。

三、举例说明

以下分别以成本法、收益法和公允价值法为例，说明数据资产后续计量的价值调整。

（一）数据资产后续计量价值调整的成本法

【例6-1】某企业收集了一批客户消费行为数据，初始成本为150万元，预计使用年限为5年，无残值，采用直线法摊销，每年摊销30万元。使用3年后，发现部分数据因业务调整不再具有相关性，经评估，该数据资产的可收回金额为30万元。

价值调整过程：此时，数据资产的账面价值为60（150-30×3）万元，高于可收回金额30万元，应计提减值准备30（60-30）万元。

会计处理：

借：资产减值损失——数据资产减值损失　　300000

　　贷：数据资产减值准备　　300000

这样，数据资产的账面价值就调整为30万元，以反映其实际价值。

（二）数据资产后续计量价值调整的收益法

【例6-2】乙电商企业拥有一套用户画像数据资产，最初根据预期收益折现计算其价值为500万元，折现率为10%，预计未来5年每年产生的现金流量分别为 100 万元、120 万元、150 万元、180 万元和 200 万元。使用 1 年后，由于电商行业竞争加剧，该企业预计未来 4 年每年的现金流量分别调整为 80 万元、100 万元、120 万元和 150 万元，同时折现率调整为 12%。

价值调整过程：

首先，计算第一年按原预计现金流量和折现率折现后的现值，即第一年现金流量 100 万元的现值为 90.91［$100 \div (1+10\%)$］万元。

其次，根据调整后的未来现金流量和折现率计算剩余 4 年现金流量的现值，分别为 71.43［$80 \div (1+12\%)$］万元、79.72［$100 \div (1+12\%)^2$］万元、85.42［$120 \div (1+12\%)^3$］万元和 95.19［$150 \div (1+12\%)^4$］万元，总和为 331.76 万元。

因此，数据资产的价值应调整为 331.76 万元，相比之前的账面价值 90.91 万元，需增加账面价值 240.85（331.76 − 90.91）万元。

会计处理（假设不考虑所得税影响）：

借：数据资产　　　　2408500

　　贷：未实现融资收益　　　　2408500

在后续期间，再根据调整后的现金流量和折现率进行摊销和确认收益。

（三）数据资产后续计量价值调整的公允价值法

【例 6－3】 甲数据交易平台上有大量的交通流量数据资产在公开交易。一家交通规划公司持有类似的交通流量数据资产，最初取得时的成本为 400 万元。在后续计量期间，该数据资产在交易平台上的市场价格逐渐上升。年初该数据资产的公允价值为 500 万元，年末市场价格上涨至 600 万元。

价值调整过程：年初，该公司应将数据资产的账面价值从 400 万元调整到 500 万元。

会计处理：

借：数据资产——公允价值变动　　　　1000000

　　贷：公允价值变动损益　　　　1000000

年末，市场价格进一步上涨至 600 万元，需再次调整账面价值。

借：数据资产——公允价值变动　　　　1000000

　　贷：公允价值变动损益　　　　1000000

通过这样的调整，数据资产的账面价值能够及时反映其在市场上的公允价值变动，准确体现其当前的市场价值。

四、数据资产后续计量价值调整的核心目标

（一）反映数据资产真实价值

确保数据资产的账面价值与其实际经济价值（如未来收益能力或市场交易价值）相匹配。

（二）符合会计准则要求

遵循相关会计准则（如 IFRS、GAAP）对资产减值、摊销或公允价值变动的规定。

（三）管理风险与决策支持

通过调整揭示数据资产的价值波动风险，辅助企业优化数据资产管理策略。

五、数据资产价值调整的关键影响因素（见表 6－1）

表 6－1　数据资产价值调整的关键影响因素

影响因素	成本法	收益法	公允价值法
技术过时	触发减值测试	降低未来现金流预测	可能降低市场交易价格
市场需求变化	可能需计提减值	调整现金流和折现率	直接影响公允价值
法规政策变动	影响可收回金额	改变收益预测假设	调整市场估值参数
数据质量下降	计提减值	减少未来收益预期	降低可比交易价值
合同期限变化	调整摊销周期	延长或缩短收益期	可能无直接影响

数据资产的后续价值调整是连接会计计量与业务价值的核心环节。成本法侧重保守性和稳定性，依赖历史成本和减值测试；收益法强调未来收益的动态预测，适合商业化路径清晰的数据；公允价值法要求市场敏感性，需高度依赖市场数据或复杂模型。企业应根据数据资产类型、市场环境及会计准则要求，选择适当的调整机制，并通过充分披露增强透明度，避免价值扭曲风险。

第二节　数据资产后续计量价值调整的会计核算

以下是针对数据资产后续计量中价值调整的具体示例，分别基于成本法、收益法和公允价值法进行说明，帮助理解不同方法下的操作逻辑和结果差异。

一、数据资产不同计量方法下的后续计量价值调整过程

【例 6－4】 成本法下的价值调整

Z 企业购买了一套客户数据分析系统，初始成本为 120 万元，预计使用寿命 6 年（无残值），采用直线法摊销。第 4 年年初，因技术升级，该系统部分功能过时，企业评估其可收回金额为 40 万元。

价值调整过程：

1. 初始计量：初始入账价值 120 万元。每年摊销：120 ÷ 6 = 20（万元）。第 1 年年末账面价值：120 − 20 = 100（万元）。第 3 年年末账面价值：80 − 20 = 60（万元）。第 4 年年初进行减值测试：可收回金额（公允价值减处置费用）40 万元。账面价值 vs. 可收回金额：60 万元（账面）> 40 万元（可收回）→需计提减值损失 20 万元。

2. 后续处理：减值后账面价值：60 − 20 = 40（万元）。剩余 3 年（原 6 年减已用 3 年）摊销额调整为：40 ÷ 3 ≈ 13.33（万元）。

3. 结果：减值损失 20 万元计入当期损益（利润表）。后续年度摊销额减少，反映资产经济寿命的缩短。

【例 6－5】 收益法下的价值调整

M 公司开发了一套用户行为预测模型，通过收益法估值，初始现值为 500 万元（基于未来 5 年预测现金流，折现率 10%）。第 2 年年末，因市场竞争加剧，预测现金流下降 30%，且折现率因风险上升调整为 12%。

价值调整过程：

1. 初始计量：未来 5 年现金流预测：每年 150 万元，总共 750 万元，折现率 10%→现值 500 万元。

2. 第 2 年年末重估：现金流预测调整：未来剩余 3 年现金流降至每年 105

（150×70%）万元。折现率调整：从 10% 提高至 12%（反映市场风险增加）。现值重新计算如下：现值 $=105\div1.12+105\div(1.12)^2+105\div(1.12)^3\approx93.75+83.71+74.73=252.19$（万元）。

账面价值调整：原账面价值（第 2 年年末）：500 万元 − 已摊销 2 年（假设摊销按收益法逻辑）→需根据重估现值调整。减值损失：原账面价值（假设剩余现值 320 万元）vs. 新现值 252.19 万元→减值 67.81 万元。

3. 结果：减值损失 67.81 万元计入利润表，后续年度按新现值（252.19 万元）和剩余期限重新计算摊销或继续动态调整。

【例 6－6】 公允价值法下的价值调整

F 电商平台持有的用户交易数据资产采用公允价值计量。上期末公允价值为 700 万元（基于可比交易案例）。本期末，因行业数据交易活跃，同类数据资产的市场价格升至 800 万元。

价值调整过程：

1. 初始计量：上期末公允价值为 700 万元。

2. 本期市场变化：可比交易案例显示同类数据资产价格上涨 14.29%［(800 − 700)÷700］

3. 账面价值调整：本期公允价值变动：800 − 700 = 100（万元）。调整后账面价值为 800 万元。

4. 会计处理：公允价值变动收益 100 万元计入当期损益（利润表）。

5. 结果：数据资产账面价值随行就市上涨，反映市场对其价值的认可度提升。若未来市场价格下跌，则需反向冲减收益或确认损失。

二、数据资产后续计量价值调整三种计量方法对比总结（见表 6－2）

表 6－2　成本法、收益法、公允价值法对比

方法	调整触发条件	调整结果示例	对财务报表影响
成本法	技术过时、减值测试	计提减值 20 万元，降低后续摊销额	利润表：减值损失； 资产负债表：账面价值下降
收益法	现金流预测或折现率变化	现值从 500 万元降至 252 万元，确认减值	利润表：减值损失； 资产价值动态重估
公允价值法	市场价格波动或估值模型参数调整	公允价值从 700 万元升至 800 万元，确认收益	利润表：公允价值变动收益； 资产价值实时反映市场变化

三、数据资产后续计量价值调整关键启示

成本法侧重保守性，适合技术稳定、市场不活跃的数据资产。收益法需依赖可靠预测，适合已商业化、收益可量化的数据（如订阅制数据产品）。公允价值法高度依赖市场，适合交易活跃的数据资产（如金融风控数据、用户画像数据）。

通过具体示例可见，不同计量方法下的价值调整逻辑和结果差异显著，企业需结合数据资产特性、市场环境及会计准则要求合理选择方法。

四、成本法、收益法和公允价值法数据资产后续计量价值调整的会计分录

（一）数据资产后续计量价值调整成本法会计分录

【例 6－7】 B 企业购入数据资产（某客户数据库），初始成本 120 万元，预计使用寿命 6 年，无残值，按直线法摊销。第 4 年年初，因技术过时，可收回金额为 40 万元（账面价值第 4 年年初为 60 万元）。

会计分录：

1. 初始确认（第 1 年年初）时：

借：数据资产　　1200000

　　贷：银行存款/应付账款　　1200000

2. 每年摊销（第 1、2、3 年年末）时：

每年摊销额 ＝120 ÷6 ＝20（万元）。

借：管理费用/研发支出——数据资产摊销　　200000

　　贷：累计摊销——数据资产　　200000

3. 第 4 年年初计提减值时：

账面价值 60 万元 vs. 可收回金额 40 万元→减值 20 万元。

借：资产减值损失——数据资产减值损失　　200000

　　贷：数据资产减值准备　　200000

4. 减值后剩余年度摊销（第 4—6 年）：

借：管理费用/研发支出——数据资产摊销　　133333

　　贷：累计摊销——数据资产　　133333

（二）数据资产后续计量价值调整收益法会计分录

【例6-8】 M金融科技公司持有一批信用数据资产，初始计量价值为800万元。基于当时的市场情况和预期，采用收益法确定的折现率为8%。使用2年后，市场利率上升，公司重新评估后将折现率调整为10%，导致该数据资产的现值下降至600万元。假设每年的预期收益不变，且第一年和第二年已按照原折现率确认了收益并进行了相关会计处理。

分析：首先需要计算出按照原折现率计算的前两年摊销后的账面价值，然后与按照新折现率计算的现值进行比较，确定价值调整金额。假设每年预期收益为A，根据年金现值公式，800万元 $=A\times(P/A,\ 8\%,\ n)$，使用两年后，账面价值 $=800-A\times(P/A,\ 8\%,\ 2)$。经计算，调整前账面价值为650万元（假设值），调整后现值为600万元，需调整减少账面价值50万元。

会计分录（调整时）：

借：未实现融资收益或相关收益调整科目　　　　500000

　　贷：数据资产　　　　　　　　　　　　　　　500000

如果涉及以前年度收益调整，还需通过“以前年度损益调整”科目进行追溯调整。

【例6-9】 N公司自研数据模型，初始按收益法估值现值为500万元，使用期为5年，按直线法摊销，无残值。第2年年末因市场风险上升，未来现金流预测下降，重估现值为252.19万元。

会计分录：

1. 初始确认（第1年年初）时：

借：数据资产　　　　　　　　　　　　　　　5000000

　　贷：研发支出——数据资产　　　　　　　　　5000000

2. 第2年年末重估并计提减值时：

原账面价值500万元－两年摊销额200万元 vs. 新现值252.19万元→减值47.81万元。

借：资产减值损失——数据资产减值损失　　　　478100

　　贷：数据资产减值准备　　　　　　　　　　　478100

3. 后续年度按新现值摊销（假设剩余3年）：

借：管理费用/研发支出——数据资产摊销　　　　840633

贷：累计摊销——数据资产　　840633

（三）数据资产后续计量价值调整公允价值法

【例 6－10】 Z 公司持有的数据资产（某用户画像数据），上期末购入时公允价值为 700 万元，本期末市场交易价格升至 850 万元。

1. 初始确认（上期末）时：

借：数据资产　　7000000

　　贷：银行存款/应付账款　　7000000

2. 本期公允价值调整时：

公允价值增加 150（850－700）万元。

借：数据资产　　1500000

　　贷：公允价值变动损益——数据资产　　1500000

若下期公允价值下跌至 800 万元，则：

借：公允价值变动损益——数据资产　　500000

　　贷：数据资产　　500000

以上会计分录仅为示例，实际应用中可能会因具体情况和会计政策的不同而有所差异。企业应根据自身的数据资产特点、相关会计准则以及专业评估结果，合理进行数据资产后续计量的价值调整和会计处理。

五、数据资产后续计量价值调整不同计量方法会计分录对比（见表 6－3）

表 6－3　不同计量方法会计分录对比

方法	典型会计分录	核心科目
成本法	借：资产减值损失 　　贷：数据资产/无形资产减值准备 借：管理费用 　　贷：累计摊销	数据资产/无形资产减值准备、累计摊销
收益法	借：资产减值损失 　　贷：数据资产减值准备 借：管理费用 　　贷：累计摊销	“累计摊销”等

续表

方法	典型会计分录	核心科目
公允价值法	借/贷：数据资产 　　贷/借：公允价值变动损益	公允价值变动损益（损益类科目）

六、注意事项

（1）科目设置：数据资产可单独设置明细科目（如“无形资产——数据资产”），或根据企业需求细分。减值准备和累计摊销需与资产科目对应。

（2）准则差异：IFRS：允许减值损失转回（需满足条件）。GAAP：通常禁止减值损失转回。

（3）披露要求：需在财务报表附注中披露估值方法、假设、减值原因及影响。

通过以上示例，可清晰理解不同计量方法下价值调整的会计处理逻辑，实际应用时需结合企业会计准则和业务场景。

第三节　数据资产后续计量价值调整中使用寿命的确定

数据资产的使用寿命是指从数据资产形成到其失去价值或不再能为企业带来经济利益的期间。数据资产使用寿命的确定是数据资产管理中的重要环节，直接影响其会计处理（如摊销、减值测试）和战略规划。以下从影响因素、确定方法和实践挑战等方面展开说明。

一、影响数据资产使用寿命的因素

（一）数据的时效性

某些数据具有很强的时效性，如金融市场的实时交易数据、天气预报数据等。随着时间的推移，这些数据的价值会迅速下降，其使用寿命相对较短。而一些基础的业务数据，如客户基本信息、产品目录等，其时效性相对较弱，使用寿命可能较长。

（二）业务需求的变化

企业的业务战略和需求会随着市场环境、行业竞争等因素而变化。如果业务需求发生了重大改变，原本支持特定业务流程的数据资产可能不再适用，从而缩短了其使用寿命。例如，企业从传统零售模式转型为线上电商模式，与线下店铺运营相关的一些数据资产的价值就会降低，使用寿命也会受到影响。

（三）技术更新换代

数据处理和存储技术在不断发展，新的技术可能使旧的数据格式或存储方式变得过时。例如，随着大数据技术的兴起，传统的关系型数据库存储的一些数据可能需要迁移到分布式存储系统中，以满足数据量增长和复杂分析的需求。如果数据资产不能及时适应新技术，可能会因为无法有效利用而提前结束其使用寿命。

（四）法规和合规要求

法律法规和行业规范的变化也会对数据资产的使用寿命产生影响。例如，新的数据保护法规可能要求企业对某些敏感数据进行更严格的管理和保护，或者规定了数据的保留期限。如果企业的数据资产不符合新的法规要求，可能需要进行清理或销毁，从而限制了其使用寿命。

（五）市场需求与业务场景

数据价值与业务目标强相关。例如，用户行为数据在短期营销活动中价值较高，但长期可能失效。数据资产的可替代性（如新数据源出现）会缩短原有数据寿命。

（六）维护成本

数据存储、清洗和治理成本过高时，可能提前终止使用寿命。

二、确定数据资产使用寿命的方法

（一）定性评估法

通过组织内部的专家团队，包括数据管理专家、业务部门负责人、技术专家等，根据他们的经验和对业务的理解，综合考虑各种影响因素，对数据资产的使用寿命进行主观评估。这种方法适用于数据资产的价值难以用具体的财务指标衡量，或者影响使用寿命的因素较为复杂、难以量化的情况。

（二）定量分析法

可以根据历史数据和业务规律，建立数学模型来预测数据资产的使用寿命。例如，对于一些有明确使用频率和价值衰减规律的数据资产，可以通过分析其过去的使用情况和价值变化趋势，来估计未来的使用寿命。另外，还可以参考同行业类似数据资产的使用寿命统计数据，结合企业自身的特点进行调整，以确定本企业数据资产的使用寿命。

（三）综合评估法

将定性评估和定量分析相结合，先通过定量分析提供一些客观的数据支持，再结合专家的定性判断，对数据资产的使用寿命进行更为准确和全面的评估。例如，先利用数据分析工具对数据的使用频率、更新频率等进行统计分析，然后由专家根据业务经验和未来发展规划，对这些数据进行综合评估，最终确定数据资产的使用寿命。

（四）行业基准法

参考同行业类似数据资产的寿命（如电商用户行为数据平均寿命为1—3年），并结合企业自身业务模式进行调整。

（五）合同或协议约定法

数据合作方对使用期限的约束（如第三方数据授权期限）。

三、数据资产使用寿命确定后的管理

（一）定期评估和更新

数据资产的使用寿命不是固定不变的，随着时间的推移和业务环境的变化，需要定期对其进行评估和更新。企业应建立相应的评估机制，按照一定的时间周期（如每年或每季度）对数据资产的价值和使用寿命进行重新评估，及时调整使用寿命的估计，以确保数据资产的管理和利用符合企业的实际情况。

（二）数据归档和销毁

当数据资产达到其使用寿命时，需要根据企业的政策和法规要求，对数据进行相应的处理。对于还有一定历史价值或可能需要在未来进行审计、查询等用途的数据，可以进行归档存储，将其转移到成本较低的存储介质中进行长期保存。而对于已经没有任何价值且不符合法规要求继续保留的数据，则应进行彻底的销毁，以防止数据泄露和占用存储空间。

（三）与业务流程集成

数据资产使用寿命的确定应与企业的业务流程紧密结合。在业务流程的设计和优化过程中，要考虑数据资产的产生、使用和生命周期管理，确保数据在其使用寿命内能够有效地支持业务活动，并且在使用寿命结束时能够顺利进行处理。例如，在产品研发流程中，要明确与产品相关的数据资产在不同阶段的使用和保留要求，随着产品的迭代和退市，相应的数据资产也能得到合理的管理。

四、举例说明

（一）电商企业

1. 数据资产类型及特点

（1）订单数据：包含客户购买的商品信息、价格、数量、配送地址等，时效性较强，对企业分析销售趋势、优化库存管理有重要作用。

（2）用户行为数据：如用户浏览记录、点击行为、搜索关键词等，能帮助企业了解用户偏好，进行个性化推荐，但随着时间推移，用户行为模式可能改变，数据价值会有所下降。

（3）商品数据：包括商品名称、描述、图片、库存等基础信息，相对稳定，不过当商品更新换代或下架时，部分数据的价值会降低。

2. 影响使用寿命的因素分析

（1）时效性：订单数据在短期内（如1—2年）对分析销售业绩、制定营销策略有很高价值，但超过一定时间，历史订单数据的参考价值会逐渐降低。用户行为数据的时效性更强，一般认为3—6个月内的数据对实时的个性化推荐更有效，之后价值会大幅下降。

（2）业务需求变化：电商企业可能会根据市场趋势调整业务方向，如从主营服装转向电子产品，那么与服装相关的商品数据和部分用户行为数据（如对服装的浏览偏好）的使用寿命可能会缩短。

（3）技术更新：随着电商平台技术的升级，可能需要对数据格式进行转换或存储系统进行更新。如果某些旧版本的数据无法兼容新系统，且没有进行及时的转换处理，这些数据可能会提前失去价值。

3. 确定使用寿命的方法

（1）对于订单数据，采用定量分析法结合定性评估法。通过分析过去几年订单数据的使用频率和对业务决策的影响程度，发现大部分重要的销售分析和决策依据是基于近 1—2 年的数据，同时结合业务专家的经验，认为超过 2 年的订单数据虽然仍有一定的历史参考价值，但对日常业务运营的作用较小，因此确定订单数据的使用寿命一般为 2 年。

（2）对于用户行为数据，主要采用定量分析法。通过数据分析工具统计用户行为数据的更新频率和对个性化推荐算法的影响，发现 3—6 个月后数据的有效性明显下降，所以初步确定用户行为数据的使用寿命为 3—6 个月。再结合业务实际情况，如季节性促销活动可能会使某些用户行为数据的价值延长，最终综合确定其使用寿命为 6 个月。

（3）对于商品数据，根据商品的生命周期来确定。一般商品的销售周期为 1—3 年，当商品停止销售后，相关数据的主要价值在于历史查询和售后服务，因此确定商品数据的使用寿命为 3—5 年，具体根据商品的重要性和后续服务需求的不同而有所差异。

（二）金融企业

1. 数据资产类型及特点

（1）客户账户数据：包括客户的基本信息、账户余额、交易记录等，具有高度的准确性和完整性要求，是金融企业进行风险评估、客户服务的重要依据。

（2）市场行情数据：如股票价格、利率、汇率等实时数据，时效性极强，对金融企业的投资决策、风险管理至关重要。

（3）风险评估数据：通过各种模型和算法对客户信用、市场风险等进行评估后生成的数据，其价值取决于模型的有效性和市场环境的稳定性。

2. 影响使用寿命的因素分析

（1）时效性：市场行情数据的时效性极高，以秒或分钟为单位更新，历史行情数据在短期内（如 1—3 个月）对分析市场趋势、制定投资策略有一定价值，但长期来看，其价值主要体现在学术研究和历史参考方面。客户账户数据中的交易记录，一般在 1—5 年内对审计、反洗钱等工作有重要意义，而客户基本信息则相对稳定，只要客户与金融企业保持业务关系，就具有持续的价值。

（2）法规要求：金融行业受到严格的法规监管，如数据保护法规要求金融企业对客户数据进行长期保存，同时对不同类型的数据有不同的保留期限规定。例如，客户账户数据可能需要按照法规要求保存 5—10 年甚至更长时间，以满足审计和合规性检查的需要。

（3）业务需求变化：金融企业的业务创新和产品调整可能会影响数据资产的使用寿命。例如，推出新的金融产品或服务，可能需要新的数据来支持业务运营和风险评估，而一些旧的、与不再开展的业务相关的数据资产，其使用寿命可能会提前结束。

3. 确定使用寿命的方法

（1）对于市场行情数据，主要依据其时效性和业务需求来确定使用寿命。通过对金融市场的历史数据和交易策略的分析，发现超过 3 个月的市场行情数据对实时投资决策的帮助较小，因此确定其使用寿命一般为 3 个月。但对于一些特殊的研究需求，如长期市场趋势分析，可能会保留更长时间的数据，但这些数据会被归档到专门的存储系统中，不参与日常的业务运营。

（2）对于客户账户数据，由于法规要求的强制性，首先遵循法规规定的保留期限。同时，结合业务实际情况，如客户的活跃度、账户余额等因素，对不同客户的账户数据进行分类管理。对于活跃客户和高价值客户，可能会在法规要求的基础上适当延长数据的保留时间，以更好地提供个性化服务和进行风险监测。一般来说，客户基本信息会在客户与金融企业的业务关系存续期间一直保留，而交易记录等数据的使用寿命确定为 5—10 年。

（3）对于风险评估数据，采用定性评估法和定量分析法相结合的方式。定期对风险评估模型进行验证和更新，根据模型的变化以及市场环境的稳定性，评估风险评估数据的有效性。如果模型发生重大调整或市场环境出现剧烈变化，原有的风险评估数据可能不再适用，需要重新生成。一般情况下，风险评估数据的使用寿命为 1—3 年，具体取决于业务的复杂性和市场的波动性。

【例6－11】某头部电商平台需要确定其用户行为数据（如浏览记录、点击流、加购行为）的使用寿命，以优化数据存储成本并支持精准营销决策。

（一）明确数据资产类型与业务场景

数据类型：用户实时行为日志（包括页面停留时长、搜索关键词、商品点击量）。

业务用途：短期，实时个性化推荐（如“猜你喜欢”）；长期：用户兴趣趋势分析（如季度购物偏好变化）。

（二）分析影响因素

技术迭代：实时计算框架（如 Flink）使数据在24小时内价值最高，超过72小时后算法模型预测准确率下降30%。AI推荐模型每季度更新，旧数据训练效果衰减。

市场需求：用户兴趣周期短（如节日促销数据仅在活动期间有效）；竞品推出新功能（如直播带货）导致用户行为模式变化。

合规要求：根据《中华人民共和国个人信息保护法》，用户行为数据存储不得超过2年（需匿名化处理）。

成本收益：存储1TB/月的实时行为数据成本为500元，但超过3个月的数据对GMV提升贡献不足5%。

（三）选择确定方法

1. 历史数据分析法：分析过去3年数据，实时数据：1—3天内用于推荐，7天后点击率下降60%；长期趋势数据：6个月后用户兴趣标签失效（如母婴用户转为美妆用户）。

结论：核心实时数据寿命为3天，聚合后标签数据寿命为6个月。

2. 行业基准法：参考行业报告，头部电商（如亚马逊）实时行为数据保留周期通常为7—30天；用户画像标签平均更新频率为3—6个月。

调整：结合自身技术能力，将实时数据寿命定为7天（平衡计算资源与效果）。

3. 专家评估法：综合跨部门会议结论。技术部：算法依赖近7天数据，超期后需重新训练；

法务部：合规上限为2年，但需每半年匿名化处理；业务部：超过6个月的兴趣标签对促销计划无指导意义。

（四）综合确定使用寿命（见表 6－4）

表 6－4　　不同类型数据使用寿命的确定

数据类型	使用寿命	依据
原始点击流数据	7 天	实时推荐需求 + 算法衰减测试
用户兴趣标签	6 个月	历史行为价值曲线 + 业务需求
匿名化聚合数据	2 年	合规要求 + 长期市场分析（如品类消费趋势）

（五）动态监控与调整

1. 自动化监控：通过 A/B 测试，实时监测不同时间段数据对转化率的影响（如发现 5 天后的数据价值陡降，则缩短寿命至 5 天）。

2. 季度复审：技术部评估模型迭代对数据依赖性的变化；法务部同步最新法规（如某地区要求数据本地化存储，影响寿命）。

3. 成本预警：当存储成本超过数据收益的 20% 时，触发寿命缩短流程。

（六）结果与收益

1. 成本优化：将原始数据存储周期从 30 天缩短至 7 天，年度存储成本降低 320 万元；

2. 业务增效：6 个月内更新用户标签，使推荐点击率提升 15%；

3. 合规达标：通过分级生命周期管理，满足 GDPR 和《中华人民共和国个人信息保护法》要求。

（七）关键启示

1. 数据分层管理：区分原始数据、加工后数据、聚合数据的寿命，避免“一刀切”；

2. 跨部门协作：技术、业务、法务共同参与决策，平衡价值、成本与风险；

3. 敏捷响应：通过技术手段（如自动化监控）实现寿命动态调整，适应快速变化的市场环境。

五、数据资产使用寿命确定在实践中的挑战与应对

（一）动态调整需求

数据寿命可能因突发事件（如政策变化、“黑天鹅”事件）缩短，需建立定期复审机制（如每季度评估）。

（二）组合数据资产的分拆处理

复合型数据（如用户画像 + 地理位置）需拆分评估各组件的寿命，按最短周期或加权处理。

（三）法律不确定性

建立合规预警系统，监控全球数据法规动态。

（四）隐性价值挖掘

旧数据可能通过新算法（如生成式 AI）焕发价值，需保留部分“休眠数据”并重新评估。例如：金融风控数据：反欺诈模型使用的交易数据通常寿命为 6—12 个月（因欺诈模式快速变化）。医疗健康数据：患者长期健康记录可能因研究价值持续数十年，但需匿名化处理以满足合规要求。社交媒体数据：热点事件相关数据寿命可能仅几周，但用户兴趣图谱可长期更新使用。

数据资产使用寿命的确定需结合技术、法律、业务多维度分析，并保持动态管理。企业应建立数据资产全生命周期管理框架，通过持续监控和弹性评估机制优化数据价值利用，同时匹配财务处理与战略决策需求。

第四节 数据资产后续计量价值调整需要遵循的会计准则

数据资产后续计量价值调整主要遵循以下会计准则。

一、《企业会计准则第 6 号——无形资产》

如果数据资产符合无形资产的定义和确认条件，应当确认为无形资产进行会

计处理。

（一）数据资产认定为无形资产后续计量价值调整的摊销

对于使用寿命有限的数据资源无形资产，企业应根据其预期消耗方式，选择合适的摊销方法，将无形资产的摊销金额计入当期损益或相关资产成本。摊销方法包括直线法、产量法等。企业应当于每年年度终了，对使用寿命有限的数据资产的使用寿命及摊销方法进行复核，如果有证据表明使用寿命或摊销方法与以前估计不同的，应当改变摊销期限和摊销方法。根据数据资产的经济寿命（而非物理寿命）进行摊销，方法包括直线法或加速摊销法，若无法合理确定使用寿命，则无须摊销但需定期减值测试。

（二）数据资产认定为无形资产后续计量价值调整的减值

企业应当在资产负债表日判断数据资产是否存在可能发生减值的迹象。如存在减值迹象，应当按照《企业会计准则第 8 号——资产减值》的规定，估计其可收回金额，可收回金额低于账面价值的，应当将该数据资产的账面价值减记至可收回金额，减记的金额确认为资产减值损失，计入当期损益，同时计提相应的资产减值准备。对于使用寿命不确定的数据资源无形资产，无论是否存在减值迹象，都应当至少于每年年度终了进行减值测试。当存在减值迹象（如数据过时、市场需求下降）时，需按可收回金额（公允价值减处置费用或未来现金流量现值）计提减值准备，且不可转回。其他资产仅在存在减值迹象时测试。

二、《企业会计准则第 1 号——存货》

企业日常活动中持有、最终目的用于出售的数据资源，符合存货准则规定的定义和确认条件的，应当确认为存货。适用范围：自用型数据资产（如客户分析数据库、内部决策支持数据）。适用范围：交易型数据资产（如待售数据集、API 授权）。

数据资产认定为存货后续计量价值调整的跌价准备，企业应当按照成本与可变现净值孰低计量数据资源存货。资产负债表日，当存货成本高于其可变现净值的，应当计提存货跌价准备，计入当期损益。可变现净值是指在日常活动中，存货的估计售价减去至完工时估计将要发生的成本、估计的销售费用以及相关税费后的金额。企业应当在每个资产负债表日对存货跌价准备进行复核，如果以前减记存货价值的影响因素已经消失的，减记的金额应当予以恢复，并在原已计提的存货跌价准备金额内转回，转回的金额计入当期损益。

三、《企业会计准则第28号——会计政策、会计估计变更和差错更正》

企业对数据资产的后续计量价值调整如果涉及会计政策、会计估计变更，应当按照该准则的规定进行处理。会计政策变更应采用追溯调整法或未来适用法进行会计处理；会计估计变更应当采用未来适用法进行会计处理，企业应在财务报表附注中披露会计估计变更的内容、原因以及对当期和未来期间的影响数。

四、《企业会计准则第39号——公允价值计量》

如果数据资产的后续计量涉及公允价值计量，应当遵循该准则。公允价值是指市场参与者在计量日发生的有序交易中，出售一项资产所能收到或者转移一项负债所需支付的价格。企业以公允价值计量数据资产，应当采用在当前情况下适用并且有足够可利用数据和其他信息支持的估值技术，如市场法、收益法和成本法等。

五、特殊情形的会计处理

（一）混合用途数据资产

若数据同时用于自用和交易，需按主要用途分类；若不可分割，则需拆分计量或通过减值测试反映次要用途的影响。

（二）技术升级与维护成本

资本化条件，若后续支出显著提升数据价值（如算法优化延长使用寿命），可资本化；日常维护则费用化。

（三）税会差异处理

1. 摊销年限差异，会计可能按经济寿命（如5年）摊销，而税法规定无形资产摊销期不低于10年，需纳税调整并确认递延所得税负债。

2. 减值准备不可税前扣除，会计计提的减值损失需在税务申报时调增，实际处置时方可确认损失。

六、行业与监管的特殊要求

（一）金融行业

数据资产若涉及金融工具（如证券化产品），需参照IFRS 9进行SPPI测试，无法通过者需按公允价值计量。

（二）跨境数据资产

需符合数据本地化法规（如GDPR），合规成本可能影响后续计量（如提前终止导致的减值）。

（三）医疗与地理数据

受伦理或国家安全限制，可能因政策变动需全额计提减值损失。

七、实务操作建议

（1）建立分类档案，明确每类数据资产的计量规则，定期复核业务模式变化。

（2）动态评估机制，结合技术迭代、法规更新调整摊销政策或减值测试频率。

（3）第三方评估支持，对复杂数据资产（如非标数据组合）引入专业估值报告，增强审计合规性。

八、不同类型的数据资产在后续计量时的特殊考虑

根据《企业数据资源相关会计处理暂行规定》，数据资产主要分为确认为无形资产的数据资源和确认为存货的数据资源两大类，不同类型的数据资产在后续计量时有以下特殊考虑。

（一）无形资产类型的数据资产

1. 确认为无形资产的数据资产的摊销

使用寿命有限的数据资源无形资产，应在其使用寿命内采用合理的摊销方法进行摊销，自无形资产可供使用时起，至不再作为无形资产确认时止。企业选择的摊销方法，应当反映与该项无形资产有关的经济利益的预期实现方式，无法可靠确定预期实现方式的，应当采用直线法摊销。摊销金额一般计入当期损益。在估计使用寿命时，要考虑数据资源相关业务模式、权利限制、更新频率和时效性、有关产品或技术迭代、同类竞品等因素。

2. 确认为无形资产的数据资产的减值

企业应每年对数据资源无形资产进行减值测试，尤其是存在减值迹象时。减值迹象包括市场利率上升影响折现现金流量计算、数据资源市价急剧下降、使用情况发生重大不利变化如泄露或技术过时、所在市场的经济状况或技术进步不利变化、内部报告显示经济绩效低于预期等。若数据资源的可回收金额（较高的可变现净值和使用价值）小于其账面价值，应确认减值损失，计入当期损益，减少数据资源的账面价值，且减值损失一经确认，在以后持有期间不得转回。

（二）存货类型的数据资产

1. 确认为存货的数据资产的计量原则

资产负债表日，存货类型的数据资产应当按照成本与可变现净值孰低计量。通常以该存货预计未来净现金流量作为其可变现净值。

2. 确认为存货的数据资产的跌价准备

当存货成本高于其可变现净值时，应当计提存货跌价准备，计入当期损益。如果以前减记存货价值的影响因素已经消失，减记的金额应当予以恢复，并在原已计提的存货跌价准备金额内转回，转回的金额计入当期损益。

3. 确认为存货的数据资产的出售处理

企业出售确认为存货的数据资源，应当按照存货准则将其成本结转到营业成本，同时按照收入准则等规定确认相关收入，建议按照存货准则中的个别计价法（即按项目）结转成本。

此外，对于符合资产定义但不满足资产确认条件而未确认为资产的其他数据资源，如果企业出售了这类数据资源，仍应当按照收入准则等规定确认相关收入，同时还应按照收入准则要求，对符合有关条件的为履行与客户的合同而发生的成本，作为合同履约成本予以确认，并进行相应的会计处理。

综上所述，数据资产后续计量价值调整需严格遵循相关会计准则，以确保财务信息的准确性和合规性。数据资产后续计量需以用途分类为核心，结合无形资产、存货准则及财政部暂行规定，兼顾公允价值计量与减值测试要求，同时应对行业特性和税会差异加以关注。企业需构建全生命周期管理体系，确保会计处理既合规又真实反映资产价值。

第五节　数据资产后续计量价值调整涉及的税务问题

数据资产后续计量价值调整中涉及多个税务问题，主要包括摊销规则、减值处理、税率适用以及资产处置等方面的挑战。以下进行具体分析。

一、企业所得税

（一）数据资产摊销差异

会计上根据数据资产的预期使用寿命和摊销方法进行摊销，而税法规定无形资产摊销年限一般不低于10年，这与数据资源更新迭代快的特点不符，会产生税会差异。企业需要按税法规定的年限计算可在税前扣除的摊销额，对会计摊销与税法摊销的差异进行纳税调整。

（二）数据资产减值准备

数据资产计提的减值准备在会计上计入当期损益，但税法规定资产减值准备一般在实际发生损失时才允许税前扣除。由于数据资产高度个性化，税务部门判断其是否符合减值条件难度大，征纳双方意见容易不一致，企业需关注减值准备的税会差异，在纳税申报时进行调整。数据资产减值的举证难度比较大，数据资产的个性化特征使减值原因难以标准化，税务机关可能要求第三方鉴定或有详细文档支持，因此企业需留存数据价值归零的证明（如市场分析报告、交易记录等）。

（三）数据资产涉及的关联方交易

若数据资产交易发生在关联方之间，可能存在企业利用数据资产进行不合理的关联方交易以粉饰报表或逃避税款的情况。税务机关有权按照合理方法对不符合独立交易原则的关联方交易进行纳税调整。

二、增值税

（一）数据资产适用的税率

数据资产确认为存货时，销售税率一般为13%；确认为无形资产时，可能按销售无形资产或提供现代服务中信息技术服务适用6%的税率，若符合技术转让等相关条件还可能免税。在后续计量价值调整过程中，若涉及资产性质变化或业务模式改变，可能影响增值税税率的适用，企业需准确判断并申报。

（二）数据资产进项税额抵扣

企业数据资源取得和加工过程中，若存在无法取得增值税专用发票的情况，如政府授权的数据资源、人工成本等，会导致可抵扣税额不足，增加增值税税负。在进行后续计量价值调整时，需考虑相关业务对应的进项税额是否能够合理抵扣，避免税务风险。

三、印花税

数据资产的转让、许可使用等合同可能涉及印花税。在后续计量价值调整时，若涉及合同金额的变更或新合同的签订，需关注印花税的计税依据和纳税义务发生时间，及时申报缴纳印花税。

四、房产税和城镇土地使用税

如果数据资产的存储和处理需要占用房产和土地，那么企业需缴纳房产税和城镇土地使用税。在进行后续计量价值调整时，若涉及相关资产的折旧、摊销或减值等变化，可能影响房产和土地的计税基础，进而影响房产税和城镇土地使用税的计算和缴纳。

五、其他税务风险

数据资产的公允价值估值困难，使税务部门在衡量企业应税行为价格是否明显偏低以及调整应税收入时缺乏科学参考标准，这给税收征管带来了挑战。企业应规范账务处理，及时与税务机关沟通，准确把握税收政策，降低涉税风险。

（一）处置转让的税务风险

1. 数据资产公允价值缺失

数据资产缺乏市场公允价格，企业常以成本加利润定价，但利润率标准不一可能被税务机关质疑定价偏低，存在核定调整风险。

2. 数据资产税基确认困难

数据资产的初始入账价值可能因成本计量模糊（如政府授权数据难以定价、研发费用归集争议）导致后续转让时税基难以准确核定，可能引发税务稽查争议。

（二）数据资产贬值的税前扣除

理论允许但实践受限，会计准则允许将数据资产贬值损失计入当期损益并税前扣除，但需证明资产价值归零。例如，行业技术变革导致数据失效时，企业需保存技术更新文件、市场评估报告等证据以说服税务机关。

六、应对建议

（一）优化税务规划

企业应明确数据资产的分类（存货或无形资产），合理选择摊销策略，并预先与税务机关沟通混合销售业务的税率适用问题。

（二）强化证据链管理

对数据资产减值或报废的情况，保留完整的市场分析、技术评估报告及第三方鉴定文件，以支持税务申报。

（三）关注政策动态

财政部正在推动数据资产登记和标准化管理（如《数据资产全过程管理试点方案》），未来可能会出台更明确的估值和税务处理指引。

数据资产税务问题的复杂性源于其无形性、动态性和政策滞后性。企业在实践中需结合会计处理、税法要求及行业特点，通过合规管理降低税务风险，同时关注政策试点（如数据资产登记、简化摊销规则等）带来的潜在红利。

第六节 数据资产价值最大化的影响因素与实施路径

一、影响数据资产价值的因素

数据资产的价值受到多重因素的综合影响，这些因素既涉及数据本身的特性，也与外部环境、应用场景及管理能力密切相关。以下从多个维度展开分析。

（一）数据本身的特性

1. 数据质量

（1）完整性：数据字段是否完整，能否覆盖业务所需的关键维度（如用户画像数据是否包含年龄、地域、行为等全量信息）。覆盖范围越广、缺失值越少，价值越高。

（2）准确性：数据是否真实可靠，误差率是否在可接受范围内（如传感器采集数据的校准精度），因为错误或噪声数据会降低可信度。

（3）时效性：数据的更新频率和新鲜度，实时数据（如金融交易数据）通常比滞后数据价值更高。

（4）一致性：不同来源的数据是否统一标准（如多系统客户 ID 的归一化），避免“数据孤岛”导致的价值损耗，而且数据格式和逻辑统一性会影响分析效率。

（5）可分析性：结构化数据（如数据库表）比非结构化（如图像）更易处理。

2. 数据的稀缺性

（1）独特性：数据是否具有不可替代性（如独家行业报告、特定区域的独家用户行为数据）。稀缺数据（如用户行为日志）更具竞争优势。

（2）获取难度：数据采集成本越高（如需要特殊设备或权限），其潜在价值可能越大（如医疗影像数据、卫星遥感数据）。

3. 数据规模与多样性

（1）规模：大数据的价值常随样本量增大而提升（如亿级用户的消费数据比万级数据更能反映市场趋势）。海量多源数据（如跨平台用户行为）可提升分析深度。

（2）多样性：多模态数据（文本、图像、音频、视频等）的组合能提供更立体的分析视角（如电商平台结合用户评论和商品图片优化推荐算法）。

（二）数据应用场景

1. 场景匹配度

（1）同一数据在不同场景下价值差异显著：例如，用户地理位置数据对物流企业（优化配送路线）价值高，对教育机构（分析用户分布）价值较低。与核心业务关联度越高（如医疗数据对药企），价值越大。

（2）商业化潜力：场景是否直接关联盈利模式（如广告精准投放、金融风控建模等直接创造收入的场景）。

（3）变现能力：可直接货币化（如精准广告数据）或间接优化运营（如供应链数据）的数据资产价值更高。

2. 分析深度与技术能力

（1）算法与工具：数据挖掘技术（如机器学习、深度学习）的先进性决定价值释放程度（如用 AI 预测客户流失率比传统统计方法更精准）。

（2）洞察实用性：从数据中提取的结论能否落地（如用户行为分析指导产品迭代的可行性）。

（三）外部环境与政策

1. 政策法规

（1）数据安全与隐私保护：合规成本影响数据流通和应用（如欧盟《通用数据保护条例》（GDPR）限制个人数据跨境使用）。符合 GDPR 等法规的数据更易合法流通。

（2）行业监管：特定领域数据（如医疗、金融）受严格管控，可能限制其商业价值（如患者数据需脱敏处理后才能使用）。

（3）所有权清晰：权属明确的数据（如企业自采集数据）交易风险低。

（4）使用权限：能否二次销售或共享（如第三方数据需授权）。

（5）政策支持：政府开放数据交易市场（如上海数据交易所）促进流通。

2. 市场供需

（1）需求强度：数据在市场中的稀缺性与买方需求匹配度（如疫情期间线下客流数据需求激增），行业需求驱动价值（如金融风控数据在信贷领域高价），供不应求的数据（如独家行业报告）溢价明显。

（2）竞争态势：同类数据的供给量（如公开的天气数据价值低于独家工业设备运行数据）。支持企业长期目标（如市场扩张）的数据更具潜力，数据驱动的差异化能力（如 Netflix 推荐算法）提升壁垒。

（3）替代性：无可替代的数据（如特定用户画像）价值更高。

（4）经济环境：经济低迷时企业可能削减数据投资。

3. 技术基础设施

（1）存储与计算能力：大数据平台的处理效率影响实时分析能力（如云计算平台支持 PB 级数据秒级查询），高维护成本可能抵消数据收益。

（2）数据流通技术：区块链、隐私计算等技术是否支持安全共享（如联邦学习在保护隐私前提下联合建模）。

（四）数据管理与运营能力

1. 数据治理水平

（1）标准化与元数据管理：清晰的元数据（如数据字典、血缘关系）提升数据可用性（如企业数据中台的统一管理）。

（2）数据资产确权：所有权和使用权的界定影响交易价值（如数据跨境流动中的主权归属问题）。

2. 组织战略与人才

（1）数据文化：企业对数据价值的认知和投入（如数据驱动决策的组织更易释放数据资产价值）。

（2）团队能力：数据科学家、分析师的专业水平决定价值挖掘深度（如金融机构量化团队的建模能力）。

（五）时间与动态变化

1. 时效性衰减

部分数据价值随时间快速下降（如新闻资讯、赛事直播数据），需及时利用。

2. 趋势性增值

长期积累的数据（如十年用户健康数据）可能因算法进步或新场景出现而价值提升（如 AI 医疗影像诊断技术突破），AI、IoT 等技术的发展推动数据需求，长期数据（如十年气候记录）可揭示趋势。

（六）风险因素

1. 安全风险：数据泄露可能导致价值归零并引发法律问题。
2. 过时风险：技术迭代（如新算法取代旧模型）可能使数据失效。
3. 伦理风险：滥用数据（如歧视性算法）可能损害品牌声誉。

二、数据资产价值的公式化表达

若用简化模型表示，数据资产价值可概括为：

价值＝(数据质量×稀缺性×规模多样性)×(场景匹配度×技术能力)×(政策合规性×市场供需)×管理运营效率

这一模型强调数据资产的价值并非静态属性，而是需通过技术、场景、合规性和管理的动态协同才能最大化释放。企业需从“数据采集—治理—应用—流通”全链条优化，同时关注外部环境变化，才能实现数据资产的保值增值。

三、数据资产价值最大化的策略和实施路径

数据资产价值最大化是数字化转型的核心目标之一，需通过多维度策略与路径实现数据要素的高效流通、合规应用与创新增值。结合当前政策导向、行业实践及技术趋势，要最大化实现数据资产价值，需构建“技术＋管理＋场景＋合规”四位一体的全链条体系，覆盖数据从采集到流通的全生命周期。以下是具体策略和实施路径：

（一）夯实数据基础，提升数据质量与治理能力

1. 全流程数据质量管理

（1）采集层：制定数据标准（如字段定义、格式规范），通过 ETL（抽取—转换—加载）工具清洗无效数据（如重复记录、异常值），如电商平台对用户地址字段进行正则校验，确保配送信息可用。

（2）存储层：建立数据仓库/湖，采用主数据管理（MDM）统一核心实体（如客户、产品），避免“数据孤岛”。例如，银行通过统一客户 ID，整合信用卡、理财、信贷等多系统数据，形成完整客户画像。

（3）应用层：定期审计数据质量，设置质量监控指标（如完整性率 >95%、准确率 >98%），通过自动化工具（如 Talend、Informatica）实时预警数据异常。

2. 数据资产化管理

（1）资产盘点：建立数据目录，标注元数据（如数据来源、更新频率、业务含义），例如，用 Collibra 等工具构建可视化资产地图，方便业务部门快速检索可用数据。

（2）确权与定价：明确数据所有权（如用户数据归属权）、使用权（如第三方合作权限），探索市场化定价机制（如按查询量、数据维度收费），参考欧盟《数据治理法案》（DGA）推动数据共享框架。数据确权是资产化的前提，需通过法律协议或区块链技术明确数据所有权、使用权和收益权。例如，贵州万峰林旅游集团通过数据知识产权登记完成资产入表，确保法律合规性。遵循《企业数据资源相关会计处理暂行规定》等政策，确保数据采集、存储、使用的全流程合规，避免隐私泄露或法律风险。

（3）数据资产入表与会计确认

依据会计准则，将符合无形资产确认条件的数据资源纳入资产负债表。例如，上虞水务通过“用户用水指标分析数据”入表，实现资产金额 606 万元，并通过质押融资 400 万元。选择合理摊销方法（如直线法或收入比例法），动态调整摊销期限以匹配数据生命周期。

（二）技术赋能，深化数据应用与价值挖掘

1. 构建先进的数据技术底座

（1）云原生架构：采用“数据湖 + 数据仓库 + 数据中台”组合，例如，制

造业通过阿里云 DataWorks 搭建实时数据中台，支撑生产线设备状态的秒级监控与故障预测。

（2）AI 与机器学习：应用深度学习（如 NLP 分析用户评论）、强化学习（如供应链优化）释放数据价值。例如，Netflix 利用协同过滤算法分析用户观影记录，将推荐系统对营收的贡献度提升至 35%。

（3）隐私计算技术：通过联邦学习（如微众银行 FATE 平台）、安全多方计算（MPC）实现“数据可用不可见”，例如，医疗机构联合训练 AI 模型时，无须共享原始病历即可提升癌症诊断准确率。

2. 场景化价值落地

（1）聚焦高 ROI 场景：优先选择商业价值明确的领域（如营销、风控、供应链）。

（2）营销：通过 RFM 模型（最近消费、消费频率、消费金额）分层用户，精准推送优惠券，某零售企业借此将转化率提升 20%。

（3）风控：利用大数据建模评估小微企业信用，网商银行基于电商交易数据构建“大山雀”风控模型，不良率控制在 1% 以内。

（4）探索新兴场景：结合行业趋势布局（如元宇宙、碳中和），例如，车企利用用户驾驶数据训练自动驾驶模型，为 L4 级技术积累数据资产。

（三）制度保障，完善数据治理与组织能力

1. 建立数据治理体系

（1）组织架构：设立 CDO（首席数据官）牵头跨部门协作，例如，华为成立数据管理部，统筹数据标准制定与流程优化。

（2）制度建设：制定《数据资产管理制度》《数据安全合规手册》，明确数据使用审批流程（如员工申请调用用户数据须经法务、IT 双重审核）。

（3）绩效考核：将数据应用成效纳入部门 KPI，例如，要求业务团队利用数据优化的方案占比不低于 30%，推动形成“用数据说话”的企业文化。

2. 人才梯队建设

（1）复合型人才培养：开展“数据 + 业务”双轨培训，例如，某快消企业组织市场人员学习 SQL 基础，使其能自主分析销售数据。

（2）外部合作：与高校、科研机构联合培养 AI 人才（如腾讯与清华合作开设“智能系统”联合实验室），或引入第三方数据服务公司（如 Palantir）弥补

技术短板。

3. 技术驱动的数据资产管理

（1）建设数据中台与 AI 平台：如合合信息通过算法模型构建智能数据体系，支撑数据资产全生命周期管理。

（2）强化数据安全：采用隐私计算、联邦学习等技术，实现“数据可用不可见”，降低流通风险。

（四）合规流通，激活数据要素市场价值

1. 合规先行，防范风险

（1）法律适配：遵循《中华人民共和国数据安全法》《中华人民共和国个人信息保护法》，例如，处理个人信息时需获得明示同意，或进行匿名化处理（如将用户 ID 替换为哈希值）。

（2）数据分类分级：按敏感程度划分数据（如公开数据、内部数据、机密数据），设置不同访问权限（如金融机构对客户资产数据实施“最小授权原则”）。建立数据分类分级标准，区分核心数据与一般数据，实施差异化管理。例如，湖北交投集团通过数据清洗与结构化处理，将交通数据转化为可交易的标准化产品。通过主数据管理（MDM）提升数据一致性，如合合信息通过数据清洗、标准化形成企业知识库，支撑智能决策。

2. 探索数据流通模式

（1）内部共享：搭建企业级数据门户，打破部门壁垒，例如，某集团通过数据中台实现营销、生产、客服数据互通，订单交付周期缩短 15%。

（2）外部交易：构建数据要素交易网络参与数据交易平台，借助深圳、上海等数据交易所挂牌交易，扩大数据流通范围。例如，上虞水务的数据产品在深圳数交所上市，成为浙江省首个全流程落地案例，通过 API、数据报告等形式合规交易。例如，天气数据公司将气象数据出售给农业企业，帮助其优化种植计划。探索数据跨境流通，在合规前提下，推动国际数据交易，如广东数据交易所的跨境数据试点。

（3）政企协同与生态合作

政府主导的公共数据开放：如云南省推动农业数据登记，释放公共数据价值。

（4）生态合作：建立数据联盟，例如，汽车厂商与地图服务商交换位置数据与路况信息，共同优化导航算法，实现“数据互哺”。通过行业联盟（如广东省数据要素产业协会）制定标准，促进跨企业数据共享。

3. 创新数据金融工具

（1）数据质押融资：神州数码以“神州金服云”数据产品为质押物，获得银行授信，成为深圳首例数据资产融资案例。

（2）数据证券化与作价出资：国有企业可探索数据资产作价入股，或发行数据资产支持证券（ABS），拓宽融资渠道。

（五）持续优化，动态评估与迭代升级

1. 价值量化评估

建立数据资产价值评估模型，从财务视角（如数据驱动的收入增长）、业务视角（如效率提升幅度）、战略视角（如竞争壁垒构建）多维衡量。例如，某互联网公司通过 A/B 测试，量化数据推荐系统对用户时长的提升贡献（如日均使用时长增加 12 分钟）。

2. 技术与场景迭代

跟踪技术趋势（如量子计算、边缘计算对数据处理的影响），定期升级数据平台。例如，传统企业向云迁移时，从离线分析转向实时流处理（如采用 Flink 框架），以应对物联网设备爆发产生的实时数据。

（1）关注政策与市场变化，例如，《数据要素流通标准化白皮书（2024 版）》发布后，及时调整数据交易流程以符合新规范。再如，亚马逊的数据价值闭环。

（2）数据采集：通过电商平台、AWS 云服务、Alexa 设备积累用户行为、企业数据、语音交互等多源数据。

（3）技术应用：利用机器学习优化商品推荐（占营收 35%）、预测库存需求（库存周转率提升 20%）、进行 AWS 数据分析服务（如 Redshift）反哺企业客户。

（4）合规流通：通过 AWS Marketplace 合规出售数据产品（如人口统计数据、气候数据），同时遵守 GDPR 等法规。

（5）组织保障：CDO 领导数据科学团队，推动“数据即产品”的文化，将数据应用嵌入所有业务环节。

（6）智能化与数据服务升级：利用 AI 与大数据技术提升数据价值密度。例如，屏边县通过物联网与云平台构建中草药种植数据库，优化生产与销售决策。

（7）数据可视化与决策支持：通过 BI 工具将数据转化为直观洞察，助力企业降本增效。

（六）政策与技术支持，保障长期可持续发展

响应国家“数据要素 ×”行动计划，优先布局重点领域（如智能制造、绿色能源）的数据应用。利用地方政府支持政策，如屏边县的数字经济三年行动方案，获取资金与技术扶持。

四、数据资产价值最大化的行动框架（见图6－1）

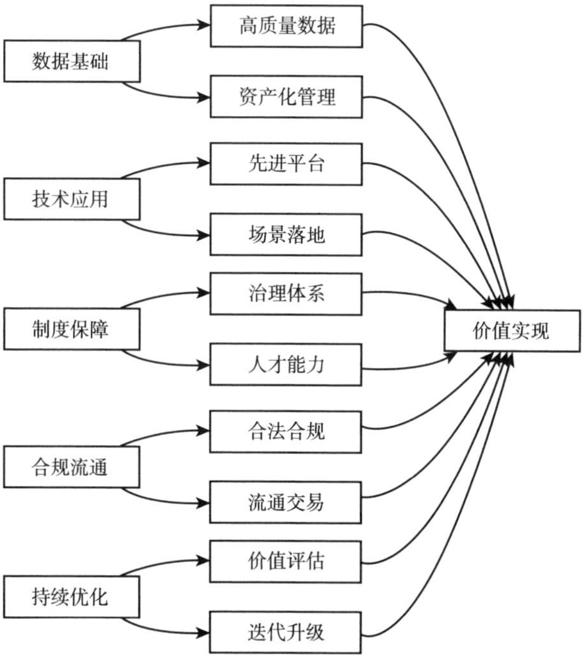

图6－1　数据资产价值最大化行动框架

数据资产价值的释放不是一次性工程，而是需要企业将数据战略融入组织基因，通过技术投入、管理创新、场景深耕和合规运营的持续协同，形成“采集—治理—应用—流通—优化”的价值闭环。最终，数据资产将从成本中心转变为企业核心竞争力的“数字引擎”。数据资产价值最大化需“合规筑基、场景驱

动、生态协同、技术赋能”四轮联动。未来，随着《国有企业数据资产化实施路径指引》等政策落地，以及数据交易市场的成熟，数据资产将从“成本中心”转向“利润中心”，成为企业核心竞争力的新引擎。企业需持续关注技术迭代（如生成式 AI）、政策动态与市场需求，动态优化数据战略，以实现可持续的价值释放。

第七章

数据资产后续计量财务核算中需关注的要点

数据资产的后续计量是指在数据资产初始确认和计量后，对其价值进行重新评估和调整的过程。数据资产作为一项新的生产要素具备其自身的特殊性，在后续计量的过程中需根据其自身特性，特别关注影响其价值变动的各方面因素。

第一节　数据资产后续计量价值变动的影响因素

数据资产后续计量价值变动因素与应对主要包括以下几个方面：

一、数据质量的变化

数据资产的价值在很大程度上取决于其质量。随着时间的推移，数据可能会因为各种原因而变得不完整、不准确或过时，如数据录入错误、系统故障、业务规则变更等。

企业需要建立数据质量评估机制，定期对数据资产的质量进行检查和评估，并根据评估结果对数据资产的价值进行调整。对于质量下降的数据，要相应降低其计量价值，同时采取数据清洗、更新等措施来提升数据质量，以便更准确地反映数据资产的真实价值。

二、数据市场价格波动

数据资产的市场价格会受到供求关系、技术发展、行业竞争等因素的影响而发生波动。例如，随着大数据技术的不断发展，某些类型的数据可能会因为市场需求的增加而升值，而另一些数据可能会因为技术更新换代而贬值。

企业需要关注数据市场的动态，及时了解数据资产的市场价格变化情况。在进行后续计量时，可参考市场上同类或类似数据资产的交易价格，对自身数据资产的价值进行合理调整。如果市场上缺乏可比的交易价格，也可以采用估值模型等方法来评估数据资产的价值。

三、法律法规的影响

随着数据相关的法律法规不断完善，如数据保护法、隐私法等，这些法律法规的变化可能会对数据资产的使用、转让和计量产生影响。例如，某些法律法规可能限制了数据的跨境传输，或者要求企业对数据进行更严格的安全保护，这可能会增加数据资产的管理成本，从而影响其价值。数据合规性直接影响资产可用性，违规可能导致数据资产价值归零。

企业要及时了解和遵守相关法律法规，评估法律法规变化对数据资产的影响，并在后续计量中予以考虑。如果因为法律法规的限制导致数据资产的使用范围缩小或成本增加，应相应调整其价值。定期评估数据采集、存储、使用的合法性。在计量中考虑潜在法律风险（如计提减值准备或披露或有负债）。

四、数据资产的使用频率和方式

数据资产的价值与其使用频率和方式密切相关。如果数据资产被频繁使用，为企业带来了较多的经济利益，那么其价值相对较高；反之，如果数据资产长期闲置未被使用，其价值可能会逐渐降低。

企业应建立数据资产使用记录和分析系统，跟踪数据资产的使用情况，根据使用频率和方式的变化对数据资产的价值进行调整。对于使用频率高、对企业业务发展有重要作用的数据资产，可适当提高其计量价值；而对于长期未使用或使用价值较低的数据资产，要进行减值处理。

五、数据资产的维护和更新成本

为了保持数据资产的质量和价值，企业需要投入一定的成本进行数据的维护和更新，如数据存储设备的维护、数据安全防护、数据更新和备份等。这些成本的发生会影响数据资产的净收益，从而影响其后续计量的价值。

在后续计量中，企业要将数据资产的维护和更新成本合理分摊到各会计期间，并根据成本的发生情况调整数据资产的账面价值。如果维护和更新成本过高，且对数据资产的价值提升不明显，可能需要考虑对数据资产进行减值测试，以确保其账面价值不高估。

六、会计处理与准则适用

不同会计准则（如 IFRS、GAAP）对数据资产的后续计量要求可能不同，需明确采用成本模式还是公允价值模式。

在成本模式下，需定期进行摊销或减值测试，合理估计数据资产的使用寿命和残值。在公允价值模式下，需解决数据资产缺乏活跃市场的问题，可能依赖估值技术（如收益法、市场法）。

企业应结合会计准则要求，制定明确的计量政策，并与审计师沟通确认。

七、使用寿命与摊销

数据资产的经济寿命难以确定（如实时数据可能短期失效，历史数据可能长期有用）。

企业应根据数据类型（如用户行为数据、交易数据）和使用场景分类评估其寿命。采用系统合理的摊销方法（如直线法、产量法）进行摊销，并定期复核寿命假设。

八、可分离性与交易市场

数据资产通常依赖业务场景存在，难以独立交易，公允价值难以确定。

企业应评估数据是否具备独立交易条件（如是否可授权第三方使用），若无活跃市场，采用收益法（如未来现金流折现）进行估值。

九、技术安全与风险控制

数据泄露、黑客攻击可能导致资产价值损失，甚至引发法律风险。

建议将数据安全投入纳入资产维护成本，在计量中考虑安全事件对价值的潜在影响（如计提风险准备金）。

十、内部控制与审计验证

数据资产的存在性、完整性和计量准确性需可审计。

企业应建立数据资产台账，记录获取时间、成本、更新记录等。通过技术手段（如区块链存证）确保数据可追溯，便于审计验证。

十一、行业特性与业务场景

不同行业数据资产价值驱动因素差异较大（如金融风控数据 vs. 电商用户画像）。

建议结合行业特点设定计量模型，例如，金融业侧重数据在风险定价中的贡献，零售业重点关注用户行为数据对精准营销的收益提升。

通过系统化管理，企业可更准确地反映数据资产的经济价值，同时规避潜在的财务与合规风险。

第二节　数据资产的持有目的对数据资产后续计量的影响

数据资产的持有目的会影响其后续计量，主要体现在计量属性、摊销方法以及减值测试等方面，具体如下：

一、数据资产后续计量计量属性的选择

（一）以出售为目的

如果企业持有数据资产的目的是近期出售，那么通常会采用成本与可变现净值孰低计量。这是因为企业关注的是数据资产在当前市场条件下能够变现的金额，当可变现净值低于成本时，需要计提存货跌价准备，以反映资产可能遭受的损失。例如，企业收集并整理了一批市场调研数据，准备直接出售给其他需要的企业，就会按照这种方式计量。

（二）以自用为目的

若数据资产是为了企业自身的生产经营、管理等目的而持有，比如用于分析客户行为以优化产品设计、提升内部管理效率等，一般会根据其是否符合无形资产的定义和确认条件，将其确认为无形资产，并采用历史成本进行初始计量，后续按照一定的方法进行摊销。如果该数据资产存在活跃市场，公允价值能够可靠计量，也可能会采用公允价值进行后续计量，但这种情况相对较少。

二、数据资产后续计量摊销方法的确定

（一）以提供长期服务为目的

对于持有目的是为企业长期提供服务或产生经济利益的数据资产，如企业自行开发并长期使用的客户关系管理系统中的数据资产，在确认为无形资产后，会根据其预计使用寿命和经济利益的预期实现方式选择合适的摊销方法，如直线法、产量法等。如果数据资产的使用与特定的业务量或产量相关，采用产量法摊销可能更能准确反映其价值的消耗；如果无法明确其与特定业务量的关系，直线法是较为常用的方法。

（二）以短期使用为目的

如果数据资产只是为了满足企业短期的特定需求，使用期限较短，那么在摊销时可能会采用更简化的方法，或者在较短的期限内将其价值摊销完毕。例如，企业为了某次短期营销活动而购买的数据资产，可能会在该营销活动期间内将其成本一次性摊销计入当期损益。

三、数据资产后续计量减值测试的频率和方法

（一）处于活跃市场且价格波动大的交易性数据资产

如果企业持有数据资产是为了在活跃市场中进行短期交易以获取差价，那么这类数据资产的价值可能会受到市场供求关系、技术更新等因素的影响而频繁波动。企业需要更频繁地对其进行减值测试，甚至可能在每个资产负债表日都要进行评估。在测试方法上，会更多地关注市场价格的变化以及相关技术的发展趋势对其可变现净值的影响。

（二）用于生产经营的长期数据资产

对于以生产经营为目的长期持有的数据资产，减值测试的频率可能相对较低，但在出现特定迹象时，如技术更新换代导致数据资产的使用价值下降、市场需求变化使相关产品或服务的盈利能力下降等，企业需要及时进行减值测试。在测试方法上，除了考虑市场因素外，还会更侧重于分析数据资产对企业自身生产经营的实际贡献以及未来现金流量的影响。

第三节　以提供长期服务为目的的数据资产使用寿命的确定

确定数据资产的使用寿命是企业进行资产管理和会计处理（如摊销、减值测试）的关键环节，尤其是当数据资产以提供长期服务为目的时。以提供长期服务为目的的数据资产确定使用寿命时，需要综合考虑多方面因素，具体分析如下：

一、影响因素

（一）法律或合同规定

1. 明确的法定保护期限

若数据资产受法律保护，如版权、专利相关的数据资产，其使用寿命可能与法定保护期限相关。例如，软件著作权保护期一般为 50 年，若企业持有受此保护的软件数据资产，可参考该期限，但实际使用寿命可能因技术更新等因素短于

法定保护期。数据资产的使用寿命还取决于法律与合规要求，数据隐私法规（如GDPR、《中华人民共和国个人信息保护法》）可能强制要求数据删除或限制使用期限。例如，涉及个人生物信息的合规数据，可能因法律更新需在5年内销毁。

2. 合同约定的使用期限

当数据资产的使用有明确合同约定时，合同期限是重要参考。如企业通过许可协议获得的数据资产，许可合同规定使用期限为10年，那么在无其他特殊情况下，可初步确定其使用寿命为10年。

（二）技术和行业发展情况

1. 技术更新速度

所在行业技术更新快，数据资产的使用寿命可能较短。以互联网广告行业为例，用户兴趣和行为数据更新迅速，一般来说，相关数据资产的价值在1—2年后可能因新数据的产生和算法的更新而大幅下降，其使用寿命也相应较短。技术迭代速度、数据存储技术、处理技术（如AI算法、分析工具）的更新周期直接影响数据资产的可用性。如，依赖特定算法的数据可能因技术淘汰而失效。又如，基于传统机器学习模型训练的用户画像数据可能在深度学习技术普及后价值下降。

2. 行业竞争态势

在竞争激烈的行业中，企业为保持竞争力需不断更新数据资产。例如在电商行业，企业需不断收集和分析市场数据、竞争对手数据等，以优化产品和服务，数据资产的使用寿命可能只有3—5年，之后就可能因行业发展而被淘汰。以提供长期服务为目的的数据资产使用寿命与市场需求和业务目标有关，要看数据资产是否与长期战略需求匹配。例如，用户行为数据可能因市场趋势变化而过时。

（三）数据资产的性质和特点

1. 数据的稳定性

某些数据资产相对稳定，如企业的历史财务数据、长期积累的客户基本信息等，其使用寿命可能较长，可达10年甚至更久，因为这些数据对于企业的长期决策和分析具有重要价值，且不会轻易失去时效性。

2. 数据的更新频率

若数据资产需要频繁更新才能保持其价值，如实时监控数据、动态市场行情数据等，其单个版本的使用寿命较短，可能只有数月甚至更短时间，但整体数据资产因持续更新而具有较长的经济寿命，企业需综合考虑更新成本和效益来确定其整体使用寿命。

3. 数据自身的时效性

静态数据（如地理信息）可能长期有效，动态数据（如实时交易记录）需持续更新才能维持价值。例如，短期时效数据：社交媒体热点数据（1—3 个月）；中期数据：年度行业报告（1—3 年）；长期数据：人口普查数据（10 年以上）。

（四）企业的经营模式和战略

1. 业务模式的依赖程度

如果企业的业务模式高度依赖特定数据资产，且该数据资产能持续为企业创造价值，那么即使技术和市场有所变化，企业也可能通过不断维护和更新来延长其使用寿命。例如，以大数据分析为核心业务的企业，其拥有的大量用户行为数据是核心资产，会通过持续优化数据收集和分析系统来保持数据的有效性，使用寿命可能长达 5—10 年甚至更久。

2. 企业战略规划

企业的长期战略规划也会影响数据资产的使用寿命。若企业计划在未来几年内拓展新业务领域，可能会提前对现有数据资产进行更新或替换，导致其实际使用寿命缩短。反之，若企业战略是深耕现有业务，可能会更注重数据资产的长期维护和价值挖掘，延长其使用寿命。

（五）历史经验和类似资产的参考

1. 企业自身历史数据

企业以往使用类似数据资产的经验可作为参考。若过去曾使用过类似的数据资产，且其在一定时期后因各种原因失去价值，那么在确定当前数据资产使用寿命时可参考该历史期限，并结合当前实际情况进行调整。

2. 行业内类似资产的情况

参考行业内其他企业类似数据资产的使用寿命也有一定帮助。例如，同行业中大多数企业的某种特定类型数据资产的使用寿命普遍为 5—7 年，那么本企业在确定同类数据资产使用寿命时可将此作为重要参考依据，再根据自身企业的特点和实际情况进行适当调整。

（六）业务目标与使用场景

1. 服务周期匹配

根据服务合同期限或业务规划，初步预估数据资产的最低服务年限（如5年期的客户数据分析服务）。

2. 场景依赖分析

若数据仅服务于特定业务线（如某产品的用户行为分析），需评估该业务的存续期对数据寿命的影响。

二、确定方法

（一）会计准则指导原则

1. 国际财务报告准则（IFRS）

根据IAS 38无形资产，使用寿命需基于"预期使用期限"或"产品或服务生命周期"判断。若无法合理确定，则视为"使用寿命不确定的无形资产"，仅进行减值测试，不摊销。

2. 中国企业会计准则

类似IFRS，强调通过合同权利期限、技术过时风险、市场竞争力等因素综合判断。

（二）行业实践方法

1. 历史数据分析法

通过同类数据资产的过往使用周期（如历史数据被替换或失效的时间）推算平均寿命。例如，某金融机构的信用评分模型数据，历史平均有效期为3年，可参考此设定使用寿命。

2. 技术预测法

结合技术发展趋势，评估数据资产的技术依赖性是否会导致快速贬值。例如，依赖区块链技术存证的数据，若技术迭代周期为5年，可设定使用寿命为5年。

3. 行业对标法

（1）行业基准参考：金融行业信用数据：通常按5—8年摊销；电商用户行

为数据：按 3—5 年估算；地理信息数据：可达 10 年以上。

（2）同业案例调研：通过公开财报或行业报告获取可比公司数据资产摊销政策。

（三）合同或法律强制期限

若数据使用受合同约束（如数据授权协议期限）或法律强制要求（如数据留存期限），可直接采用合同/法定期限。例如，某云服务商的客户日志数据，根据合同约定保留期为 7 年，使用寿命设为 7 年。

（四）定量模型法

1. 经济收益折现模型

预测数据资产未来各期的净现金流（收益 - 维护成本）；计算收益衰减至初始值 50% 的时点作为使用寿命参考值。

2. 技术过时曲线

参考同类技术（如数据库系统）的平均淘汰周期（如每 5 年升级一次），设定保守寿命。

（五）专家评估法

1. 跨部门协作

技术团队，评估数据架构的可持续性；法务团队，确认合规期限；业务部门，预测服务需求周期。

2. 第三方评估

聘请数据治理或行业顾问提供独立寿命建议。

（六）动态调整机制

1. 定期复核

至少每年评估一次，根据技术变革、法规更新或业务战略变化调整寿命。

2. 触发事件响应

若发生重大事件（如核心算法升级、数据泄露导致合规风险），立即重新评估寿命。

三、特殊场景处理

（一）组合数据资产的使用寿命

若数据需与其他资产组合使用（如数据库+分析工具），使用寿命取决于组合中最短寿命的资产。例如，某AI训练数据集需搭配特定算法引擎，若算法引擎预计3年淘汰，则数据集使用寿命设为3年。

（二）使用寿命不确定的情况

若无法合理预估寿命（如基础科研数据库），须每年进行减值测试，并在年度报告中披露理由。

（三）动态调整机制

定期复核使用寿命假设（如每季度或年度），根据技术、法律或市场变化调整。

四、实际应用（见表7-1）

表7-1　以提供长期服务为目的的数据资产使用寿命的确定

数据资产类型	使用寿命确定依据	典型年限
基础数据库（如地理信息）	技术迭代周期（如GIS技术更新速度）	5—10年
用户行为分析数据	市场需求变化周期（如消费趋势迭代）	2—3年
合规性数据（如KYC信息）	法律强制留存期限（如反洗钱法规要求）	5—7年
AI训练数据集	算法技术淘汰周期（如深度学习框架迭代）	3—5年

五、管理建议

（一）建立数据资产台账

记录数据来源、用途、技术依赖、法律约束等关键信息，为寿命评估提供依据。

（二）跨部门协作

财务、法务、技术部门共同参与评估，避免单一视角偏差。

（三）动态监控机制

通过数据治理工具跟踪数据价值衰减指标（如调用频率、关联业务收入贡献）。

（四）风险对冲

对高贬值风险的数据资产，采用加速摊销法或计提减值准备。

数据资产的使用寿命需结合技术、市场、法律等多维度动态评估，并符合会计准则要求。对于复杂场景，建议引入第三方专业机构（如数据资产评估公司）协助判定，以确保财务处理的合规性与合理性。

六、案例分析

（一）科大讯飞外购数据资产

科大讯飞2024年四季度从外部购买了价值6745.86万元的数据资产，用于大模型训练等，预计使用寿命为3年。这是基于其对数据在支持大模型迭代以及相关业务应用方面的预期。考虑到数据的时效性、技术的更新换代以及大模型发展的速度，预计3年后该数据对公司服务的价值会显著降低，所以确定了3年的使用寿命并采用直线法摊销。

（二）中国移动数据资产

中国移动将数据资产使用寿命设定为2—5年。作为通信行业的巨头，其拥有大量的数据资产用于提供各种通信服务和增值服务。通信技术不断发展，数据的价值也会随着时间变化。例如，一些与网络优化、用户行为分析等相关的数据，可能在2—5年内能够为公司提供有效的服务支持，但随着技术更新和业务发展，旧数据的价值会逐渐降低，需要更新的数据来支持业务，所以设定了这样的使用寿命范围，并按直线法摊销。

（三）南京公用数据资产

南京公用的数据资产预计使用寿命为 15 年。这可能是因为该公司的数据资产与一些长期稳定的业务相关，如城市公用设施的运营管理等。这些业务对数据的依赖相对稳定，数据的更新频率较低，且数据所反映的信息具有较长时间的有效性，所以可以确定较长的使用寿命，以体现其在长期服务中的价值。

（四）金融行业（反欺诈模型训练数据）

Q 银行构建了一套基于机器学习的反欺诈模型，依赖历史交易数据（包括用户行为、交易时间、金额等）进行训练，目标是长期支持风险控制服务。

使用寿命确定过程如下：

①技术迭代影响，当前模型基于传统机器学习算法（如随机森林），技术部门预测深度学习技术将在 3 年内成为主流，现有数据格式可能无法适配新算法。

结论：技术淘汰周期为 3 年。

②合规要求，根据《中华人民共和国个人信息保护法》，用户交易数据需在模型训练完成后 5 年内匿名化或删除。

结论：法律强制上限为 5 年。

③数据时效性，用户消费习惯每 2 年发生显著变化，历史数据的预测价值随时间衰减。

结论：市场周期为 2 年。

最终使用寿命取最短期限 2 年（受市场周期主导），需每半年复核数据价值。

（五）医疗行业（患者健康数据库）

某医院开发慢性病管理平台，存储了 20 万患者的长期健康监测数据（如血糖、血压记录），用于提供个性化诊疗服务。

使用寿命确定过程如下：

①技术依赖，数据存储于云端，当前加密技术预计可安全使用 7 年，超出后需升级存储架构。

结论：技术周期为 7 年。

②法律要求，根据医疗法规，患者电子病历需至少保存 15 年（从最后一次

就诊算起）。

③业务需求，慢性病研究需长期追踪数据，医院计划持续使用该数据至少12 年。

最终使用寿命取法律期限 15 年（因合规强制要求），但需在第 7 年评估存储技术升级对数据可用性的影响。

（六）零售行业（用户画像数据）

甲电商平台通过采集用户浏览、购买行为数据构建精准营销系统，目标是长期支持广告推荐服务。

使用寿命确定过程如下：

①市场需求变化，消费趋势调研显示，用户偏好每 18 个月发生显著变化（如从低价转向品质消费）。

结论：市场周期为 1.5 年。

②技术过时风险，当前数据标签体系依赖人工标注，预计 2 年内将被 AI 自动标注技术取代，旧标签数据兼容性存疑。

结论：技术周期为 2 年。

③数据更新成本，若每月新增 30% 数据，旧数据占比低于 5% 时，维护成本将超过价值（预计 3 年后）。

最终使用寿命综合取 1.5 年（受市场周期主导），并采用加速摊销（前 12 个月摊销 70%）。

（七）政府公共数据（交通流量数据库）

某市政府采集全市道路实时车流量数据，用于长期优化交通信号灯系统和城市规划。

使用寿命确定过程如下：

①技术迭代，传感器硬件寿命为 10 年，数据采集设备需整体更换周期为10 年。

②数据时效性，城市道路扩建导致历史数据参考价值下降，城市规划部门评估有效期为 8 年。

③法规要求，政府数据开放政策规定公共数据最低保存期限为 15 年。

矛盾处理：实际服务价值周期（8 年）<法律留存期限（15 年）。

会计处理：前 8 年按“提供服务”目的摊销；后 7 年转为“档案保存”用途，停止摊销，仅计提存储成本。

（八）AI 企业（自动驾驶训练数据集）

丙自动驾驶公司使用 100 万公里路测数据训练模型，需长期支持算法迭代。

使用寿命确定过程如下：

①技术依赖性，数据基于 L4 级自动驾驶规则引擎构建，若 3 年内行业转向端到端 AI 驱动方案（如特斯拉 FSD V12），旧数据将失效。

②竞争壁垒，同类企业数据显示，独占性路测数据的竞争优势平均持续 5 年（后被公开数据集稀释）。

③合规风险，部分国家要求自动驾驶训练数据每 5 年通过安全认证，否则禁用。

最终使用寿命取最短期限 3 年（技术颠覆风险），但需每年测试数据是否仍能产生经济利益（减值测试）。

（九）银行反欺诈数据模型

数据特性：结合历史交易、用户行为、外部黑名单的动态数据。

使用寿命确定过程如下：

（1）业务需求：反欺诈为长期刚需，基础数据需持续更新（寿命基准 6 年）；

（2）技术因素：模型每 2 年迭代一次，旧数据适配性下降（寿命缩短至 4 年）；

（3）合规要求：数据保留期限合规上限 7 年（最终确认为 4 年，留安全边际）。

（4）建立数据资产寿命评估矩阵（见表 7－2）：

表 7－2　数据资产寿命评估矩阵

维度	评估指标	权重	寿命影响
业务需求	服务合同期限、战略重要性	30%	正相关（期限越长→寿命越长）
技术迭代	技术依赖度、更新成本	25%	负相关（依赖度越高→寿命越短）
法律合规	数据授权期、保留政策	20%	直接限定上限
市场需求	替代数据出现概率、收益衰减率	15%	负相关（替代风险高→寿命短）
维护能力	内部资源投入、外包稳定性	10%	正相关（资源充足→寿命长）

（5）文档留存：保存寿命评估报告、专家意见、行业对标数据，以备审计

与税务核查。

七、关键节点

（1）业技融合：业务需求与技术可行性平衡；
（2）合规底线：法律要求为寿命设定硬约束；
（3）弹性调整：建立定期复核与事件触发机制。

企业应避免“一刀切”设定寿命，而是结合定量模型与定性判断，确保使用寿命既符合会计准则，又能真实反映数据资产的经济利益实现模式。

八、方法提炼

（一）最短寿命原则

使用寿命通常由技术周期、市场周期、法律期限中的最短者决定。

（二）分阶段管理

若不同阶段目标发生冲突，需拆分进行会计处理。服务期需进行摊销；存续期仅进行成本核算。

（三）动态修正

通过定期评估应对不确定性。

（四）组合资产联动

若数据依赖其他资产，则使用寿命与关联资产强绑定。

通过以上案例可知，数据资产使用寿命的确定需结合业务逻辑、技术趋势与合规要求，本质上是对“数据价值衰减速度”的量化预测。

第四节　数据资产的使用寿命与法定保护期不同时的税务处理

数据资产的使用寿命与法定保护期的不同，分两种情况：一种是数据资产的使用寿命短于法定保护期，另一种是数据资产的使用寿命长于法定保护期，企业在税务处理上主要涉及企业所得税和增值税，具体处理方法如下：

一、数据资产的使用寿命短于法定保护期

（一）当数据资产使用寿命短于法定保护期时，与数据资产相关的企业所得税的会计处理

1. 确定计税基础。一般情况下，企业购入数据资产的计税基础按其所实际支付的交易对价确定。如果数据资源交易发生于关联方之间，企业对该交易价格是否符合独立交易原则负有举证责任，税务机关认定该交易价格不符合独立交易原则的，则通常有权对交易价格实施特别纳税调整。

2. 缩短摊销年限。企业所得税法实施条例规定，无形资产的摊销年限不得低于 10 年，但数据资产因具有时效性、易受技术更新换代影响等特点，其经济寿命往往较短。如果有合理证据证明数据资产的使用寿命短于 10 年，企业可向税务机关申请缩短摊销年限，按照数据资产实际的使用寿命进行摊销。例如，企业能够提供行业报告、技术评估证明等资料，说明该数据资产因技术更新快，预计只能在 3 年内为企业带来经济利益，那么可申请按 3 年进行摊销。不过，目前税法对于数据资产摊销年限的特殊规定较少，企业需积极与税务机关沟通，争取有利的税务处理。对于作为无形资产核算的数据资源，如果没有法律规定或者合同约定的使用年限，企业所得税上可能需要按最低 10 年期限摊销。但数据资产很可能因各种外部因素导致经济寿命较短，若能类比现行税法规定中关于固定资产、无形资产加速折旧摊销的优惠政策，给予数据资源类无形资产更合理的税法摊销待遇，将更符合实际情况。

3. 资产损失扣除。数据资产可能因权利限制、技术迭代等原因出现较短时间内经济价值迅速贬损的情况，当资产报废时，理论上此类资产损失可以获得税前扣除。企业要从提升税务合规管理的角度，制备、留存数据资产报废的内部档案，如资产报废申请、审批文件等，必要时通过第三方鉴定机构取得确定资产失效导致无使用价值或转让价值的客观证据，以证明资产损失的真实性和合理性，按规定向税务机关申报扣除。

（二）当数据资产使用寿命短于法定保护期时，与数据资产相关的增值税的会计处理

现行增值税法规对于出售数据资产的增值税税目归属尚未作出明确规定，是按照“信息技术服务”，还是“销售无形资产”，抑或强调数据资产的商品属性按照货物项目进行增值税处理，以及被出售的数据资产是否“入表”是否会影响其增值税税目判断等，都可能存在争议。如果数据资产的转让被认定为销售无形资产或信息技术服务等应税行为，企业应按规定计算缴纳增值税。当数据资产使用寿命结束进行报废处理时，若该资产已抵扣过进项税额，且不属于不得抵扣进项税额的情形，一般不需要做进项税额转出处理。但如果数据资产在使用过程中改变用途，用于简易计税方法计税项目、免征增值税项目、集体福利或者个人消费等，其已抵扣的进项税额需要按照规定转出。当数据资产使用寿命短于法定保护期时，数据资产增值税处理的关键点在于，已完成的交易不追溯调整税款，除非发生退款或折让（需红字发票冲减）。资产失效是否导致进项税额转出，需结合失效原因（正常风险或管理不善）。剩余法定保护期的权利利用可能触发新的增值税义务（如转售、视同销售）。

（三）案例分析

【例 7－1】 AB 科技公司购买了一项客户消费行为数据资产，法定保护期为 10 年，但由于行业竞争激烈，市场变化快速，该公司预计该数据资产只能在未来 3 年内为企业带来经济利益，其使用寿命短于法定保护期。该数据资产购买成本为 600 万元。

企业所得税的会计处理：

（1）确定计税基础。一般情况下，购入数据资产的计税基础按实际支付的交易对价确定，即 600 万元。

（2）缩短摊销年限。企业可向税务机关申请缩短摊销年限，按照实际使用寿命 3 年进行摊销。每年摊销额为 200（600 ÷ 3）万元。在会计处理上，也应按 3 年进行摊销，与税务处理保持一致，减少税会差异。如果税务机关批准了该申请，那么企业在计算企业所得税应纳税所得额时，就可以每年按照 200 万元的摊销额进行税前扣除。

（3）资产损失扣除。假设在第 3 年年末，该数据资产因市场变化等原因已

无使用价值，企业将其报废。企业需制备、留存资产报废申请、审批文件等内部档案，以及可能的第三方鉴定机构出具的资产失效报告，以证明资产损失的真实性和合理性。若税务机关认可，该资产剩余未摊销的账面价值（假设无残值）可在当年企业所得税税前扣除，无需进行额外的资产损失扣除。但如果该资产在第2年年末就出现减值迹象，经测试可收回金额为100万元，那么当年需计提减值准备100（200－100）万元。在计算企业所得税时，这100万元减值准备不能在税前扣除，需进行纳税调增。到第3年年末报废时，实际损失为100万元（账面价值100万元－残值0），在准备好相关证明材料后，可向税务机关申报在税前扣除。

增值税的会计处理：

应税行为判断。若该数据资产的转让被认定为销售无形资产或信息技术服务等应税行为，企业在购买时支付的增值税进项税额若符合抵扣条件，可进行抵扣。假设购买时增值税税率为6%，则进项税额为36（600×6%）万元，已在购买当期抵扣。

报废处理。数据资产使用寿命结束进行报废处理时，由于其已抵扣过进项税额，且不属于不得抵扣进项税额的情形，一般不需要做进项税额转出处理。但如果该数据资产在使用过程中改变用途，用于简易计税方法计税项目、免征增值税项目、集体福利或者个人消费等，其已抵扣的进项税额需要按照规定转出。例如，若有20%的部分用于集体福利，则需转出的进项税额为7.2（36×20%）万元。

【例7－2】甲公司是一家科技企业，2022年1月花费500万元购入一项数据资产，该数据资产法定保护期为10年，但根据行业发展和公司对数据的使用情况预计，其实际使用寿命仅为5年（无残值）。甲公司为增值税一般纳税人，适用的增值税税率为6%。有关增值税处理如下：

1. 购入时

取得增值税专用发票，进项税额可以抵扣。假设购入时增值税税率为6%，则进项税额为30（500×6%）万元。

会计分录为：

借：无形资产——数据资产	5000000	
应交税费——应交增值税（进项税额）	300000	
贷：银行存款		5300000

2. 使用期间

数据资产在使用寿命内摊销，与增值税处理无关。每年摊销额为100（500÷

5）万元。

3. 处置时

假设甲公司在2027年1月将该数据资产以100万元出售，此时该数据资产的账面价值为0（已摊销完毕）。应确认销项税额6（100×6%）万元。

会计分录为：

借：银行存款　　1060000

　　贷：其他业务收入　　1000000

　　　　应交税费——应交增值税（销项税额）　　60000

本例中，数据资产的使用寿命虽然短于法定保护期，但增值税的处理主要依据其实际的交易情况，即购入时抵扣进项税额，销售时计算销项税额，与法定保护期关系不大。不过，如果数据资产用于简易计税项目、免税项目、集体福利或个人消费等，其进项税额需要按照规定进行转出处理。例如，若甲公司将部分数据资产用于公司内部的职工福利系统开发，那么对应部分的进项税额就不能抵扣，需要做转出处理。

数据资产购入时，若取得增值税专用发票，且数据资产用于一般计税项目，其进项税额可以抵扣。

【例7-3】某科技公司开发了一项数据资产（如数据库系统），获得著作权（法定保护期50年）。但公司根据技术迭代速度，预计该数据资产的实际使用寿命仅5年（无残值）。其他有关资料如下：资产成本：1000万元（符合资本化条件）；企业所得税税率为25%。

1. 会计处理（按预计使用寿命5年）

年摊销额：1000÷5=200（万元）。

会计分录：

借：管理费用/研发支出——无形资产摊销　　2000000

　　贷：累计摊销——数据资产　　2000000

数据资产账面价值变化（见表7-3）：

表7-3　数据资产账面价值

年度	累计摊销（万元）	账面净值（万元）
1	200	800
2	400	600

续表

年度	累计摊销（万元）	账面净值（万元）
3	600	400
4	800	200
5	1000	0

2. 税务处理（按法定保护期 50 年）

税法允许年摊销额：1000 ÷ 50 = 20（万元）。

税前扣除规则：会计每年摊销 200 万元，但税法仅允许扣除 20 万元。税会差异每年 180 万元需进行纳税调整。

3. 递延所得税处理

暂时性差异：第 1 年年末，会计账面净值 800 万元，税务计税基础 980（1000 - 20）万元。

可抵扣暂时性差异：980 - 800 = 180（万元）；

递延所得税资产：180 × 25% = 45（万元）。

后续年度：每年新增差异 180 万元，递延所得税资产逐年增加 45 万元。第 5 年会计摊销完毕，税务剩余摊销年限 45 年，递延所得税资产需在后续年度逐步转回。

4. 特殊情形申请加速摊销

若企业能证明该数据资产因技术淘汰（如行业标准变更）导致实际寿命缩短至 3 年。需提交的申请材料包括：技术鉴定报告（证明原数据资产已不适用新技术）；行业趋势分析（如市场替代品出现）；内部决策文件（如停止使用该资产的决议）。经税务机关核准后，可缩短摊销年限至 3 年（与会计一致）。

5. 资产提前处置的税务处理

假设第 3 年年末，数据资产因技术过时被报废。

会计处理：账面净值 400 万元全额转入营业外支出。

借：营业外支出　　4000000

　　累计摊销——数据资产　　6000000

　　贷：数据资产　　10000000

税务处理：税务剩余计税基础：1000 - 20 × 3 = 940（万元）。

资产损失税前扣除：需填报《资产损失税前扣除申报表》，提供资产报废证明，经税务机关审核后扣除 940 万元。

税会差异：会计损失 400 万元，税务损失 940 万元。差额 540 万元需纳税调减。

6. 案例总结

（1）分轨操作，会计按实际寿命（5 年）摊销，税务按法定保护期（50 年）摊销。

（2）差异管理，通过递延所得税平衡税会差异，避免税务风险。

（3）灵活性，若技术淘汰证据充分，可申请加速摊销，须与税务机关充分沟通。

（4）处置合规，提前报废须留存技术过时证明，确保损失扣除合法。

【例 7－4】 甲公司向乙公司转让一项数据资产（如加密算法使用权），合同约定使用期限为 5 年，总价款 300 万元（不含税），分 3 年支付（每年 100 万元）。但该资产的法定著作权保护期为 10 年，实际使用中因技术过时，第 3 年该资产已无法产生经济价值，乙公司终止合同并要求退还第 3 年款项。

1. 增值税的处理：

纳税义务发生时间：根据规定，分期付款的增值税纳税义务时间为合同约定的收款日期。具体操作如下：

甲公司前 2 年每年收到 100 万元时，需每年按 6% 缴纳增值税 6（100 × 6%）万元。第 3 年合同终止，乙公司未支付剩余 100 万元，甲公司无须缴纳该部分增值税。

2. 退款或折让的处理，若乙公司要求退还已支付的部分款项（如已支付 200 万元，要求退 100 万元）。

税务操作：甲公司需开具红字增值税专用发票，冲减第 3 年的销售额 100 万元，并退还对应的增值税 6（100 × 6%）万元。乙公司需转出已抵扣的进项税额 6 万元。

3. 无退款但资产失效的税务影响：

若乙公司未要求退款，但资产提前失效。甲公司已收取的 200 万元仍须按 6% 缴纳增值税 12 万元，不因资产失效调整税款。乙公司可继续抵扣已支付的进项税额，但需评估资产是否属于“非正常损失”（需进项税额转出）。

4. 政策依据：增值税暂行条例实施细则规定，非正常损失的购进货物及服务需进项税额转出。

5. 判断关键：若资产失效属于技术过时（正常商业风险），无须转出进项税额；若因管理不善（如未维护导致损坏），则需转出。

6. 法定保护期剩余价值的潜在税务问题：

假设乙公司在资产失效后，将剩余7年的著作权转售给丙公司。

税务处理：乙公司需按转售价格缴纳增值税（6%税率），因其作为“无形资产”转让方产生新的应税行为。

注意：乙公司需证明其拥有剩余期限的合法处分权（如合同允许转售）。

关键政策依据：销售折让或退回需开具红字发票，冲减当期销项税额；纳税人发生应税行为并收讫款项时，纳税义务发生；非正常损失的进项税额不得抵扣，需做转出处理。

7. 特殊情况与注意事项：

合同条款设计：若合同中约定“使用寿命不足则免费延长服务期”，需区分是否构成新的应税服务（如延长服务期属于“技术服务”，需按6%缴税）。

技术过时与税务争议：企业需留存资产失效的客观证据（如第三方技术评估报告），避免被认定为“虚构折让”逃避税款。

剩余权利的价值利用：若企业将失效资产的剩余著作权用于抵押、投资等，可能涉及视同销售，需按公允价值缴纳增值税。

通过上述案例可知，企业需在会计与税务处理间建立清晰的“双轨制”，同时动态跟踪资产实际使用情况，确保税务合规与成本优化。

二、数据资产的使用寿命长于法定保护期

（一）企业所得税方面

1. 确定计税基础

依据《中华人民共和国企业所得税法实施条例》，外购数据资产以购买价款、支付的相关税费及直接归属于使该资产达到预定用途发生的其他支出为计税基础；自行开发的数据资产，以开发过程中符合资本化条件后至达到预定用途前发生的支出为计税基础；通过捐赠、投资、非货币性资产交换、债务重组等方式取得的数据资产，以该资产的公允价值和支付的相关税费为计税基础。

2. 按法定保护期摊销

《中华人民共和国企业所得税法实施条例》规定无形资产的摊销年限不得低于10年。作为投资或者受让的无形资产，有关法律规定或者合同约定了使用年

限的，可以按照规定或者约定的使用年限分期摊销。因此，若数据资产有法定保护期，即便其实际使用寿命长于法定保护期，在税务处理上通常也可按法定保护期进行摊销。例如，某数据资产法定保护期为10年，企业购买成本为100万元，无残值，每年摊销额为10（100÷10）万元，在计算企业所得税应纳税所得额时，每年可扣除10万元的摊销费用。

3. 后续计量

数据资产后续的跌价准备和减值损失通常不允许税前扣除。但如果数据资产发生了实际的损失，如因技术进步、市场环境变化等原因导致其价值大幅下降且有确凿证据证明，企业可按照相关规定向税务机关申报资产损失扣除。不过，税务机关会对资产损失的真实性、合理性进行严格审核，企业须留存好相关的证明材料，如技术鉴定报告、市场调研报告、资产报废审批文件等。

（二）增值税方面

1. 应税行为判断税率适用

企业需明确数据资产的性质，若被确认为无形资产，出售时可能按照销售无形资产适用6%的税率，也可能按照提供现代服务中信息技术服务适用6%的税率；若符合提供技术转让、技术开发和与之相关的技术咨询、技术服务，还可能适用免税政策。若被确认为存货，出售数据资产应按照销售货物适用13%的税率。

（1）信息技术服务。若企业利用该数据资产为其他企业提供数据处理、分析、咨询等服务，属于信息技术服务范畴，适用6%的增值税税率。例如，企业A拥有一项客户行为数据资产，基于此为企业B提供市场调研分析报告，收取服务费用，应按6%税率计算增值税销项税额。

（2）销售无形资产。若企业将数据资产的所有权或使用权转让给其他方，应按照销售无形资产缴纳增值税，税率为6%。比如，企业C将其拥有的数据资产的使用权授权给企业D，收取授权费用，需按6%税率计算缴纳增值税。

（3）销售软件产品。具有软件形态的数据资产，随同软件销售的数据，按销售软件征13%的增值税。销售自行开发生产的软件产品增值税实际税负超过3%的部分可享受即征即退优惠。

2. 进项税额处理

为开发数据资产而购入机器设备等负担的进项税额，以及外购数据资产负担的进项税额均可抵扣。但如果购入数据资产用于简易计税方法计税项目、免征增值税项目、集体福利或者个人消费等，其进项税额不得从销项税额中抵扣，需按照规定进行转出。

（1）可抵扣进项税额：为开发数据资产而购入的机器设备、软件、办公用品等取得的增值税专用发票上注明的进项税额，以及外购数据资产负担的进项税额，只要用于应税项目，均可抵扣。例如，企业为开发数据资产购买了一台服务器，取得增值税专用发票，发票上注明的进项税额可以在当期进行抵扣。

（2）进项税额转出：若购入数据资产用于简易计税方法计税项目、免征增值税项目、集体福利或者个人消费等，其进项税额不得从销项税额中抵扣，需按照规定进行转出。如企业将部分数据资产用于职工食堂的管理系统，该部分数据资产对应的进项税额应作转出处理。

此外，如果数据资产在使用过程中发生了视同销售的情形，如将数据资产无偿赠送给其他单位或个人，也需要按照规定计算缴纳增值税。

（三）案例分析

【例7－5】 W科技公司自行开发了一项大数据分析模型的数据资产，该数据资产的法定保护期为5年（无残值），但是公司通过对市场需求、技术发展趋势以及自身业务规划的评估，认为该数据资产能够为企业带来经济利益的期限为8年，即其使用寿命长于法定保护期。开发该数据资产过程中，符合资本化条件后至达到预定用途前发生的支出为1000万元。税务处理如下：

1. 企业所得税方面

确定计税基础。根据相关规定，自行开发的无形资产，以开发过程中该资产符合资本化条件后至达到预定用途前发生的支出为计税基础，所以该数据资产的计税基础为1000万元。

按法定保护期摊销。税法规定无形资产的摊销年限不得低于10年，作为投资或者受让的无形资产，有关法律规定或者合同约定了使用年限的，可以按照规定或者约定的使用年限分期摊销。虽然该数据资产实际使用寿命估计为8年，但在税务处理上，通常先按法定保护期5年进行摊销。每年摊销额为200（1000÷5）万元，在计算企业所得税应纳税所得额时，每年可扣除200万元的摊销费用。

后续计量。假设在第5年年末，该数据资产仍能为企业带来经济利益，且没有发生减值迹象。由于税务上按法定保护期 5 年摊销已完毕，而会计上按估计使用寿命 8 年摊销，每年摊销额为 125（1000 ÷ 8）万元，此时会产生税会差异。在第 6—8 年，每年会计上摊销 125 万元，但税务上不再允许扣除摊销费用，企业需在汇算清缴时进行纳税调增 125 万元。如果在使用过程中，数据资产发生了减值，例如在第 7 年，经测试可收回金额为 100 万元，账面价值为 125（1000 - 125 ×7）万元，需计提减值准备 25 万元。但该减值准备在税务上不允许税前扣除，需进行纳税调增。

2. 增值税方面

增值税处理的核心原则是应税行为判定，增值税针对销售行为（如转让数据资产所有权）或服务提供（如许可使用数据资产）征税，与资产使用寿命无关。增值税纳税义务在交易发生时确认，而非按使用寿命分期缴纳。计税依据为以交易价格（含税）为基准，若价格明显偏低且无正当理由，税务机关有权核定销售额。企业购入或自建数据资产时取得的合法增值税进项税额，可按规定抵扣。

应税行为判断。若企业将该数据资产用于对外提供服务，如为其他企业提供数据分析服务并收取费用，应按照提供现代服务中信息技术服务适用 6% 的税率计算缴纳增值税。假设第 6 年企业通过该数据资产提供服务取得收入 106 万元，那么应确认的销项税额为 6［106 ÷ (1 + 6%) × 6%］万元。

进项税额处理。为开发该数据资产而购入的设备、软件等取得的增值税专用发票上注明的进项税额，在符合抵扣条件的情况下，可在购入当期进行抵扣。若在使用过程中，相关设备、软件等发生了用途改变，用于简易计税方法计税项目、免征增值税项目、集体福利或者个人消费等，其已抵扣的进项税额需要按照规定转出。例如，用于开发数据资产的某台设备，原本进项税额已全部抵扣，第 7 年将其用于职工食堂的信息化建设，该设备净值为 20 万元，已抵扣进项税额为 3.4 万元，则需转出的进项税额为 3.4 × (20 ÷ 200) 万元（假设设备原值为 200 万元），即 0.34 万元。

通过本案例可以看出，当数据资产使用寿命长于法定保护期时，企业在税务处理上要注意税会差异的调整，以及增值税应税行为的准确判断和进项税额的合理处理，以确保税务处理的合规性和准确性。

【例 7 - 6】 某企业开发了一项数据资产（如客户行为分析模型），获得专利权（法定保护期 10 年）。但企业基于技术稳定性及市场需求预测，预计该资产的实际使用寿命为15年。

该项资产成本1200万元（符合资本化条件），企业所得税税率25%。

1. 会计处理（按预计使用寿命15年）

年摊销额：1200÷15＝80（万元）。

会计分录：

借：管理费用——数据资产摊销　　800000

　　贷：累计摊销——数据资产　　800000

账面价值变化（前10年示例）如下：

年度	累计摊销（万元）	账面净值（万元）
1	80	1120
2	160	1040
……	……	……
10	800	400

2. 税务处理（按法定保护期10年）

税法允许年摊销额：1200÷10＝120（万元）。

税前扣除规则：会计每年摊销80万元，但税法允许扣除120万元。税会差异每年40万元，需纳税调减（减少当期应纳税所得额）。

3. 递延所得税处理

暂时性差异分析：

第1年年末：会计账面净值1120万元；

税务计税基础1080万元；

应纳税暂时性差异：1120－1080＝40（万元）。

第2年年末：差异累计80万元。

（以此类推，前10年每年差异增加40万元）

递延所得税负债计算：40×25%＝10（万元）。

会计分录（每年确认）：

借：所得税费用——递延所得税费用　　100000

　　贷：递延所得税负债　　100000

差异转回阶段（第11—15年）：税务摊销已结束（计税基础为0），会计继续摊销80万元/年。此时，会计账面净值逐年减少。应纳税暂时性差异逐步减少，递延所得税负债同步转回。

转回分录（每年）：

借：递延所得税负债　　100000

　　贷：所得税费用——递延所得税费用　　100000

4. 资产处置的税务处理

假设企业在第 15 年年末正常报废该数据资产。

会计处理：账面净值已摊销完毕，无处置损益。

税务处理：计税基础已于第 10 年归零，无税务损失或收益。税会无差异，无须调整。

5. 特殊情形

法定保护期后资产仍在使用的情况。若数据资产在法定保护期（10 年）后仍继续使用（如第 11—15 年）。

会计处理：继续按剩余 5 年摊销（80 万元/年）。

税务处理：税务摊销已在第 10 年结束，后续年度无税前扣除。

税会差异：会计费用 80 万元/年需纳税调整，同时转回递延所得税负债。

6. 风险与合规要点

（1）年限选择依据，会计使用寿命需有合理依据（如技术可行性报告、市场预测），避免被质疑调节利润。

（2）差异动态管理，每年复核差异金额，确保递延所得税负债准确反映。

（3）法定保护期届满后，若资产仍产生收益，需关注后续税务成本（如无摊销抵扣，可能增加税负）。

（4）合理依据留存，会计使用寿命需提供技术报告、市场分析等支持文件，避免被认定为调节利润。

（5）沟通备案，若需延长税务摊销年限（如合同约定），须提前与税务机关沟通并备案。

7. 案例总结

双轨制核心：会计按实际寿命（15 年）摊销，税务按法定保护期（10 年）摊销。

差异处理：前 10 年产生应纳税暂时性差异，确认递延所得税负债；后 5 年差异逐步转回。

优化建议：若法定保护期较短但资产长期使用，可通过合同约定延长税务摊销年限（需符合税法要求）。

通过分轨处理与递延所得税管理，企业可在合规前提下平衡税负与财务成本，避免税务争议。

8. 优化建议

（1）合同约定延长摊销，在法定保护期届满前，通过签订长期使用合同，争取按合同期限作为税务摊销年限。

（2）利用加速折旧政策，若符合税法特殊行业政策（如高科技企业），可申请加速摊销降低前期税负。

（3）定期评估资产价值：若发现资产减值，会计上计提减值准备，但需注意税务损失需待处置时确认。

9. 示例

年度	会计摊销（万元）	税务摊销（万元）	税会差异（万元）	递延所得税负债（万元）
1	80	120	-40（调减）	+10
2	80	120	-40	+10（累计20）
……	……	……	……	……
10	80	120	-40	+10（累计100）
11	80	0	+80（调增）	-20（剩余80）
……	……	……	……	……
15	80	0	+80	0（全部转回）

通过以上处理，企业可在遵守税法的前提下，合理反映资产经济价值，避免税务争议。

【例7-7】F企业开发了一项数据资产（如用户画像数据库），获得著作权（法定保护期50年），但预计实际使用寿命为60年。企业将该数据资产以独占许可方式授权给客户使用，合同约定：许可期限60年（覆盖法定保护期及后续10年），许可费1060万元（含税），税率6%，成本600万元（含进项税额36万元）。增值税处理如下：

1. 许可行为（合同签订时）纳税义务时点

增值税在书面合同约定的付款日期或实际收到款项时产生（以孰早为准）。若合同约定分期付款，按分期确认纳税义务。

销项税额计算：含税许可费1060万元，税率6%；

不含税销售额：1060 ÷ (1 + 6%) = 1000（万元）；

销项税额：1060 − 1000 = 60（万元）。

发票开具：按全额 1000 万元开具增值税专用发票，税率 6%。

2. 进项税额抵扣

企业开发数据资产时，若取得合规进项发票（如外包研发费用、技术服务费），进项税额 36 万元可全额抵扣。抵扣规则，进项税额在认证通过后一次性抵扣，与资产使用寿命无关。若企业同时从事免税项目，需按比例分摊进项税额。

3. 法定保护期届满后的处理

情形 1：许可期覆盖保护期及后续使用期，合同约定许可期为 60 年（含 50 年法定保护期 + 10 年超期使用），企业已全额收取费用并缴纳增值税。结论：增值税纳税义务在合同签订时已全部完成，后续超期使用无须额外缴纳增值税。

情形 2：保护期届满后新增许可或销售，若企业在法定保护期（50 年）结束后，将数据资产再次许可或转让给第三方时，需按新交易价格缴纳增值税（税率 6%）。

价格核定风险：若以低价转让（因无法律保护），税务机关可能按公允价值核定销售额。

【例 7 − 8】 甲公司向乙公司转让一项数据资产（如数据库使用权），合同约定使用期限为 60 年，而该数据资产的法定著作权保护期为 50 年。合同总价款为 1000 万元（不含税），分 10 年支付，每年支付 100 万元。增值税处理如下：

1. 纳税义务发生时间。根据规定，增值税纳税义务发生时间为合同约定的付款日期（若分期付款）。具体操作：甲公司每年收到乙公司支付的 100 万元时，需按 6% 税率申报缴纳增值税 6（100 × 6%）万元。

2. 法定保护期结束后的处理。在第 50 年，数据资产的著作权进入公共领域，乙公司可无偿使用该资产。

3. 税务影响。甲公司已按合同约定在前 10 年完成全部价款的增值税申报，后续无须因保护期结束而调整税款。乙公司在第 50 年后继续使用该资产，不涉及对甲公司的增值税义务（因所有权或使用权已转移完毕）。

4. 特殊情况。后续收入分成，若合同约定乙公司在保护期结束后仍须按收入分成支付费用（如数据资产在第 50 年后产生收益的 5% 归甲公司），则分成收入需按“销售无形资产”缴纳增值税（税率 6%），因属于新的应税行为。

5. 关键政策依据。销售无形资产（包括数据资产）按6%税率缴纳增值税。分期付款的，纳税义务发生时间为书面合同约定的收款日期；增值税为流转税，仅对“交易环节”征税，与资产后续使用寿命无关。

6. 注意事项：

合同条款设计：若涉及保护期外的分成或服务，需明确应税行为性质（如属于销售、租赁还是技术服务），避免税务争议。

税务合规性：法定保护期结束后，若原销售方继续收取费用（如维护费），须按“现代服务”缴纳增值税（税率6%），而非无形资产销售。

7. 案例结论：

若乙公司终止合同并获退款100万元，甲公司冲减销项税额6万元，乙公司转出进项税额6万元。若乙公司未退款但资产报废，且属于正常损耗，甲公司不调整税款，乙公司无须转出进项税额。

三、当数据资产使用寿命超过法定保护期时，与数据资产相关的增值税特殊情况的处理

当数据资产使用寿命超过法定保护期时与数据资产相关的增值税的处理核心在于交易发生时点的完税，后续保护期结束不追溯调整已缴税款。若保护期外产生新的应税行为（如分成、服务），需按新业务独立申报增值税。当数据资产的使用寿命短于法定保护期时，增值税的处理需关注交易完成后的调整事项（如资产提前失效、合同终止或补偿），并结合税法对“销售行为”进行界定。

（一）处理的核心原则

1. 增值税纳税义务的确定性

以交易完成时的合同金额为计税基础，即使资产后续提前失效，一般也不影响已缴纳的税款（除非发生销售退回或折让）。

2. 提前失效的调整

若因资产失效导致合同终止或退款，需通过红字发票冲减销项税额；若无退款，则税款维持不变。

3. 法定保护期剩余价值

资产虽失效，但法定保护期未届满，若继续使用剩余权利（如转售、重

组)，可能触发新的增值税义务。

(二) 风险提示与合规要点

1. 价格公允性

超过法定保护期后，数据资产价值可能下降，但交易价格需符合市场公允价值，否则面临税务机关调整风险。例如，若企业以100万元将已过保护期的数据资产转让给关联方，税务机关可按第三方评估价（如500万元）核定销售额。

2. 合同拆分风险

若企业将60年许可合同拆分为“50年保护期内许可 + 10年保护期外续约”，可能被认定为人为避税，需按整体交易纳税。

3. 进项税额转出

若数据资产后续用于免税项目或非增值税应税项目，须按比例转出已抵扣进项税额。

四、数据资产财务核算增值税与企业所得税的区别

增值税关注交易时点的流转额，与资产使用寿命无关；企业所得税需按使用寿命与法定保护期的差异调整摊销，操作核心如下：

(1) 交易时点：按合同约定或收款时点确认纳税义务，避免延迟纳税风险。

(2) 价格合理：超保护期后的交易须符合市场定价，留存第三方评估报告等证据。

(3) 进项税额管理：及时抵扣合规进项税额，避免因用途变更导致转出风险。

(4) 合规建议：长期许可合同需明确约定付款周期，分期确认纳税义务；超保护期交易建议单独签订合同，并附技术残值评估说明。

通过以上处理，企业可在增值税层面实现合规管理，避免因“使用寿命长于法定保护期”引发的税务争议。

数据资产的税务处理在我国还处于不断探索和完善的阶段，企业在进行相关税务处理时，应密切关注国家税收政策的变化，与税务机关保持良好的沟通，确保税务处理的合规性。

第五节　与投资相关的数据资产的财务核算

在财务核算中，数据资产的价值计量目前尚未有统一的会计准则，但可参考无形资产、投资性资产等相关规定，结合权益法和成本法的逻辑进行分析。以下从两种方法的适用场景、核算要点及难点展开说明。

一、权益法

权益法通常适用于投资方对被投资单位具有共同控制或重大影响的长期股权投资，其核心是按持股比例反映被投资单位净资产的变动。若将数据资产类比为“投资性资产”（如企业通过投资获取的数据权益），可参考以下逻辑。

（一）权益法的适用范围

1. 数据合资或合作：企业与其他方共同投资开发数据资产（如联合建设行业数据库），按持股比例享有数据权益。

2. 数据资产入股：一方以数据资产出资入股，另一方以货币或其他资产出资，形成合资企业，投资方按权益法核算数据资产价值。

3. 数据权益收购：企业收购其他主体的数据资产权益（如数据使用权、收益权），且对数据提供方具有重大影响。

4. 投资方对被投资企业（持有数据资产）具有重大影响（通常持股20%—50%）。

5. 被投资企业的核心价值来源于数据资产（如数据分析平台、数据交易平台、用户数据库、交易数据、算法模型等），且该数据资产对投资方的未来收益有显著贡献。

（二）核算要点

1. 初始投资分录

借：长期股权投资——数据资产投资（成本）

　　贷：银行存款

2. 被投资方数据资产增值时（按持股比例）

借：长期股权投资——损益调整

　　贷：投资收益

3. 被投资方数据资产减值或亏损时

借：投资收益

　　贷：长期股权投资——损益调整

（三）案例分析

【例 7－9】 D 公司投资 E 公司拥有其 30% 股权（具有重大影响），E 公司的核心资产为某用户数据库，公允价值为 1000 万元。

（1）D 公司初始计量时：

数据资产权益价值＝1000×30%＝300（万元）。

会计分录：

借：长期股权投资——E 公司（数据资产权益）　　3000000

　　贷：银行存款　　3000000

（2）后续调整时：

若 E 公司数据库公允价值升至 1500 万元，D 公司按 30% 确认增值：

增值部分＝(1500－1000)×30%＝150（万元）。

借：长期股权投资　　1500000

　　贷：投资收益　　1500000

【例 7－10】 假设 M 公司以货币资金投资获取 N 公司数据资产的 30% 权益，且具有重大影响，其有关事项如下：

1. 初始计量

投资成本：按实际支付的对价（如现金、股权）作为初始入账价值。

M 公司出资 1000 万元，获取 N 公司用户行为数据的 30% 收益权，且能参与数据应用决策，则其初始入账价值为 1000 万元。

2. 后续计量：按权益变动调整账面价值

若 N 公司通过数据治理提升数据质量或扩大数据规模，其数据资产估值从 5000 万元增至 6000 万元，M 公司应按 30% 比例确认增值收益：

调整金额＝(6000－5000)×30%＝300（万元）。

会计分录：

借：长期股权投资——数据资产（损益调整）　　3000000

　　贷：投资收益　　3000000

3. 数据资产减值

若数据因合规问题或技术过时贬值，M 公司需按比例确认减值损失。

若数据估值降至 4000 万元，M 公司应确认 300[（5000－4000）×30%］万元减值：

借：资产减值损失——数据资产减值损失　　3000000

　　贷：长期股权投资减值准备　　3000000

4. 数据收益分配

若 N 公司通过数据变现获得收益（如出售数据服务），M 公司按比例确认投资收益。

若 N 公司数据业务净利润为 500 万元，则 M 公司确认 150（500×30%）万元收益：

借：长期股权投资——数据资产（损益调整）　　1500000

　　贷：投资收益　　1500000

（四）权益法核算特殊问题与注意事项

1. 需符合会计准则对“资产”的定义（如 IAS 38 无形资产或 CAS 6 无形资产）。

2. 可辨认性：能与其他资产分离并单独交易。

3. 经济利益：预计未来能为企业带来收益；成本能够可靠计量。

4. 合作开发中的权益分配争议：若合作方投入资源难以量化（如技术数据资源），需在协议中明确权益分配依据，避免后续争议。

（五）关键总结

1. 权益法的本质：按比例确认被投资方净资产的变动，而非单纯持股比例对应的投资成本。

2. 数据资产的独特性：需关注其可计量性、可辨认性及后续价值波动风险。

3. 合规性要求：严格遵循会计准则（如 IFRS 或 CAS），必要时可依赖专业评估机构。

数据资产初始计量的“权益法”实质是按权益比例分摊成本或公允价值，需结合合作协议及会计准则处理，强调比例确认与后续调整。数据资产的估值和权益分配可能涉及法律和技术复杂性，建议在协议中明确数据所有权、使用权及收益分配条款，并咨询注册会计师或律师。

二、成本法

成本法通常适用于无重大影响的被动投资，其核心是按初始成本计量，不随被投资单位权益变动调整。

（一）成本法核算适用场景

1. 投资方对被投资企业无控制、无重大影响（通常持股 <20%）。
2. 数据资产作为被投资企业的普通资产存在，不单独核算。

（二）核算要点

1. 初始计量按投资成本入账

借：长期股权投资——数据资产投资（成本）

　　贷：银行存款

2. 被投资方分红时

借：应收股利

　　贷：投资收益

3. 减值处理（如数据资产严重贬值）

借：资产减值损失

　　贷：长期股权投资减值准备

三、关键注意事项

（一）数据资产的特殊性

若被投资方的核心资产为数据，需单独评估其公允价值（如数据交易价格、客户合同现金流）。权益法下需关注数据资产的摊销与减值对被投资方净利润的影响。

（二）会计准则差异

IFRS：允许对数据资产单独估值并调整权益法账面价值。GAAP：严格限制数据资产的资本化条件，可能要求成本法下加速减值测试。

（三）税务处理

权益法确认的未实现收益可能产生递延所得税负债。成本法下分红收益可能享受免税政策（如中国居民企业间股息免税）。

四、权益法与成本法比较示例

【例7－11】企业E投资2000万元持有数据科技公司F 25%股权，科技公司F的核心资产为医疗数据分析平台。科技公司F的年度净利润为800万元，其中，数据资产贡献600万元，年末宣告分红200万元。

（一）权益法核算

1. 企业E按比例确认数据资产收益：600×25%＝150（万元）。

借：长期股权投资——损益调整　　1500000

　　贷：投资收益　　1500000

2. 收到分红款：200×25%＝50（万元）。

借：银行存款　　500000

　　贷：长期股权投资——损益调整　　500000

（二）成本法核算（假设持股10%）

确认分红收益：200×10%＝20（万元）。

借：应收股利　　200000

　　贷：投资收益　　200000

收到分红时：

借：银行存款　　200000

　　贷：应收股利　　200000

权益法更适用于深度参与数据资产运营的投资，需动态跟踪数据价值变化；

成本法则适合被动投资，简化核算但可能低估数据资产潜在价值。

企业应根据投资目的、持股比例及数据资产战略价值选择合适的核算方法，并遵循会计准则披露要求，确保财务信息真实反映数据资产的经济实质。

五、权益法与成本法的对比（见表7-4）

表7-4　　权益法与成本法的对比

维度	权益法	成本法
适用场景	数据合资、权益性投资（重大影响），持股20%—50%	持股<20%（无重大影响）
计量核心	按持股比例反映被投资数据资产的权益变动	按初始成本计量，后续摊销/减值
关键假设	数据资产价值可通过权益变动可靠计量	数据资产成本可准确归集，经济寿命可预测
风险点	估值主观性强、权益法律界定不明确	成本归集模糊、摊销政策存争议
价值调整	按比例反映被投资方数据资产价值变动	仅分红时确认收益，不调整账面价值
损益确认	定期确认投资收益（无论是否分红）	仅在分红时确认收益
减值测试	需定期评估数据资产价值并调整	仅当明显贬值时计提减值
信息披露	需披露被投资方数据资产详情及收益占比	仅需披露投资成本及分红情况

数据资产的财务核算本质是将数据的经济价值转化为会计语言，需结合企业实际业务模式、政策导向及技术能力逐步探索。短期内，建议企业建立数据资产台账，分阶段记录采集、加工、应用成本，为未来入表做好准备；长期来看，需推动行业标准与会计准则的完善，实现数据资产从“表外资源”到“表内资产”的跨越。

第六节　与筹资相关的数据资产的财务核算

数据资产在筹资活动中的财务核算涉及权益法与成本法，二者在核算逻辑、适用范围及会计处理上存在显著差异。

以下结合具体场景，通过案例详细说明与筹资相关的数据资产在不同核算方法下的财务处理，涵盖权益法和成本法的应用场景、初始计量、后续计量及处置等环节。

一、数据资产作为长期股权投资的权益法核算案例

战略投资与数据资产合作开发：

【例7－12】2024年1月，A公司以现金1200万元购入B公司40%股权，对B公司具有重大影响。B公司可辨认净资产公允价值为3000万元，其中核心数据资产（用户行为数据）公允价值为800万元（账面价值500万元）。A公司计划通过该投资与B公司共同开发数据驱动的营销平台。

1. 初始计量会计处理

A公司应享有B公司可辨认净资产公允价值份额1200（3000×40%）万元，与初始投资成本相等，无须调整账面价值。

借：长期股权投资——数据资产（成本）　　12000000

　　贷：银行存款　　12000000

2. 后续计量：数据资产应用产生收益

2024年12月，B公司因数据资产商业化实现净利润500万元，A公司按持股比例确认投资收益200（500×40%）万元。

借：长期股权投资——数据资产（损益调整）　　2000000

　　贷：投资收益　　2000000

数据资产股权质押融资：

2025年1月，甲公司以持有的乙公司股权（含数据资产权益）作为质押物，向银行融资800万元。该长期股权投资账面价值为1400（1200＋200）万元，银行按账面价值的60%核定融资金额。

借：银行存款　　8000000

　　贷：长期借款　　8000000

（注：质押不涉及资产账面价值变动，仅需在报表附注中披露质押情况。）

二、数据资产单独购入的成本法核算案例

【例7－13】2024年3月，丙公司以600万元购入丁公司一项客户数据资产（用于短期转售），同时购入丁公司15%股权（无重大影响），支付价款400万元。

1. 初始计量会计处理

数据资产按成本入账，股权按金融资产（交易性金融资产）核算：

借：数据资产　　6000000

　　交易性金融资产——丁公司股权　　4000000

　　贷：银行存款　　10000000

2. 后续计量：数据资产减值与股权分红

2024 年 9 月，因市场数据更新，该数据资产可收回金额降至 500 万元，应计提减值准备 100 万元：

借：资产减值损失　　1000000

　　贷：数据资产减值准备　　1000000

2024 年 12 月，丁公司分配现金股利 100 万元，丙公司按 15% 比例确认收益：

借：应收股利　　150000

　　贷：投资收益　　150000

3. 筹资场景延伸：数据资产处置与融资

2025 年 1 月，丙公司以 550 万元出售该数据资产，并将丁公司股权以 420 万元转让，用于偿还短期借款 500 万元：

数据资产处置时：

借：银行存款　　5500000

　　数据资产减值准备　　1000000

　　贷：数据资产　　6000000

　　　　投资收益　　500000

股权处置时：

借：银行存款　　4200000

　　贷：交易性金融资产——丁公司股权　　4000000

　　　　投资收益　　200000

偿还借款时：

借：短期借款　　5000000

　　贷：银行存款　　5000000

三、数据资产作为出资物的特殊核算案例

【例 7－14】 2024 年 5 月，戊公司以一项自主开发的数据资产（账面价值 400 万元，评估公允价值 600 万元）与己公司共同设立庚公司，戊公司持股 30%，对庚公司有重大影响。

1. 出资时的会计处理

戊公司按公允价值确认长期股权投资，并结转数据资产账面价值，差额计入当期损益：

借：长期股权投资——庚公司（成本）　6000000
　贷：数据资产　4000000
　　资产处置损益　2000000

2. 合资公司筹资活动中的数据资产核算

庚公司收到数据资产投资后，按公允价值入账：

借：数据资产　6000000
　贷：实收资本——戊公司　6000000

2024 年 12 月，庚公司以该数据资产作为底层资产，发行资产支持证券（ABS）融资 800 万元，数据资产账面价值保持 600 万元不变，融资记入“应付债券”科目：

借：银行存款　8000000
　贷：应付债券——面值　8000000

四、不同核算方法在筹资中的关键差异对比（见表 7－5）

表 7－5　权益法与成本法的对比

核算维度	权益法（战略投资场景）	成本法（短期投资/单独持有场景）
数据资产价值与筹资的关联	随被投资单位经营成果变动，融资额度与权益账面价值挂钩	按历史成本或减值后价值计量，融资需依赖评估
出资/质押的会计处理	按权益份额调整账面价值，需披露被投资单位财务状况	单独作为资产处置或质押，不涉及被投资单位权益变动
税务影响	处置时“投资收益”可能产生所得税，减值不可税前扣除	处置损益直接计入当期利润，符合条件的减值可税前扣除

五、筹资活动中数据资产核算的核心要点

（1）权益法：重点关注被投资单位数据资产对经营成果的影响，适用于长期合作且需通过股权参与数据资产开发的筹资场景（如合资、战略投资）。

（2）成本法：以数据资产自身成本及减值为核心，适用于数据资产单独交易、短期投资或作为独立资产融资的场景（如数据资产质押、出售）。

（3）特殊场景：当数据资产作为出资物或底层资产发行证券时，需结合金融工具准则，确保会计处理与筹资目的一致。

通过上述案例可知，数据资产的财务核算方法直接影响其在筹资活动中的价值体现，企业需根据投资目的、持股比例及数据资产用途选择合适的核算方式，以准确反映资产价值与筹资能力的关联。

第八章

数据资产的分类管理及明细核算

第一节　数据资产的分类管理

数据资产分类管理是指按照数据的属性、用途、价值、安全等级等维度，对组织内的数据资产进行系统化分类，以便于高效管理、保护和利用数据的过程。其核心目标是提升数据可用性、安全性和合规性，支撑业务决策与创新。

一、数据资产分类管理的核心维度

数据分类需结合组织业务特性和管理需求，常见分类维度包括：

（一）按数据来源划分

1. 内部数据：来自组织内部业务系统的数据，如客户信息、交易记录、生产数据、财务数据等。

2. 外部数据：通过合作、购买或公开渠道获取的数据，如行业报告、市场舆情、第三方统计数据等。

（二）按数据内容/业务领域划分

1. 客户数据：用户姓名、联系方式、行为轨迹、偏好等。

2. 运营数据：生产流程数据、供应链数据、物流数据等。

3. 财务数据：收支记录、预算数据、税务信息等。

4. 产品数据：产品规格、研发文档、专利数据等。

5. 营销数据：广告投放记录、市场活动数据、用户反馈等。

（三）按数据结构划分

1. 结构化数据：格式规范、可直接用数据库存储的数据，如表格、日志等。

2. 半结构化数据：有一定模式但结构不固定的数据，如 XML、JSON 文件、邮件等。

3. 非结构化数据：无固定格式的数据，如文档、图片、视频、音频等。

（四）按数据敏感程度/安全等级划分

1. 公开数据：可对外公开传播的数据，如公司简介、公开财报摘要。

2. 内部数据：仅限组织内部使用的数据，如员工培训资料、未公开的业务计划。

3. 敏感数据：涉及隐私或合规风险的数据，需严格管控，如客户身份证号、医疗记录、金融交易信息。

4. 机密数据：核心商业秘密或国家安全相关数据，如技术专利、战略规划、政府涉密信息。

（五）按数据价值/应用场景划分

1. 高价值数据：直接驱动业务增长或决策的数据，如用户精准画像、核心技术数据。

2. 中低价值数据：支持性数据，如常规运营日志、历史备份数据。

3. 归档数据：长期保存但极少使用的数据，如过期合同、旧版本文件。

二、数据资产分类目标与范围

（1）确定管理目标：如满足合规要求（如 GDPR、《中华人民共和国数据安全法》）、提升数据检索效率、优化数据存储成本等。

（2）界定数据范围：覆盖组织内所有业务系统、部门及分支机构的数据资产。

三、数据资产分类标准与标签体系

（1）结合业务需求和合规要求，设计分层分类框架（如一级分类→二级分类→标签）。一级分类：客户数据；二级分类：基础信息、交易记录、行为数据；标签：姓名、手机号、消费金额、浏览轨迹。

（2）为每个分类定义清晰的标识、描述和管理规则（如访问权限、存储期限、加密要求）。

四、数据资产盘点与分类标注

（1）通过数据治理工具或人工梳理，盘点现有数据资产，建立数据目录。

（2）为每条数据标注分类标签，确保分类准确（可借助自动化工具如数据分类引擎辅助）。

五、管理机制与流程

（1）权限管理：按数据敏感等级分配访问权限，如敏感数据需双人审批、定期审计。

（2）生命周期管理：定义不同类别数据的创建、存储、使用、归档、销毁流程。

（3）安全防护：对高敏感数据实施加密、脱敏处理，部署数据防泄露（DLP）系统。

（4）合规审查：定期检查分类是否符合法规要求，如个人信息保护、行业监管规定。

六、技术工具支撑

（1）采用数据治理平台（如 IBM InfoSphere、阿里云 DataWorks）实现分类自动化、数据目录可视化。将分类标签嵌入数据中台/湖仓系统，实现：

①权限自动绑定：当数据被标注为“敏感数据”时，系统自动限制其导出权限，并触发访问审批流程。

②血缘追踪：通过分类标签追踪数据流动，例如：“客户敏感数据”从业务系统同步至分析平台时，自动携带分类标签，确保下游应用合规。

③风险预警：对跨分类的数据操作（如将“机密数据”误移至“公开数据”

存储区）实时告警，提示管理员修正。

（2）利用 AI 技术［如自然语言处理（NLP）］对非结构化数据自动分类标注。

（3）自动化分类工具选型：

①数据发现与扫描：通过正则表达式（如匹配身份证号、银行卡号）、关键词识别（如“密码”“病历”）、机器学习算法（如文本分类模型）自动识别敏感数据。

②元数据关联：同步数据库表结构、文件元数据（如 Excel 表头），自动匹配分类规则。例如：含“phone_number”字段的表自动归类为“客户联系信息—内部数据”。

③增量分类：对新接入数据（如 API 实时流数据）实时分类，避免历史数据积压。

（4）分类结果的可视化应用

构建数据资产地图，以分类为维度展示数据分布，例如，按业务线统计各分类数据量（如“研发数据”占比 20%，“运营数据”占比 50%）。标注高价值分类（如“核心技术专利数据”）的存储位置、责任人及安全等级，辅助管理层进行数据投资方向决策。

（5）分类标准落地工具

开发数据分类字典：以可视化界面展示分类层级、标签定义及示例，供员工查询（如：“客户身份证号”属于“客户数据—个人敏感信息—机密数据”）。

七、培训与持续优化

（1）对员工进行分类标准培训，提升数据安全意识。

（2）定期评估分类体系的有效性，根据业务变化调整分类维度和规则。

八、数据资产分类管理的价值

（1）提升数据利用效率：通过分类快速定位所需数据，减少数据搜索成本。

（2）强化数据安全：针对不同敏感等级数据实施差异化防护，降低泄露风险。

（3）满足合规要求：帮助组织履行数据安全与隐私保护义务，避免法律风险。

（4）驱动数据资产化：清晰的分类为数据定价、交易、共享奠定基础，释放数据商业价值。

九、数据资产分类管理典型应用场景

（1）金融行业：将客户账户信息、交易记录划分为敏感数据，严格限制访问权限，符合《个人金融信息保护技术规范》。

（2）医疗行业：区分患者病历（敏感数据）与科研匿名数据，前者需加密存储，后者可用于医学研究。

（3）制造业：将生产工艺数据、设备运行日志分类管理，高价值工艺数据加密保护，历史日归档存储以降低成本。

十、挑战与应对策略

挑战1：数据量大且分散，分类工作量大。应对：结合自动化工具（如数据分类引擎）与人工审核，优先对高价值/高敏感数据进行分类。

挑战2：业务变化导致分类标准需动态调整。应对：建立柔性分类体系，定期复盘并更新分类规则。

挑战3：跨部门协作难，数据归属不明确。应对：明确数据owner职责，通过数据治理委员会协调跨部门需求。

十一、数据资产分类及应用场景（见表8－1）

表8－1　数据资产分类及应用场景

分类维度	典型分类项	应用场景
业务属性	客户数据、财务数据、生产数据、营销数据等	用于业务部门快速定位数据资产，如营销团队可直接检索“营销数据—广告投放效果数据”
敏感等级	公开数据、内部数据、敏感数据、机密数据（可参考等保2.0或行业标准细化）	决定数据访问权限与安全防护措施，如“机密数据”须物理隔离存储，“敏感数据”须加密传输

续表

分类维度	典型分类项	应用场景
技术特征	结构化数据（数据库表）、非结构化数据（文档、图片）、半结构化数据（JSON 日志）	指导数据存储与处理技术选型，如非结构化数据可采用分布式文件系统（HDFS）存储并建立元数据索引

十二、分级分类示例（以制造业为例）

一级分类：生产数据；二级分类：设备运行数据；三级分类：传感器实时数据（结构化）、设备维修记录（非结构化）。

标签：　- 敏感等级：内部数据

- 生命周期阶段：生产中

- 存储期限：实时数据保留 30 天，历史数据归档 5 年

标签扩展：增加“数据来源”标签（如自有系统、第三方采购、用户生成），用于追溯数据合规性。

标注“数据质量”标签（如完整度、准确性评分），辅助数据应用决策（如高质量数据优先用于分析建模）。

通过科学的数据资产分类管理，企业可实现数据从“无序”到“有序”的转变，使其成为驱动数字化转型的核心生产力。

第二节　数据的安全和隐私

在企业内实施数据资产分类管理时，保障数据安全和隐私需要结合分类结果制定差异化防护策略，同时融入合规框架和技术手段。以下是具体方法和实施路径：

一、基于分类的差异化安全策略

根据数据敏感等级（如公开、内部、敏感、机密）和业务属性，制定分层防护规则，实现“分类分级 + 精准防护”。

（一）数据分类及安全防护（见表 8 – 2）

表 8 – 2　　数据分类及安全防护

数据分类	安全防护重点	技术/管理手段
公开数据	防止误判为敏感数据导致过度限制	①开放访问权限，仅需基础审计； ②定期扫描确保无敏感信息混入（如误公开的内部文档）
内部数据	限制非授权内部访问	①基于角色访问控制（RBAC），仅允许相关部门/岗位访问； ②操作日志全量留存，定期审计异常访问行为
敏感数据	隐私保护与合规性（如 GDPR 等）	①强制加密存储（静态加密 + 传输加密）； ②访问需双人审批 + 生物特征认证； ③数据使用前进行脱敏（如掩码、泛化）
机密数据	防止泄露与恶意攻击	①隔离存储（如物理隔离服务器或专用加密数据库）； ②最小化访问原则，仅限核心团队使用； ③部署动态数据防泄露（DLP）系统，实时拦截异常传输

（二）业务场景化防护

1. 客户数据：对用户身份证号、银行卡号等敏感字段实施字段级脱敏，仅在支付、风控等必要场景解密使用。采用隐私计算技术（如联邦学习），在不泄露原始数据的前提下完成建模分析。

2. 财务数据：限制导出权限，如需对外提供（如审计），需通过沙箱环境提供脱敏副本。定期进行数据资产血缘分析，追踪数据流动路径，防止未授权共享。

3. 研发数据：对专利文档、核心算法代码实施代码级权限控制，结合版本管理系统（如 Git）限制修改权限。使用数据水印技术，在文档中嵌入不可见标识，泄露后可追溯源头。

二、全生命周期隐私保护机制

数据资产的隐私保护从数据创建、存储、使用到销毁，结合分类结果实施全链条管控。

（一）数据创建与采集

1. 分类前置：在数据采集阶段明确分类标签，如用户注册时标注“个人敏感信息”。

2. 最小化原则：仅采集业务必需数据，避免过度收集（如仅存储必要的联系方式，而非全部社交账号）。

（二）数据存储与传输

1. 存储加密：敏感/机密数据使用 AES－256 等高强度加密算法，加密密钥与数据分离存储［如密钥管理系统（KMS）］。按分类分区存储，如将公开数据存于公有云，敏感数据存于私有化加密集群。

2. 传输安全：跨网络传输时强制使用 TLS 1.3 协议，敏感数据传输须额外校验接收方身份（如动态令牌）。

（三）数据使用与共享

1. 访问控制：采用零信任架构（Zero Trust），每次访问均验证用户身份与设备安全状态（如终端是否安装杀毒软件）。对高敏感数据启用“申请—审批—审计”流程，审批时需关联数据分类标签（如“机密数据”须高管审批）。

2. 合规共享：对外共享数据前，通过数据分类判断是否需脱敏或匿名化处理。例如，向第三方提供用户画像时，需去除姓名、地址等直接标识符。使用数据沙箱（Data Sandbox）隔离计算环境，确保共享数据不可被提取或反向解析。

（四）数据归档与销毁

1. 按分类设定存储期限：如公开数据可长期保存，敏感数据在业务结束后按法规要求销毁（如《中华人民共和国个人信息保护法》规定的“最小必要”期限）。

2. 销毁验证：对机密数据采用物理销毁（如硬盘粉碎）或多次覆写技术，确保不可恢复，并留存销毁记录供审计。

三、技术工具与合规体系协同

（一）技术工具落地分类策略

1. 数据分类引擎：通过 AI 算法自动识别敏感数据（如正则表达式匹配身份证号、NLP 分析文档内容），批量标注分类标签，降低人工成本。

2. 权限管理平台：与数据分类目录联动，自动为不同类别数据分配预设权限。例如，当数据被标注为“敏感数据”时，系统自动禁止其导出至外部存储设备。

3. 隐私计算平台：支持在分类后的敏感数据上进行安全建模，如，使用联邦学习训练模型时，各参与方仅共享模型参数更新，不暴露原始数据。

（二）合规框架融入分类管理

1. 法律对标：将数据分类与法规要求绑定，例如：《中华人民共和国数据安全法》将数据分为“一般数据、重要数据、核心数据”，分类时需将业务中的高敏感数据映射至“重要数据”或“核心数据”，实施更严格保护。欧盟 GDPR 要求对“特殊类别个人数据”（如种族、健康数据）单独分类，并禁止跨境传输（除非通过充分性认定地区）。

2. 合规审计：定期开展分类合规性检查，例如，核查敏感数据是否按法规要求进行了加密和访问控制。建立数据泄露应急响应流程，按分类等级设定响应级别（如机密数据泄露需在 1 小时内上报监管机构）。

四、组织保障与文化建设

（一）明确权责体系

1. 设立“数据安全官”（DSO）或“隐私保护官”（DPO），统筹分类后的安全策略执行。

2. 定义数据 owner 角色：每个分类数据的责任人需确保所属数据的分类准确性和防护措施落地（如业务部门负责人对客户数据的合规性负责）。

（二）培训与意识提升

1. 定期开展分类与安全培训，例如，案例教学：通过模拟数据泄露事件，演示不同分类数据的防护差异（如公开数据泄露影响较小，而机密数据泄露可能导致业务中断）。实操演练：培训员工如何使用分类标签检索数据、申请敏感数据访问权限。

2. 建立激励机制：对严格遵守分类安全规则的部门或个人给予奖励，对违规行为（如将敏感数据误标为公开数据）进行问责。

五、持续优化与风险监测

（一）动态分类调整

1. 当业务场景变化（如新增产品线、并购新公司）时，重新评估数据分类，更新标签和防护策略。

2. 利用数据安全态势感知平台，实时监测分类数据的访问异常（如短时间内大量下载敏感数据），触发自动告警。

（二）模拟攻击测试

1. 定期对分类后的防护措施进行渗透测试，例如：模拟黑客攻击机密数据存储服务器，验证加密和访问控制是否有效。

2. 测试员工误操作场景（如将敏感邮件误发外部），验证 DLP 系统是否能拦截。

六、分类与安全的闭环管理

数据资产分类是安全防护的基础，安全措施则是分类价值的保障。通过“分类定标→技术落地→流程固化→文化渗透”的闭环，企业可实现：

（1）精准防护：避免“一刀切”导致的资源浪费（如对公开数据过度加密）或防护不足（如敏感数据与内部数据混管）。

（2）合规先行：将法规要求转化为可执行的分类规则，降低法律风险。

（3）效率与安全平衡：通过分类明确数据使用边界，在保障安全的前提下释放数据价值（如允许匿名化后的敏感数据用于创新业务）。

（4）数据资产分类管理不是一次性工程，而是通过“规划—分类—应用—优化”的循环，来实现：

①风险可控：通过敏感等级分类隔离数据泄露风险，确保合规底线。

②效率提升：业务人员可快速定位所需数据（如通过分类标签检索“近3年客户投诉数据”），减少数据查找时间成本。

③价值释放：对“高价值低敏感数据”（如匿名化用户行为数据）开放分析权限，驱动业务创新（如精准营销、产品迭代）。

七、典型行业实施建议

（一）金融行业：强合规＋高敏感防护

1. 重点分类。个人金融信息（需符合GB/T 39204－2020《个人金融信息保护技术规范》）划分为C3（高敏感，如账户密码）、C2（中敏感，如交易流水）、C1（低敏感，如公开的理财产品介绍）。交易数据：区分“实时交易数据”（需秒级分类响应）与“历史归档数据”（可定期批量分类）。

2. 技术重点。采用联邦学习技术对C3类数据进行安全建模，确保信贷风控过程中不泄露用户原始信息。对跨境传输的“客户投资偏好数据”实施分类级审批，需同时满足中国《数据出境安全评估办法》和接收国法规。

（二）医疗行业：隐私优先＋业务协同

1. 重点分类。患者诊疗数据：严格区分“可公开研究数据”（经去标识化处理）与“原始病历数据”（敏感等级最高）。科研数据：按“临床实验数据”“基因数据”等细分，基因数据需单独存储并符合《人类遗传资源管理条例》。

2. 组织创新。设立“数据伦理委员会”，对涉及患者隐私的数据分类与使用场景进行伦理审查（如是否允许将“肿瘤患者数据”用于商业合作）。

（三）制造业：运营效率＋资产增值

1. 重点分类。生产数据：按“设备数据”“工艺数据”“质量数据”划分，其中“核心工艺参数”标注为“机密数据”，仅限生产线负责人访问。供应链数据：区分“供应商公开资质”与“独家合作协议条款”，后者需加密存储并限制共享范围。

2. 价值转化。通过分类识别高价值的“设备故障预测数据”，结合AI算法开发预测性维护模型，降低停机损失。

最终，科学的分类管理将数据从“无序堆积”转化为“有序资产”，为组织的数据战略落地奠定基础。数据分类与安全隐私保护形成协同效应，推动企业在数字化转型中兼顾发展与安全。

第三节 数据资产分类管理的组织架构和流程

建立数据资产分类管理的组织架构和流程需要结合企业战略、业务需求和数据治理目标，形成权责清晰、流程闭环的管理体系。以下是具体的方法和实施步骤：

一、构建数据资产分类管理的组织架构

数据资产分类管理需要跨部门协作，通常涉及决策层、管理层和执行层，可参考以下架构设计：

（一）决策层：数据治理委员会

1. 决策层定位：最高决策机构，负责制定数据分类管理的战略方向、政策框架和资源调配。

2. 决策层组成：企业高管（如 CEO、CIO、CDO）、业务部门负责人、合规/法律部门代表。

3. 决策层职责：审批数据分类标准、管理制度和流程，协调跨部门冲突，监督重大数据项目的分类落地，定期评审分类管理效果，推动优化迭代。

（二）管理层：数据治理办公室（DGO）

1. 管理层定位：常设执行机构，负责数据分类管理的日常运营和执行。

2. 管理层组成：数据治理专家、数据架构师、合规专员、业务协调员。

3. 管理层职责：制定数据分类标准、操作指南和工具选型（如数据分类工具、元数据管理平台）。组织跨部门培训，推动数据分类在业务系统中的落地（如标签化、权限配置）。监控数据分类的合规性，定期生成管理报告（如分类覆盖率、异常数据预警）。

（三）执行层：业务部门与技术团队

1. 业务部门：负责本部门数据资产的梳理和分类申报（如明确业务系统中的客户数据、交易数据等级）。配合数据治理办公室完成数据分类校验，反馈业务场景中的分类需求。

2. 技术团队：开发和维护数据分类工具（如自动分类算法、数据地图）。在技术层面实现分类结果的落地（如根据分类设置访问权限、加密策略）。

（四）监督层：合规与审计部门

监督层职责：确保数据分类符合法律法规（如 GDPR、《中华人民共和国数据安全法》《中华人民共和国个人信息保护法》）。定期审计数据分类的执行情况，对违规行为提出整改意见。

（五）建立分类争议仲裁机制

当业务部门与 IT 部门对数据分类存在分歧时（如“用户手机号”是否属于敏感数据），由法务部门依据法规裁决。

二、设计数据资产分类管理流程

数据资产分类管理是一个“规划—执行—监控—优化”的闭环流程，需覆盖数据全生命周期。以下是核心流程步骤：

（一）数据资产盘点与分类规划

步骤 1：数据资产摸底

梳理企业全域数据资产（如业务系统数据、第三方数据、非结构化数据），形成《数据资产清单》，包含数据来源、存储位置、业务用途等信息。

工具：元数据管理平台、数据血缘分析工具。

步骤 2：制定分类标准

1. 分类维度（可结合业务需求组合使用）

业务维度：客户数据、产品数据、供应链数据、财务数据等。

敏感等级：公开数据、内部数据、敏感数据（如个人隐私、商业机密）、绝密数据。

数据类型：结构化数据（数据库表）、半结构化数据（日志、XML）、非结构化数据（文档、图片）。

生命周期阶段：采集期、存储期、使用期、归档期、销毁期。

2. 数据分类示例（见表 8－3）

表 8－3　　数据分类示例

一级分类	二级分类	敏感等级	存储周期	访问权限
客户数据	基本信息	敏感	永久	业务部门主管＋审批
产品数据	交易记录	高度敏感	5 年	仅限授权人员
财务数据	报表数据	内部	10 年	财务部门全员

步骤 3：分类责任划分

为每类数据指定“数据 owner”（通常为业务部门负责人），负责该类数据的准确性、合规性和分类维护。

（二）数据分类执行与落地

步骤 1：数据分类标注

1. 手动标注：业务部门通过数据治理平台对核心数据资产进行分类标签挂载。

2. 自动标注：利用 AI 算法（如文本分类、机器学习）对非结构化数据（如邮件、文档）进行自动分类，降低人工成本。

步骤 2：技术赋能与权限配置

将分类结果同步至数据中台、数据仓库等系统，通过技术手段实现。

1. 访问控制：基于分类等级设置权限（如敏感数据需二次审批）。

2. 数据加密：对高敏感数据进行字段级加密（如客户身份证号）。

3. 流动监控：追踪数据跨部门、跨系统的流动路径，对异常传输触发预警。

步骤 3：培训与宣贯

组织全员培训，明确数据分类的操作流程和合规要求。制作《数据分类手册》《常见问题解答》等工具包，降低使用门槛。

（三）数据分类监控与审计

步骤1：动态监控

利用数据治理平台实时监控数据分类的完整性（如未分类数据占比）、准确性（如分类标签是否过期）。设置预警规则，如敏感数据被未授权用户访问、低敏感数据被误标为高敏感等。

步骤2：定期审计

合规部门每季度抽取部分数据资产，核查分类是否符合标准及法规要求。审计结果反馈至数据治理办公室，推动问题整改。

步骤3：用户反馈机制

开通分类纠错入口（如企业微信/钉钉表单），鼓励员工上报分类错误或需求变更。

（四）数据分类优化与迭代

步骤1：定期评审

数据治理委员会每半年召开分类标准评审会，结合业务变化（如新业务线、法规更新）调整分类维度和等级。例如，若企业新增海外业务，需补充“跨境数据”分类，并适配GDPR要求。

步骤2：流程迭代

根据审计结果和用户反馈，优化分类标注流程、工具功能及权限策略。典型场景：若自动分类准确率低于80%，需迭代算法或增加人工校验环节。

步骤3：知识沉淀

建立分类管理案例库，总结常见问题和最佳实践，用于新人培训和流程优化。

三、关键成功因素

（1）高层支持：数据分类涉及部门利益调整，需决策层推动跨部门协作。

（2）工具适配：选择集成元数据管理、自动分类、权限控制的一站式平台（如Collibra、Informatica）。

（3）文化融入：将数据分类纳入员工绩效考核（如业务部门分类完成率），

形成“数据资产人人有责”的文化。

（4）合规先行：分类标准需与《中华人民共和国数据安全法》《中华人民共和国个人信息保护法》等法规对齐，避免法律风险。

四、工具与技术选型参考（见表 8 – 4）

表 8 – 4 工具与技术选型

工具类型	功能描述	典型产品
元数据管理平台	数据资产盘点、血缘分析	Alation、Ataccama
数据分类工具	自动分类标注、标签管理	Securiti. ai、IBM InfoSphere
权限管理系统	基于分类的细粒度权限控制	SailPoint、Ping Identity
数据安全网关	数据流动监控、加密传输	深信服、Imperva

五、组织协同与持续运营

（一）将数据资产分类执行与考核挂钩

1. 将数据分类准确率纳入部门 KPI（如要求核心业务数据分类准确率 ≥95%）。

2. 对分类管理优秀的团队给予资源倾斜（如优先使用数据挖掘工具分析其分类数据）。

（二）培训与文化建设

1. 管理层：重点讲解分类对业务合规性和数据资产价值释放的战略意义（如通过精准分类，可安全地将“匿名化客户数据”用于第三方合作）。

2. 执行层：实操培训如何使用分类工具（如通过 Excel 插件批量标注数据分类标签）、解读分类字典中的常见问题（如“用户地址”是否属于敏感数据）。

（三）案例库建设

1. 整理分类典型场景（如“误将供应商合同数据标为公开导致商业条款泄露”），通过内部论坛、培训课程强化员工意识。

2. 分享分类成功案例（如通过分类优化数据存储架构，使“高频访问的公开数据”查询效率提升 30%），增强团队认同感。

（四）动态迭代机制

1. 定期评审：每年召开分类标准修订会议，根据业务变化（如新增跨境业务需增加“跨境传输数据”分类）、法规更新（如欧盟出台新数据法案）调整分类框架。每半年对分类工具的规则库进行升级，例如，新增对新兴数据类型（如 IoT 设备日志、区块链数据）的识别能力。

2. 反馈闭环：在数据分类字典页面设置“反馈入口”，允许员工提交分类规则优化建议（如发现某类业务数据未被纳入分类体系）。建立需求响应机制，由专项小组评估建议合理性，7 个工作日内给予回复，确有必要的纳入下一轮分类更新。

企业应建立数据资产分类档案，明确每类资产的计量规则，并定期结合业务场景、技术趋势与法规变化进行动态复核，确保会计处理既符合会计准则要求，又真实反映数据资产的经济实质。通过以上组织架构和流程设计，企业可实现数据资产的有序管理，平衡数据利用效率与安全合规要求，为数据驱动业务奠定基础。

第四节　数据资产财务分类明细核算

数据资产财务分类明细核算需结合会计准则、行业特点及数据资产特性，将数据资产纳入企业财务核算体系。以下从核算流程、科目设置及实务要点等方面展开说明。

一、数据资产明细核算流程

数据资产核算包括确认、计量、记录、报告等流程，需结合会计准则和相关规定（如《企业数据资源相关会计处理暂行规定》）执行。

（一）确认条件

数据资产需满足以下条件方可纳入财务核算：

1. 企业拥有或控制：如通过自主开发、授权许可、购买等方式获得数据控制权。

2. 预期带来经济利益：数据可直接或间接用于生产经营、交易或提升效率（如数据驱动的精准营销提升收入）。

3. 成本或价值可计量：内部开发的数据需归集开发成本，外部采购的数据需明确交易价格。

（二）计量方法（见表8－5）

表8－5　数据资产计量属性及核算要点

计量属性	适用场景	核算要点
历史成本法	适用于外部采购或内部开发成本可准确归集的数据资产	外部采购：按购买价款＋相关税费＋直接归属于使数据达到预定用途的支出计量； 内部开发：按开发阶段的合理支出（如人工、算力、技术服务费）资本化计量
公允价值法	适用于存在活跃交易市场的数据资产（如数据交易所挂牌交易的数据产品）	按市场交易价格或估值模型（如收益现值法、市场比较法）确定公允价值
成本与市价孰低法	用于期末减值测试，若数据资产可变现净值低于账面价值，需计提减值准备	定期评估数据时效性、市场需求变化，如过时的用户数据可能减值

（三）会计科目设置

建议在资产类科目下增设“数据资产”一级科目，并按分类设置明细科目，列示如下：

资产类：├—数据资产

│ ├—交易型数据资产（按业务线设二级明细科目，如“电商交易数据”）

│ ├—分析型数据资产（按部门设二级明细科目，如“市场分析数据”）

│ ├—外部采购数据资产（按供应商设二级明细科目，如“××公司用户标签数据”）

│ │—内部开发数据资产（按项目设二级明细科目，如“××系统用户行为数据”）

（四）账务处理示例

【例8－1】外部采购数据资产：W企业支付200万元采购第三方用户画像数据，用于精准营销。

借：数据资产——外部采购数据资产——用户画像数据　2000000

　　贷：银行存款　2000000

【例8－2】内部开发数据资产：V企业投入100万元（人工60万元＋算力40万元）开发客户数据分析系统，数据资产达到预定用途。

1. 开发阶段归集成本：

借：研发支出——资本化支出——数据开发　1000000

　　贷：应付职工薪酬　600000

　　　　银行存款（算力费用）　400000

2. 资产确认：

借：数据资产——内部开发数据资产——客户分析数据　1000000

　　贷：研发支出——资本化支出——数据开发　1000000

3. 数据资产摊销与减值

摊销：按预计使用年限（如3年）直线法摊销，计入当期损益。

借：管理费用/销售费用——数据资产摊销　333300

　　贷：累计摊销——数据资产　333300

减值：期末评估数据资产价值，若可收回金额低于账面价值，计提减值准备（假设为10万元）：

借：资产减值损失——数据资产减值损失　100000

　　贷：数据资产减值准备　100000

二、数据资产核算的要点

（一）成本归集难点

1. 内部数据开发：需区分研究阶段（费用化）与开发阶段（资本化），明确数据清洗、标注、建模等环节的成本归属。

2. 多用途数据：同一数据用于不同业务时，需按合理比例分摊成本（如按使用频率、业务收入占比）。

（二）价值评估挑战

1. 非结构化数据（如图像、文本）难以直接计量，需借助技术手段（如数据估值模型）或市场交易价格辅助判断。

2. 动态价值变化：数据资产价值随时间、技术、市场需求波动，需定期重估（如每年一次）。

（三）合规与安全要求

1. 隐私保护：涉及个人信息的数据资产需符合《中华人民共和国个人信息保护法》，核算时需剥离不可计量的隐私数据。

2. 会计准则遵循：参照《企业数据资源相关会计处理暂行规定》，区分“数据资产”与“存货”“无形资产”，避免科目混淆。

三、数据资产的报表列示与披露

在财务报表中，“数据资产”可单独列示于资产负债表“非流动资产”项下，或并入“无形资产”项目（需在附注中说明）。披露内容应包括：

1. 数据资产的分类、初始计量方法、摊销政策；

2. 期末账面价值、减值准备计提情况；

3. 数据资产的使用场景及对企业的经济影响。

通过系统化的财务分类与明细核算，企业可清晰反映数据资产的价值变动，为资产管理、融资决策及绩效评估提供依据。实际操作中需结合行业特性（如互联网、金融、医疗等）细化核算规则，并借助数据管理系统（如数据中台）实现成本与价值的动态追踪。

第五节　数据资产财务核算的原始凭证

一、数据资产初始计量所需的原始凭证

（一）外购数据资产

1. 采购合同：详细约定了数据资产的名称、数量、价格、交付方式、知识

产权归属等关键条款，是确定数据资产成本的重要依据。

2. 发票：包括增值税专用发票或普通发票，明确了交易的金额、税额等信息，是确认数据资产入账价值的直接凭证。

3. 付款凭证：如银行转账回单、支票存根等，用于证明企业已经支付了相应的款项，是资金流出的证明，也是数据资产成本确认的一部分。

4. 数据交付确认书：由买卖双方签字确认，表明数据资产已按照合同约定的方式和条件交付给购买方，确认了数据资产的实际取得。

（二）自行开发的数据资产

1. 项目立项申请书：阐述了数据资产开发的背景、目标、计划等内容，是项目启动的依据，有助于确定开发成本的归属范围。包括开发计划与立项文件，如项目审批记录、预算文件、可行性研究报告。

2. 研发费用明细清单：包括开发过程中发生的人工费用、材料费用、设备折旧费用、软件摊销费用等，这些费用需要按照一定的方法进行归集和分配，以确定数据资产的成本。

3. 开发人员工时记录：记录了开发人员在数据资产开发过程中的工作时间，是计算人工成本的重要依据，对于准确计量数据资产的成本具有重要作用。

4. 测试报告：证明数据资产经过测试并达到了预定的功能和质量标准，是数据资产可以投入使用的重要依据，也与开发成本的结转有关。

5. 数据采集记录（如爬虫日志、用户授权协议）；数据加工流程说明（清洗规则、算法代码版本）；数据来源合法性声明（如用户授权书、隐私政策备案）；数据安全评估报告（如 GDPR、个人信息保护法合规证明）。

（三）接受投资的数据资产

1. 投资协议：明确了投资方以数据资产作为出资的方式、作价依据、占股比例等内容，是确定数据资产入账价值和投资方权益的重要文件。

2. 资产评估报告：由专业的资产评估机构出具，对投资的数据资产进行价值评估，为确定其入账价值提供了客观依据。

3. 数据资产移交清单：详细列出了投资方移交的数据资产的内容、规格、数量等信息，双方签字确认后，可作为接收方确认数据资产的依据。

4. 公允价值证明：活跃市场报价（如数据交易所交易记录）或同类资产参

考价格。

（四）接受捐赠的数据资产

1. 捐赠协议：说明捐赠方捐赠数据资产的意愿、条件以及对数据资产使用的限制等内容，是确认数据资产入账的重要依据。

2. 相关发票或公允价值证明：如果捐赠方能够提供发票，以发票金额作为入账价值；若没有发票，则需要有相关证据证明数据资产的公允价值，如资产评估报告、市场同类数据资产的交易价格等，以此来确定数据资产的初始计量金额。

3. 数据资产接收证明：由受赠方出具，确认已收到捐赠的数据资产，记录数据资产的名称、数量、交付方式等信息，作为入账的原始凭证之一。

（五）通用原始凭证

1. 数据资产权属与合规性证明：数据所有权或使用权证书（如数据资源登记凭证）；数据采集合法性声明（如用户知情同意书、公开数据来源说明）；隐私与安全合规文件；个人信息保护合规审计报告；数据跨境传输审批文件（如适用）。

2. 法律意见书：律师或合规部门出具的数据资产合法性确认函。

（六）特殊行业要求

部分行业（如金融、医疗）需补充行业特定凭证：

1. 金融数据：金融监管部门备案文件；

2. 医疗数据：伦理委员会审批记录、脱敏处理证明；

3. 地理数据：测绘资质证书、国家安全审查文件。

数据资产取得时计量的原始凭证需满足以下核心要求：权属清晰：证明企业拥有数据资产的合法权利；成本可靠：能准确归集与数据资产直接相关的支出；合规充分：符合数据安全、隐私保护等法律法规；流程可追溯：从采集、加工到确权的全流程文档支持。

二、数据资产后续计量所需的原始凭证

数据资产的后续计量涉及价值变动确认、摊销、减值测试、公允价值调整等

环节，需依赖完整、合规的原始凭证支持会计处理的准确性和可审计性。

（一）摊销相关凭证

1. 摊销计算表：这是根据数据资产的使用寿命、预计净残值等因素，按照一定的摊销方法编制的表格，详细记录了每期应摊销的金额。它是数据资产后续计量中进行摊销账务处理的直接依据。需明确摊销方法（直线法、加速摊销法）、摊销期限、残值率等关键参数，并附计算过程说明。

2. 数据资产使用记录：用于证明数据资产在企业生产经营过程中的实际使用情况，如使用频率、使用时间等。这些记录可以帮助企业确定数据资产的使用程度，从而合理确定折旧或摊销的进度，证明摊销期限的合理性。

3. 技术寿命评估文件：技术团队出具的数据架构稳定性分析，说明技术迭代对摊销期的影响。

（二）减值相关凭证

1. 资产减值测试报告：由企业内部评估人员或外部专业评估机构出具，通过对数据资产的市场价值、未来现金流量现值等进行评估，判断数据资产是否发生减值以及减值的金额。该报告是确认数据资产减值损失的重要依据。

2. 市场数据或行业报告：参考市场上同类数据资产的价格变动情况、行业发展趋势等信息，为判断数据资产是否减值提供外部证据。例如，行业报告显示某种数据资产由于技术更新换代，市场价值大幅下降，这可能表明企业持有的同类数据资产存在减值迹象。

3. 第三方评估报告（如适用）：由专业机构出具的数据资产评估报告，支持可收回金额的合理性。

4. 内部审批记录：减值计提的审批流程文件（如财务负责人签字确认）。

（三）价值变动相关凭证

1. 重新评估报告：当数据资产的价值因某些因素发生重大变化时，需要进行重新评估。由专业评估机构出具的重新评估报告，确定了数据资产的新价值，是调整数据资产账面价值的依据。

2. 相关经济业务合同或协议：如果数据资产的价值变动是由于与其他方签订了相关合同或协议，如数据资产的许可使用协议、数据资产的交换协议等，这些合同或协议明确了数据资产在新的经济业务中的价值，可作为价值变动计量的原始凭证。

3. 活跃市场交易记录：数据资产在公开市场（如贵阳大数据交易所）的成交价格、成交量记录。

4. 估值模型文档：采用收益法、市场法等估值模型的技术参数（如折现率、预期收益增长率）。

（四）其他可能涉及的凭证

1. 数据维护和更新记录：数据资产在使用过程中可能需要进行维护和更新，这些记录包括维护的内容、更新的时间和成本等信息。它们可以作为判断数据资产价值是否发生变化的辅助依据，同时也可能影响到数据资产的使用寿命和摊销金额。

2. 法律法规或政策文件：某些情况下，法律法规或政策的变化可能会对数据资产的价值产生影响。例如，新的数据保护法规出台，可能导致企业的数据资产在合规成本、市场价值等方面发生变化，相关的法律法规或政策文件可以作为数据资产后续计量调整的依据之一。

3. 投资协议：明确了投资方以数据资产作为出资的方式、作价依据、占股比例等内容，是确定数据资产入账价值和投资方权益的重要文件。

4. 资产评估报告：由专业的资产评估机构出具，对投资的数据资产进行价值评估，为确定其入账价值提供了客观依据。

5. 数据资产移交清单：详细列出了投资方移交的数据资产的内容、规格、数量等信息，双方签字确认后，可作为接收方确认数据资产的依据。

6. 数据资产组合计量：组合内各资产的协同效应分析、组合级减值测试报告。

7. 跨境数据资产：数据跨境传输审批文件（如网信办安全评估结果）、本地化存储证明。

8. 证券化或抵押融资：数据资产证券化交易文件、抵押评估报告及权属无争议声明。

（五）会计与税务协同凭证

1. 税会差异台账：记录会计摊销额与税法允许扣除额的差异，并附调整计算表。

2. 税务备案文件：数据资产加速摊销或特殊税务处理的税务机关备案回执。

（六）数据资产后续计量环节原始凭证及保存期限（见表8-6）

表8-6　　数据资产后续计量环节原始凭证及保存期限

计量环节	核心原始凭证	保存期限
摊销	摊销计算表、技术寿命评估报告	资产寿命结束后5年
减值	减值测试报告、第三方评估报告	减值确认后10年
公允价值调整	交易记录、估值模型文档	资产处置后7年
维护与合规	维护成本发票、合规审计报告	费用发生年度后10年

（七）原始凭证质量要求

1. 完整性：覆盖摊销、减值、公允价值变动等全流程；
2. 可验证性：第三方报告、市场数据等外部证据支持；
3. 合规性：符合会计准则（如IAS 38、IFRS 13）与数据法规要求；
4. 动态更新：定期补充维护记录、合规文件以反映资产最新状态。

企业应建立数据资产档案管理系统，按计量环节分类归档，并定期复核凭证的有效性（如授权协议到期前续约），确保后续计量的依据充分、可追溯。

第九章

数据资产失效、灭失、销售、报废清理的财务核算

数据资产作为新型资产类型，其财务核算在现行会计准则中尚未形成统一标准，但可以参考无形资产、存货等资产处置规则进行处理。

第一节　数据资产失效、灭失的财务核算

一、数据资产失效、灭失的认定标准

（一）数据资产失效场景

1. 技术过时：数据格式无法兼容现有系统（如旧版客户数据因系统升级无法读取）。

2. 价值耗尽：数据失去使用价值（如过期的市场调研数据）。

3. 法律限制：因合规要求需删除的数据（如用户注销后的个人信息）。

（二）数据资产灭失场景

1. 物理灭失：存储介质损坏且无备份（如硬盘损坏导致数据丢失）。

2. 逻辑灭失：因操作失误或黑客攻击导致数据永久删除且无法恢复。

二、财务核算流程及账务处理

（一）科目设置

在“无形资产”科目下增设二级科目“数据资产”，并按类别设置明细账，

同时设置“累计摊销”“无形资产减值准备”科目；或者设置“数据资产”一级科目和“数据资产减值准备”科目。

（二）会计核算处理

1. 数据资产失效（经济性报废）

全额核销（如已无使用价值）：

借：营业外支出

　　数据资产减值准备

　　贷：数据资产

关键原始凭证：技术评估报告、市场分析报告、管理层决策文件。

2. 数据资产灭失（物理性损毁）

情形：因自然灾害、人为事故等导致数据不可恢复。

借：累计摊销

　　数据资产减值准备（如有）

　　营业外支出（损失）

　　其他应收款（保险赔偿，如有）

　　贷：数据资产

关键原始凭证：事故鉴定报告、保险索赔文件、数据销毁证明。

3. 数据资产报废清理（主动处置）

情形：企业主动淘汰数据资产（如合规要求下数据删除）。

审批流程：需经技术部门、法务部门、管理层三级审批。

（1）终止确认：

借：累计摊销

　　数据资产减值准备

　　营业外支出（净损失）

　　贷：数据资产

　　　　应交税费——应交增值税（进项税额转出）（如涉及）

　　　　营业外收入（净收益）

（2）清理费用：

借：营业外支出

　　贷：银行存款（数据销毁服务费等）

关键原始凭证：数据销毁合规证书、残值评估报告（如有）、处置决策会议纪要。

（三）案例分析

1. 正常失效（预期内报废）

情形：数据资产已摊销完毕且无残值，正常退出使用。

处理步骤：终止确认该数据资产，转销其账面价值（原值－累计摊销）。若存在残值，按残值冲减摊销成本（通常数据资产残值视为0）。

【例9－1】 某企业外购数据资产原值200万元，预计使用5年，采用直线法摊销（无残值）。第5年年末正常失效，相关处理如下。

累计摊销＝200÷5×5＝200（万元）。

会计分录：

借：累计摊销——数据资产	2000000	
贷：无形资产——数据资产		2000000

2. 提前失效（未摊销完毕）

情形：数据资产因技术更新提前失去价值（如使用3年后失效）。

处理步骤：确认资产减值损失，计算账面价值（原值－累计摊销）与可收回金额（通常为0）的差额。转销减值后账面价值，并终止确认资产。

【例9－2】 沿用［例9－1］的资料，数据资产使用3年后提前失效，已摊销120万元，账面价值80万元，可收回金额为0，无残值相关处理如下。

减值准备＝80－0＝80（万元）。

会计分录：

借：资产减值损失——数据资产减值损失	800000	
贷：无形资产减值准备——数据资产		800000
借：累计摊销——数据资产	1200000	
无形资产减值准备——数据资产	800000	
贷：无形资产——数据资产		2000000

3. 意外灭失（非预期损失）

情形：因存储介质损坏或操作失误导致数据永久丢失。

处理步骤：按账面价值（原值－累计摊销）记入“营业外支出”科目（非日常活动损失）。若有责任人赔偿或保险理赔，冲减损失金额。

【例9-3】某企业自行开发的数据资产原值160万元，已摊销60万元，因硬盘损坏灭失，无赔偿，相关处理如下。

账面价值=160-60=100（万元）。

会计分录：

借：累计摊销——数据资产　600000

　　营业外支出——数据资产灭失损失　1000000

　　贷：无形资产——数据资产　1600000

三、税务处理要点

（一）企业所得税

数据资产摊销年限不得低于10年（外购或自行开发），与会计处理一致时无须纳税调整。提前报废或灭失的损失需留存证据（如技术鉴定报告、报废审批单），经税务局备案后可税前扣除。

（二）增值税

数据资产属于"无形资产"，其处置若涉及转让（如出售失效数据），需按6%缴纳增值税；报废清理无转让行为则不涉及增值税。

四、数据资产的常态化管理

（1）建立数据资产台账：记录数据资产的原值、摊销期限、使用状态等，便于跟踪管理。

（2）定期减值测试：每年年末对数据资产进行价值评估，及时计提减值准备。

（3）备份与责任追溯：对重要数据资产定期备份，意外灭失时追究责任人并留存证据链。

（4）第三方鉴证：对高价值数据资产引入专业评估机构。

（5）技术验证：通过哈希值校验、审计日志确保数据不可恢复。

建议企业在实际操作中结合《企业会计准则第6号——无形资产》《企业会计准则第8号——资产减值》进行账务处理，并咨询专业审计机构以确保合规性。数据资产的独特性（如可复制性、权属复杂性）可能需个案分析。

五、行业特殊情形

（1）互联网/科技企业：数据资产占比高，需单独披露数据资产的报废政策及对损益的影响。

（2）金融行业：客户数据因合规要求删除时，须按监管规定处理，并在财务报告中说明。

通过以上规范的财务核算，可确保数据资产的失效、灭失、报废处理符合会计准则和税务要求，同时真实反映企业资产状况和经营成果。

第二节　数据资产报废处理的具体流程

数据资产报废清理的会计处理需遵循“认定报废原因→评估账面价值→账务处理→税务申报→档案留存”的标准化流程，确保合规性与准确性。以下是具体步骤及操作要点：

一、报废原因认定与审批

（一）判断报废类型

1. 正常报废：达到预计使用年限（如摊销完毕）、技术自然淘汰（如数据格式不再支持系统运行）。

2. 非正常报废：因意外事故（如存储介质损坏、黑客攻击）、政策强制要求（如数据合规删除）或提前价值耗尽（如市场数据过期失效）。

（二）发起报废申请

1. 责任部门：数据管理部门或使用部门提交“数据资产报废申请表”，说明报废原因、资产名称、原值、已摊销金额、剩余账面价值等。

2. 技术鉴定：IT 部门或第三方机构出具《技术鉴定报告》，确认数据资产无法恢复使用或无经济价值（如数据损坏无法修复、市场调研数据时效性过期）。

3. 审批流程：经财务部门审核账面价值、管理层审批后，形成“报废审批单”。

二、账面价值评估与减值处理

（一）计算账面价值

账面价值 = 原值 - 累计摊销 - 已计提减值准备

（二）判断是否需计提减值

1. 正常报废：若账面价值已摊销至 0（如使用年限届满），无须计提减值，直接转销。

2. 非正常报废：若账面价值 >0（如提前报废或意外灭失），需将剩余账面价值全额计入损失。无残值或赔偿：全额确认为损失；有残值或责任人赔偿：按“账面价值 - 残值/赔偿款”确认损失。

三、账务处理步骤

请参见本章第一节，此处不再赘述。

四、税务处理与申报

（一）企业所得税

1. 非正常报废损失需留存以下资料备查：报废审批单、技术鉴定报告、账面价值核算依据。赔偿协议（如有）、保险公司理赔证明（如有）。通过《资产损失税前扣除及纳税调整明细表》进行申报。

2. 摊销年限差异：若会计摊销年限 < 税法规定的 10 年，需纳税调增（如会计按 5 年摊销，税法按 10 年，前 5 年每年调增应纳税所得额）。

（二）增值税

1. 报废清理：仅涉及资产终止确认，无转让行为，不涉及增值税。

2. 残值变卖：若报废数据资产的存储介质（如硬盘）变卖，按“销售货物”缴纳增值税（一般纳税人 13%，小规模纳税人 3%）。

五、档案管理与后续跟踪

（一）资料归档

保存“报废审批单”、《技术鉴定报告》、“账务处理凭证”等资料，期限至少10年（同会计档案保存要求）。

（二）台账更新

在数据资产台账中标记“报废”状态，记录报废日期、原因、账务处理凭证号，便于审计和追溯。

（三）合规性检查

定期与IT部门核对报废数据的物理/逻辑删除记录，确保无残留数据违规使用风险（如GDPR、个人信息保护法要求）。

六、关键风险点提示

1. 减值测试合理性：避免通过报废清理调节利润，需留存技术或市场证据（如行业报告证明数据失效）。

2. 赔偿款追踪：对责任人或保险公司的赔偿款需及时催收，确保损益核算准确。

3. 跨境数据报废：涉及境外数据资产时，需遵守当地数据出境和销毁法规（如欧盟GDPR的“被遗忘权”）。

通过以上流程，企业可系统化处理数据资产报废清理，既符合会计准则和税务法规，又能有效管理数据资产全生命周期风险。

第三节　数据资产对外出售的财务核算

数据资产对外出售的财务核算需结合其会计确认、计量原则及交易模式，以下从会计处理、税务影响及实务要点等方面展开说明。

一、数据资产的会计确认与计量基础

（一）数据资产的定义与分类

数据资产需满足企业会计准则中“资产”的定义，即由企业过去的交易或事项形成、由企业拥有或控制、预期会给企业带来经济利益。

数据资产归入资产管理可以分为两大类：

1. 作为“无形资产”核算：若数据资产符合“可辨认性”（如单独出售、许可）、“非货币性”等特征，可确认为无形资产（如经过加工的数据集、算法模型等）。

2. 作为“存货”核算：若数据资产以出售为主要目的（如标准化数据产品），可确认为存货（如数据采集、整理后直接对外销售）。

（二）初始计量

成本构成：包括数据采集成本、加工处理费用、合规认证支出、技术开发费用（符合资本化条件的部分）等。

二、数据资产对外出售的会计处理

（一）数据资产对外出售收入确认（核心：判断业务实质）（见表9-1）

表9-1　数据资产交易类型及收入确认时点

交易类型	会计处理	收入确认时点
数据所有权转让	按销售商品处理（适用收入准则）	客户取得控制权时（如交付数据包）
数据使用权授权	按提供特许权使用费处理（可能属于“某一时段内”或“某一时点”履约义务）	按授权期分摊或一次性确认
混合模式	拆分所有权转让与后续服务（如数据更新）	分别按履约进度确认

收入确认的关键点如下：

1. 控制权转移判断：客户是否拥有主导使用、转售数据的权利。

2. 交易价格分配：若合同含多项义务（如数据+维护服务），须按单独售价比例分摊。

（二）数据资产对外出售成本结转

1. 匹配原则：将数据资产的账面价值（成本）转入当期损益（营业成本）。

会计分录：

借：主营业务成本

　　贷：无形资产/数据资产

2. 例外：若仅出售数据副本（原始数据仍留存），则按出售比例分摊成本。

（三）作为“无形资产”出售的会计处理

1. 出售时的账务处理

借：银行存款（实际收到的价款）

　　累计摊销（已计提的摊销额）

　　无形资产减值准备（如有）

　　贷：无形资产（账面原值）

　　　　应交税费——应交增值税（销项税额）

　　　　资产处置损益（差额，若为损失则在借方）

2. 案例分析

【例 9－4】 某企业将一项账面原值 200 万元、累计摊销 50 万元的数据分析模型出售，售价 180 万元，增值税税率 6%，相关处理如下。

增值税销项税额 $=180\div(1+6\%)\times6\%\approx10.19$（万元）。

会计分录：

借：银行存款	1800000	
累计摊销	500000	
贷：无形资产		2000000
应交税费——应交增值税（销项税额）		101900
资产处置损益		198100

（四）作为“存货”出售的会计处理

1. 出售时的账务处理

借：银行存款（售价）

　　贷：主营业务收入

应交税费——应交增值税（销项税额）

同时结转成本：

借：主营业务成本

贷：库存商品（数据产品成本）

2. 案例分析

【例 9-5】 某企业出售标准化数据集，成本 95 万元，售价 106 万元，增值税税率 6%，相关会计处理如下。

会计分录：

借：银行存款	1060000	
贷：主营业务收入		1000000
应交税费——应交增值税（销项税额）		60000
借：主营业务成本	950000	
贷：库存商品		950000

三、数据资产对外出售税务处理要点

（一）增值税

若作为无形资产出售，按"销售无形资产"缴纳增值税（税率 6%）；若作为存货出售，按"销售货物"缴纳增值税（一般纳税人税率 13%，部分地区对数据服务可能适用 6% 税率，需结合地方政策）。

（二）企业所得税

出售收入计入应纳税所得额，成本可税前扣除；若数据资产属于高新技术企业研发成果，可能适用研发费用加计扣除政策。

（三）印花税

按"技术合同"（税率 0.3‰）或按"购销合同"（税率 0.3‰）缴纳印花税，需根据交易性质判断。

（四）数据资产对外出售计税依据

1. 收入的确定：一般以实际收到的价款或合同约定的收款金额作为计税依

据。若存在折扣、折让等情况，需按税法规定进行调整。如果数据资产的出售涉及多种经济业务，如同时包含软件授权和数据服务，要合理划分不同业务的收入，分别适用不同的税率和计税方法。

2. 成本的扣除：对于作为无形资产核算的数据资产，其初始计量成本以及符合规定的摊销额可以在计算企业所得税时扣除；作为存货核算的数据资产，其采购成本、加工成本等可在销售时结转成本扣除。但要注意，数据资产的成本必须是真实、合理、与取得收入直接相关的支出，且有合法有效的凭证支持。同时，若数据资产发生减值，计提的减值准备在计算企业所得税时一般不允许扣除，需进行纳税调整。

（五）数据资产对外出售税收优惠政策

1. 行业相关优惠：若企业属于国家鼓励的数字经济产业或高新技术企业等，可能享受企业所得税的优惠税率，如减按 15% 的税率征收企业所得税。

2. 研发相关优惠：如果数据资产的开发过程中符合研发费用加计扣除的条件，相关研发费用可以在计算企业所得税时加计扣除。例如，企业为开发数据产品投入的研发费用，未形成无形资产计入当期损益的，在按规定据实扣除的基础上，再按照实际发生额的一定比例（如 75% 或 100%，根据政策规定）加计扣除；形成无形资产的，按照无形资产成本的一定比例（如 175% 或 200%）在税前摊销。

（六）数据资产对外出售跨境交易税务问题

1. 预提所得税：若数据资产出售给境外企业，可能涉及预提所得税。如果中国与对方国家或地区有税收协定，可按协定规定的税率执行；若没有税收协定，一般按照 10% 的税率征收预提所得税。

2. 增值税扣缴：境外单位或个人向境内销售数据资产，属于增值税应税行为，境内购买方需作为扣缴义务人代扣代缴增值税。

3. 税收协定及相互协商程序：企业应关注中国与相关国家或地区签订的税收协定，利用协定中的条款避免双重征税或解决税务争议。若出现税务争议，可通过相互协商程序，由两国税务机关进行协商解决。

（七）数据资产对外出售的税务合规与风险管理

1. 准确核算与申报：企业要建立健全财务核算制度，准确记录数据资产的取得、持有、出售等环节的相关信息，确保税务申报的准确性和及时性。按照税法规定的期限和要求，如实申报数据资产出售的相关税务信息，包括收入、成本、税金等。

2. 保存相关凭证：妥善保存与数据资产交易相关的合同、发票、付款凭证、评估报告等资料，以备税务机关检查。这些凭证是证明交易真实性和税务处理合规性的重要依据。

3. 关注政策变化：数据资产领域的税收政策可能会随着经济发展和税收征管的需要不断调整和完善，企业应及时关注政策变化，调整自身的税务处理方式，避免因政策不熟悉而产生税务风险。

四、案例分析

（一）数据资产确认为无形资产

【例9－6】某科技公司自行研发了一项客户行为分析数据资产，研发过程中满足资本化条件的支出为1000万元，确认为无形资产。该数据资产按直线法摊销，摊销年限为10年（无残值），已摊销2年，累计摊销额为200万元，未计提减值准备。第3年，该公司将该数据资产以900万元的价格出售给另一家公司。相关会计处理如下。

①增值税：属于销售无形资产，适用6%的增值税税率。则增值税销项税额为900÷(1＋6%)×6%≈50.94（万元）。

城建税及教育费附加：50.94×12%＝6.11（万元）。

②印花税：按"技术合同"缴纳印花税，税率为0.3‰。印花税金额为900×0.3‰＝0.27（万元）。

③企业所得税：首先，计算该无形资产的账面价值，账面价值＝初始成本－累计摊销－减值准备，即1000－200＝800（万元）。

其次，计算出售该无形资产的应纳税所得额＝出售价格－账面价值－相关税费，即900－800－0.27－6.11＝93.62（万元）。

企业所得税税率假设为25%，则企业所得税额为93.62×25%＝23.41（万元）。

（二）数据资产确认为存货

【例9－7】某数据服务公司通过采集、整理、加工等方式形成了一批用于市场调研的数据产品，作为存货核算。该批数据产品的成本为600万元。数据服务公司将其以 800 万元的价格出售给某市场调研公司。相关会计处理如下。

①增值税：

若按“销售货物”缴纳增值税，一般纳税人税率为 13%，则增值税销项税额为 800 ÷ (1 + 13%) × 13% = 92.04（万元）；

城建税及教育费附加：92.04 × 12% = 11.04（万元）。

②印花税：按“购销合同”缴纳印花税，税率为 0.3‰。印花税金额为 800 × 0.3‰ = 0.24（万元）。

③企业所得税：出售该数据产品的应纳税所得额 = 出售价格 − 成本 − 相关税费，即 800 − 600 − 0.24 − 11.04 = 188.72（万元）。

企业所得税额为 188.72 × 25% = 47.18（万元）。

五、数据资产对外出售中的特殊问题与处理

（一）数据资产的价值评估

若数据资产无法准确计量成本（如自建数据池），出售时需通过评估确定公允价值，差额计入资产处置损益。

（二）许可使用权出售（而非所有权）

若仅出售数据资产的使用权（如授权他人使用数据接口），按“让渡资产使用权”处理。

收到许可费时：

借：银行存款

　　贷：其他业务收入

　　　　应交税费——应交增值税（销项税额）

相关维护成本计入其他业务成本。

（三）数据加工后出售

加工成本（如清洗、脱敏）计入数据资产成本，出售时全额结转。若加工服务单独收费，按履约义务拆分收入。

（四）数据包分次出售

按收入占比或数据量占比分摊总成本至每次交易。

（五）附带更新义务

将部分合同价款分摊至后续服务，在服务期内确认收入（如按时间进度）。

六、财务报表列示与披露

（一）资产负债表

作为无形资产列示于“无形资产”项目，扣除累计摊销和减值准备；作为存货列示于“存货”项目。

（二）利润表

出售收入计入主营业务收入或其他业务收入，成本结转至主营业务成本或其他业务成本，处置利得/损失计入资产处置损益。

（三）附注披露

需说明数据资产的确认依据、计量方法、出售交易的商业实质及其对财务报表的影响。

七、政策与准则动态

我国《企业数据资源相关会计处理暂行规定》明确数据资源可作为“无形资产”或“存货”核算，需根据用途区分“自用”与“交易”属性，实务中需关注最新准则变化。

综上所述，数据资产出售核算的核心在于明确资产分类，结合交易模式规范账务处理，并同步处理税务合规问题，必要时可咨询专业财税机构以确保处理准确。建议企业建立专项核算制度，明确数据资产成本归集方法、收入确认流程，并留存交易合同、交付凭证等备查。尤其在数据权属不清晰时（如含个人信息），须法律评估后再确认资产。

第四节　数据资产终止计量时的残值确认与财务核算

数据资产报废清理的残值认定需结合数据资产的特性（无实物形态、依赖载体存在）和会计准则要求及法律合规要求，从经济价值、载体价值、合规性三个维度综合判断，以下是具体操作指引。

一、残值确认规则

（一）残值定义与适用范围

1. 残值定义：指数据资产终止确认时，预期可通过出售、再利用或授权等方式收回的剩余价值。通常表现为：

（1）载体残值：存储数据的物理介质（如硬盘、服务器）或虚拟载体（如云存储资源）的变卖价值。

（2）数据本身残值：报废数据中部分仍具备使用价值的子集（如脱敏后可匿名使用的历史数据）。

2. 与实物资产的差异：

实物资产：残值主要为物理形态的变卖价值（如废旧设备）。

数据资产：数据本身残值受限于合规性（如个人信息保护法禁止未授权使用），载体残值需与数据分离评估（需先完成数据清除或脱敏）。

3. 适用场景：

①主动报废（如部分数据仍可拆分出售）；

②技术性失效但残存价值（如历史数据可打包用于研究）；

③灭失（物理损毁无残值）；

④法律强制销毁（如 GDPR 要求删除，残值为负值需承担清理成本）。

（二）残值确认条件（见表 9－2）

表 9－2　残值确认条件及证据要求

条件	说明	证据要求
可分离性	残值部分与原资产可拆分 （如脱敏后的数据集独立交易）	技术可行性报告、数据分割方案
可计量性	未来经济利益能可靠计量	市场报价、意向购买协议、评估报告
可实现性	企业有明确处置计划或协议	销售合同、内部决策文件

（三）残值估值方法（见表9-3）

表9-3　残值估值方法及适用情形

方法	适用情形	示例
市场法	存在活跃交易市场	同类数据资产交易价格（如数据交易所挂牌价）
收益法	残值可产生未来现金流	剩余授权期内的特许权使用费折现
成本法	需重新加工利用	提取有效数据的清洗/脱敏成本抵减

（四）残值认定的四大维度

1. 经济价值评估

（1）载体残值：

市场法：参考同类新旧载体的市场价格（如二手硬盘按容量和使用年限定价）。

成本法：按载体账面净值减去报废清理费用（如硬盘拆卸、数据清除成本）。

（2）数据本身残值：

①适用范围：

非敏感数据（如公开市场统计数据）经脱敏后可转让或复用。

数据子集仍具商业价值（如用户行为数据中剔除个人信息后的匿名数据）。

②评估方法：

收益法：预测残值数据未来可产生的现金流（如出售给第三方的预期收入）。

成本法：按数据清洗、脱敏、封装的成本确定最低残值（需覆盖处理成本）。

③限制条件：

需符合《中华人民共和国数据安全法》《中华人民共和国个人信息保护法》，禁止直接出售含敏感信息的数据。

2. 合规性审查

（1）数据清除要求：报废前必须完成物理或逻辑删除，确保无残留数据。

（2）物理载体：采用专业工具多次擦除或物理销毁（如粉碎硬盘）。

（3）虚拟载体：云存储数据需确认已从服务器和备份中永久删除（符合云服务商的数据删除协议）。

（4）证明文件：须留存《数据清除确认书》或第三方技术机构的清除报告。

3. 残值数据使用限制

若保留部分数据残值（如匿名化数据），须完成合规性评估（如通过数据分类分级判定是否属于非敏感数据）。签订《残值数据使用协议》，明确用途（如仅限内部分析，不得对外转让）。

4. 责任部门协同（见表 9 – 4）

表 9 – 4　　责任部门相关职责

部门/角色	职责要点
数据管理部门	确认数据是否可拆分残值、评估数据合规性、监督数据清除过程
IT 技术部门	评估载体残值市场价值、执行数据清除技术操作、提供载体检测报告
财务部门	核算载体残值入账价值、审核残值评估流程的合规性、监督赔偿款或变卖收入
合规/法务部门	审查残值数据使用的法律风险（如隐私合规、知识产权归属）

二、会计处理流程

满足终止计量条件时（控制权转移/无未来经济利益），按以下步骤处理：

（一）计算确认终止计量时点数据资产价值

终止确认金额 = 数据资产账面价值 − 残值 ± 清理费用

（二）会计分录

【例 9 – 8】 某数据资产原值 100 万元，累计摊销 30 万元，计提减值准备 15 万元，处置时残值 20 万元（已签订出售协议），发生清理费用 5 万元。相关会计处理如下（不考虑相关税费）：

1. 确认残值收入（假设残值 20 万元已收款）：

借：银行存款　　200000

　　贷：营业外收入　　200000

注：若残值在处置时未实现，需挂账“其他应收款”，待实际收回时冲减。

2. 终止确认资产账面价值：

借：累计摊销　　300000

　　数据资产减值准备　　150000

营业外支出　　600000

贷：数据资产　　1000000

　　银行存款　　50000（清理费用）

（三）特殊情形会计处理（见表9－5）

表9－5　特殊情形会计处理

情形	会计处理
残值 > 账面净值	差额计入营业外收入（体现利得）
残值为负（如强制销毁需付费）	清理费用计入营业外支出（需计提预计负债）
分阶段实现残值	按进度分期确认收入（参考 IAS 18 收入确认原则）

（四）案例分析

1. 纯数据资产报废（无物理载体）

例如，云存储的客户交易数据到期报废。

①数据本身：因含用户敏感信息，残值为0（禁止未经授权使用）。

②载体：云存储资源归服务商所有，企业无载体残值。

③会计处理：账面价值全额计入损失，无残值收入。

2. 带物理载体的数据资产报废

例如，报废存储客户信息的硬盘（已清除数据）。

①数据本身：已清除，无残值。

②载体：硬盘可变卖。

③会计处理：残值变现计入当期损益。

3. 部分数据可复用的报废

例如，市场调研数据到期报废，但脱敏后的匿名数据可用于内部分析。

①数据本身：脱敏后数据的内部使用价值等于数据清洗成本（按成本法认定残值）。

②载体：无额外变卖价值，残值为0。

③会计处理：将脱敏数据确认为一项新资产。

4. 政策强制报废（如合规删除）

例如，因数据合规要求强制删除用户数据。

①数据本身：禁止保留，残值为0。

②载体：若需一并销毁（如政府要求），载体残值为0；若允许保留载体，按上述2评估。

③特殊处理：需留存政策文件作为报废依据，残值直接认定为0，无须经济评估。

三、税务与合规要点

（一）增值税处理

载体变卖按“销售货物”缴纳增值税（一般纳税人13%，小规模纳税人3%）。数据残值转让，若符合“销售无形资产”定义（如脱敏数据使用权转让），按6%缴纳增值税。

残值收入按“信息技术服务——数据服务”缴纳增值税（一般纳税人税率6%）。若原抵扣进项税额，须按残值占比计算进项税转出。

（二）所得税申报

载体变卖收入需计算缴纳企业所得税。若残值已从报废损失中扣除，需在《资产损失税前扣除表》中调整损失金额（总损失 = 账面价值 − 残值）。资产损失需填报《资产损失税前扣除及纳税调整明细表》。

（三）合规证明

残值交易需留存数据使用权转移协议、买方资质审查记录（如涉及个人信息需合规授权）。销毁类残值处理需取得第三方机构出具的数据不可恢复证明。

四、实务操作建议

（一）建立残值评估机制

技术部门评估数据可分离性→财务部门量化价值→法务部门审核合规性。

（二）完善内部控制

1. 审批权限：残值评估须经CFO和CTO联签。
2. 文档留存：残值计算底稿、交易合同、评估报告至少保存10年。

3. 披露要求：财务报表附注中需披露。

五、争议问题举例

问题：某公司报废数据库后，将服务器硬盘以废品出售取得收入3万元，是否属于数据资产残值？

处理建议：不属于数据资产残值，硬盘残值属于固定资产处置范畴，需单独核算。数据资产残值为0：若数据已彻底销毁，仅硬件残值按固定资产清理处理。

六、数据资产残值管理的风险控制

（一）合规风险

1. 敏感数据泄露：未彻底清除数据导致残值载体流入二手市场，需通过技术手段（如硬盘粉碎）和第三方审计确保清除彻底。

2. 残值数据滥用：未限制复用范围（如将匿名化数据再次转让），需在会计台账中标记残值数据用途，并定期核查使用记录。

（二）财务核算风险

残值低估或高估：载体残值需由IT部门和第三方评估机构共同确认，避免人为操纵。数据残值需附合规性评估报告，证明其经济价值的合理性（如第三方数据估值机构报告）。

（三）操作流程风险

1. 建立残值认定标准：制定《数据资产残值评估管理办法》，明确不同类型资产的残值计算模型、审批层级（如超过1万元需管理层审批）。

2. 台账动态管理：在数据资产台账中增设“残值状态”字段，记录残值金额、使用期限、处置方式，直至残值完全消耗或处置完毕。

七、残值认定的核心逻辑

数据资产残值认定需遵循“先合规、后经济”原则。

（1）合规优先：无论载体或数据本身，必须确保报废流程符合数据安全法规，优先完成数据清除或脱敏。

（2）经济量化：仅对合规前提下可变现的载体价值或经审批的残值数据，采用市场法、成本法或收益法量化评估。

（3）全流程留痕：从残值评估、审批到账务处理，需留存完整的书面记录和技术证明，以备审计和税务核查。

数据资产残值确认需严格遵循“可实现性+可计量性”原则，在无明确市场证据时建议残值确认为0。实务中可参照《企业会计准则第6号——无形资产》相关规定（残值视为0，除非存在第三方承诺购买或活跃交易市场），并结合行业特性做专业判断。

通过以上方法，企业可在合规框架内合理认定数据资产残值，避免价值漏估或违规风险，同时优化资产处置的经济效益。

第五节　数据资产报废清理的经济价值评估

数据资产报废清理的经济价值评估是一个复杂的过程，需结合数据特性、使用场景及市场环境选择合适方法。以下是常见评估方法及适用场景分析。

一、成本法

（一）核心逻辑

基于数据资产的历史成本或重置成本，扣除损耗（如技术过时、数据失效）后评估价值。

（二）适用场景

1. 数据资产开发成本可清晰计量（如内部自建数据库的开发、存储、维护成本）。

2. 缺乏活跃交易市场或未来收益难以预测的场景（如过时的业务数据、未商业化的数据资产）。

（三）操作步骤

1. 确定历史成本：包括数据采集、清洗、存储、加工、授权等直接成本及人工、技术平台等间接成本。

2. 估算成新率：根据数据时效性、完整性、技术替代性等因素，评估资产“剩余价值”比例（如使用年限法、技术贬值系数）。

3. 公式：评估值 = 历史成本 × 成新率。

4. 调整项：考虑数据隐私合规成本、存储报废成本（如硬件拆除费用）等抵消因素。

（四）优缺点

1. 优点：操作简单，数据可追溯，适用于财务核算和内部管理。

2. 缺点：未反映数据的市场价值或未来收益，可能低估具有潜在价值的数据（如脱敏后可复用的用户行为数据）。

二、市场法

（一）核心逻辑

通过对比市场上类似数据资产的交易价格，调整差异后确定评估值。

（二）适用场景

1. 存在公开交易市场的标准化数据资产（如公开数据集、行业报告数据）。

2. 数据资产具有明确的交易案例参考（如数据交易所中同类用户画像数据、地理信息数据的交易）。

（三）操作步骤

1. 选择可比案例：匹配数据类型（如用户数据、设备数据）、规模（数据量、覆盖范围）、时效性、应用场景（营销、风控等）。

2. 修正差异因素：

（1）时效性：越新的数据价值越高（如实时数据 vs. 三年前数据）。

（2）完整性：字段缺失率、数据更新频率。

（3）合规性：是否符合《中华人民共和国数据安全法》《中华人民共和国个人信息保护法》等法规要求。

（4）稀缺性：独家数据 vs. 公开可得数据。

3. 计算评估值：通过价格乘数（如单价/GB、单价/用户数）或溢价率调整后得出。

（四）优缺点

1. 优点：贴近市场真实价值，透明度高。

2. 缺点：依赖活跃市场和可比案例，非标准化数据（如企业内部运营数据）难以应用。

三、收益法

（一）核心逻辑

预测数据资产在剩余使用周期内的未来收益，通过折现计算现值。

（二）适用场景

1. 数据资产已商业化或可明确带来经济利益（如用于精准营销、风控建模、产品优化的数据）。

2. 具备稳定收益预测基础（如历史收益数据、业务场景与收益的量化关联）。

（三）操作步骤

1. 界定收益范围：

（1）直接收益：数据销售、许可收入（如向第三方企业提供数据接口）。

（2）间接收益：成本节约（如数据驱动的供应链优化降低库存成本）、收入增长（如用户画像提升转化率）。

2. 预测收益期：根据数据时效性和技术迭代周期确定（如用户行为数据收益期通常为1—3年，行业趋势数据可能更短）。

3. 确定折现率：考虑数据资产的市场风险（如政策变动、技术替代）、流动性风险等。

4. 计算现值：

公式：评估值 = $\sum$[第 t 年预期收益/$(1+折现率)^t$]

（四）优缺点

1. 优点：能够反映数据的动态价值和长期效益，适用于战略型数据资产。

2. 缺点：收益预测主观性强，需依赖业务模型和历史数据支撑，操作难度高。

四、专家打分法（德尔菲法）

（一）核心逻辑

通过多领域专家（数据科学家、行业分析师、财务专家）主观评分，综合判断数据资产价值。

（二）适用场景

1. 缺乏量化数据或市场参照的特殊数据资产（如政府公共数据、企业非结构化数据）。

2. 需快速评估或辅助其他方法交叉验证的场景。

（三）操作步骤

1. 构建评估指标体系：

①技术维度：数据质量（准确性、完整性）、存储技术先进性。

②业务维度：与核心业务的关联性、复用潜力（如能否跨部门/场景使用）。

③合规维度：隐私合规风险、安全等级。

④市场维度：稀缺性、潜在需求方数量。

2. 专家独立打分：通过匿名问卷收集意见，经多轮反馈修正直至达成共识。

3. 加权计算总分：根据指标重要性分配权重，得出综合评估值。

（四）优缺点

1. 优点：可灵活适应复杂场景，弥补定量方法的局限性。

2. 缺点：主观性强，依赖专家经验，结果可能受群体思维影响。

五、传统资产评估方法在数据资产评估中的应用（见表9－6）

表9－6　传统资产评估方法在数据资产评估中的具体应用

方法	适用场景	操作步骤	数据资产特殊性
市场法	存在活跃交易市场的数据资产	①选取可比交易案例（如数据交易所成交价）； ②调整差异因素（数据量、时效性、完整性）； ③加权计算残值	需验证数据权属清晰性，防止包含个人信息等受限内容
收益法	报废数据可拆分产生未来现金流	①预测剩余经济寿命内的收益（如授权使用费）； ②选择折现率（数据资产特有风险溢价）； ③折现计算现值	需考虑数据时效性衰减曲线（如用户行为数据价值每年下降30%）
成本法	数据须二次加工才能产生价值	①估算数据提取/清洗成本； ②扣除功能性贬值（技术过时）； ③残值＝重置成本×成新率	须区分开发成本与维护成本（如结构化数据清洗成本占比可达原值40%）

六、数据资产特有的评估方法

（一）数据要素拆分法

1. 适用场景：组合型数据资产部分报废（如客户画像库中保留基础信息，仅清除敏感字段）。

2. 操作步骤：

①技术分解：通过元数据标记可保留字段（如年龄、地域）。

②价值映射：按字段商业价值占比分配残值（示例）：

原始价值：100万元；

保留字段价值权重：30%（客户基础属性）；

残值评估结果：100×30%＝30（万元）。

③证据要求：数据字典、字段使用记录、买方需求清单。

（二）合规成本倒算法

1. 适用场景：强制报废场景（如GDPR要求删除违规数据）。

2. 操作步骤：

计算公式：残值＝避免处罚的收益－清理成本；

例如，未报废可能罚款300万元（按全球营业额的2%）；

实际清理成本30万元；

残值（隐性价值）：300－30＝270（万元）。

注意：须取得法律意见书支持处罚金额估算。

（三）机器学习预测法

1. 适用场景：海量非结构化数据（如社交媒体文本）。

2. 技术实现：训练价值预测模型：输入变量包括数据热度、关联实体数量、关键词密度等。

输出残值概率分布（示例）：

报废数据集A：

高价值片段占比5%→残值区间［8万元，12万元］；

中价值片段占比15%→残值区间［3万元，5万元］；

低价值片段残值为0。

3. 工具：可采用NLP主题聚类＋随机森林回归模型。

七、行业定制化评估模型

（一）金融业信用数据

四维度评估矩阵（见表9－7）：

表9－7　　　　四维度评估矩阵

维度	权重	评估指标
覆盖完整性	30%	借款人信息字段完整度
时间连续性	25%	最长连续跟踪月数（如≥24个月）
稀缺性	20%	同类数据市场供给量
合规性	25%	脱敏处理等级（如L3级认证）

残值公式：$\sum$（维度得分×权重）×基础价格（如1元/条）。

（二）医疗科研数据

价值衰减曲线模型（以临床试验数据为例）：

残值率 = $e^{(-\lambda t)}$

其中：$\lambda = 0.1$（肿瘤数据）/0.2（慢性病数据）；t = 数据采集后年数。

证据支持：须提供同类数据引用率统计报告。

八、其他创新方法

（一）实物期权法

1. 逻辑：将数据资产视为“期权”，评估其未来开发利用的潜在价值（如当前未使用但未来可能用于新产品的数据）。

2. 适用：高不确定性场景（如前沿技术研发数据、战略储备数据）。

（二）模糊综合评价法

1. 逻辑：通过模糊数学模型处理定性指标（如数据“稀缺性”“业务相关性”），转化为定量评估值。

2. 适用：指标难以精确量化的场景（如非结构化文本数据、图像数据）。

（三）NFT 锚定法

将报废数据资产铸造成 NFT，通过拍卖市场发现价值。

（四）联邦学习贡献度评估

计算数据在联邦学习模型中的 Shapley 值分配残值。

（五）数据污染定价模型

对包含偏差数据的资产采用负残值评估（需计提负债）。

建议采用“基础方法 + 行业修正因子 + 技术验证”的三层评估体系：

最终残值 = 市场法评估值 × 行业系数（金融业 0.8 – 1.2）× 技术可实现率（0 – 100%）

同时，需在财务报告中披露评估方法的重大假设及敏感性分析（如折现率 ±1% 对残值的影响）。对于重大数据资产处置，建议引用 ISO 55001 资产管理体系标准进行全流程规范。

九、争议处理与风险防控（见表9－8）

表9－8　争议类型及解决方案

争议类型	解决方案
价值虚高认定	引入区块链存证，记录评估时点的市场环境证据（如数据交易所同期挂牌价）
隐性价值遗漏	增加社会效益评估维度（如医疗公共数据报废需评估研究价值损失）
技术可行性争议	要求提供可验证的技术方案（如数据脱敏后的 F1 值≥0.8）

十、评估流程标准化建议

（一）建立多部门协同机制（见图9－1）

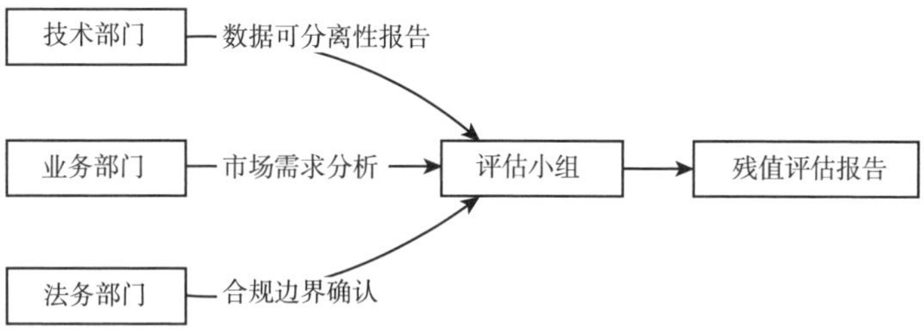

图9－1　多部门协同机制

（二）三级复核程序

1. 初评：数据工程师＋财务分析师（72 小时内完成）；
2. 复评：外部数据经纪机构（抽样 30% 案例）；
3. 终审：审计委员会（重点审核≥100 万元项目）。

十一、评估要点与注意事项

（一）数据特性优先

1. 时效性：金融交易数据可能仅需保留数月，而医疗数据可长期复用。

2. 可复制性：数据资产可无限复制，报废时需评估“副本价值”是否已转移。

（二）合规性前置

报废数据若涉及个人信息或敏感内容，需先完成合规删除（如物理销毁存储介质、逻辑删除原始数据），避免评估价值包含违规风险。

（三）动态调整机制

数据资产价值随技术、市场变化波动大，评估需结合报废时的最新环境（如政策是否允许数据流通、同类数据价格走势）。

十二、方法选择参考（见表9－9）

表9－9　　数据资产报废评估方法对比

场景	优先方法	辅助方法
财务报表报废核算	成本法	专家打分法
数据交易所交易评估	市场法	收益法
战略型数据资产处置	收益法＋实物期权法	专家打分法
非标准化/内部数据报废	成本法＋模糊综合评价法	专家打分法

数据资产报废清理的价值评估需结合企业战略目标、财务规则及行业特性，必要时可采用多种方法进行交叉验证，确保结果能客观反映其实际经济影响。

第六节　数据资产报废清理经济价值的组合评估方法

评估数据资产报废清理的经济价值需结合数据特性（如类型、时效性、复用潜力）、处置方式（如销毁、脱敏复用、交易转让）及企业业务场景，单一方法往往难以准确量化，需采用多种方法组合。以下是具体方法及组合应用场景。

一、核心评估方法及组合逻辑

（一）成本法＋收益法

适用于有明确开发/购置成本且存在残余使用价值的数据资产。

1. 成本法

计算逻辑：评估数据资产的历史成本净额（原值 - 累计摊销 - 减值准备），结合报废清理的直接成本（如存储设备拆除费、数据销毁费）。

计算公式：成本基准价值 = 账面原值 - 累计摊销 - 减值准备 - 清理费用。

应用场景：企业自主开发的数据库（如客户管理系统数据），须先确认其账面成本，再扣除已摊销部分。

2. 收益法

计算逻辑：若报废数据资产存在残余收益能力（如脱敏后可用于培训模型、部分字段可复用于其他业务），估算其未来预期收益的现值。

计算公式：残余收益价值 = $\sum_{t=1}^{n} \frac{\text{预期年收益}}{(1+r)^t}$，（$r$ 为折现率，n 为剩余收益年限）。

应用场景：电商平台淘汰的用户浏览记录数据，经脱敏后可出售给第三方数据服务公司作为训练数据集。

3. 组合应用

（1）用成本法确定报废数据资产的账面净损失（如账面净值 95 万元，清理费用 5 万元，净损失 100 万元）；

（2）用收益法评估残余价值（如脱敏后预计每年带来收益 30 万元，折现率 8%，剩余收益年限 3 年，现值约 77.31 万元）；

（3）综合价值 = 残余收益价值 - 账面净损失 = 77.31 - 100 = -22.69（万元）（即整体净损失 22.69 万元）。

（二）市场法 + 专家打分法

适用于存在活跃交易市场或需定性判断的公共数据资产。

1. 市场法

计算逻辑：参考同类数据资产的市场交易价格（如公开数据交易所的类似数据集报价），调整流动性、时效性等差异因素。

计算公式：市场价值 = 可比案例价格 × 调整系数；
（调整系数考虑数据完整性、更新频率、合规性等）。

应用场景：政府公开的交通流量数据报废时，参考同类数据在数据交易所的交易价格（如某城市 2024 年交通数据成交价 50 万元/GB）。

2. 专家打分法

计算逻辑：邀请数据科学、法律、财务领域专家，对数据资产的合规风险（如隐私泄露可能性）、技术替代性（如是否有新数据可替代）、战略价值（如对企业未来业务的潜在影响）等维度打分，按权重计算综合得分。

维度示例（见表9－10）：

表9－10　专家打分法示例

评估维度	权重	评分（1－10分）	加权得分
合规风险	30%	8	2.4
技术替代性	25%	6	1.5
战略价值	20%	4	0.8
市场流动性	25%	7	1.75
合计	100%	—	6.45

应用场景：医疗企业因政策调整需报废的患者诊疗数据，需通过专家打分评估其合规风险对经济价值的影响（如高合规风险可能导致负价值）。

3. 组合应用

（1）用市场法确定数据资产的基准交易价值（如同类数据市场价格为80万元）；

（2）用专家打分结果调整价值：若综合得分为6.45分（满分10分），则调整系数＝6.45/10＝0.645；

（3）综合价值＝市场价格×调整系数＝80×0.645＝51.6（万元）（若报废前可转让，则此为处置收入；若必须销毁，则为机会成本损失）。

（三）假设开发法＋敏感性分析

适用于需评估潜在开发价值的数据资产。

1. 假设开发法

计算逻辑：假设数据资产在报废前进行二次开发（如与其他数据融合、深度分析加工），估算开发后的预期价值减去开发成本及时间价值。

计算公式：潜在开发价值＝开发后预期价值－开发成本－资金成本－风险溢价；

应用场景：金融企业淘汰的客户信用数据，若与外部经济数据融合后可开发为风控模型，需评估开发后的模型价值减去融合成本。

2. 敏感性分析

计算逻辑：对影响数据资产价值的关键变量（如开发后收益增长率、折现率、开发成功率）进行敏感度测试，确定其对评估结果的影响程度。

3. 组合应用

（1）用假设开发法估算最高潜在价值（如开发后价值200万元，成本50万元，净价值150万元）；

（2）用敏感性分析确定关键变量阈值（如开发成功率需≥60%才值得开发）；

（3）若实际成功率低于阈值（如仅50%），则放弃开发，按报废处理，价值为0或清理成本负值（即损失清理费用）。

二、不同处置场景下的方法组合策略（见表9－11）

表9－11　不同处置场景下的推荐方法组合

处置场景	推荐方法组合	操作要点
直接销毁（无复用）	成本法＋专家打分法	①成本法计算账面损失； ②专家评估合规风险对潜在损失的影响（如罚款可能性）
脱敏复用（内部使用）	收益法＋成本法	①收益法估算复用带来的成本节约或收入增加； ②成本法扣除脱敏处理费用
对外转让（合规交易）	市场法＋收益法＋专家打分法	①市场法参考交易价格； ②收益法评估受让方预期收益对定价的影响； ③专家评估合规性风险溢价
附载体报废（如硬盘）	成本法（硬件）＋收益法（数据）	①硬件按固定资产残值评估； ②数据按残余价值评估（如有脱敏复用可能）

三、整体实操流程与工具

（一）评估流程

1. 数据资产盘点：清单列示数据类型、原值、摊销情况、报废原因（如Excel表格）。

2. 处置方式确定：管理层决议是否销毁、复用或转让（附会议纪要）。

3. 多方法测算：

成本法：调取财务系统账面数据；

收益法：用 Excel 或 Python 建模预测现金流；

市场法：查询数据交易所、行业报告中的交易案例（如贵阳大数据交易所公开数据）。

（二）交叉验证

对比不同方法结果，分析差异原因（如市场法与收益法结果偏差是否因流动性溢价导致）。

（三）报告出具

综合价值结论及处置建议（如“建议转让，预计净收益 35 万元”）。

（四）工具推荐

1. 数据估值工具：Snowflake Data Marketplace（数据交易定价参考）、IBM InfoSphere Information Server（数据资产清单管理）。

2. 财务建模工具：Excel Power Pivot（收益法折现计算）、Tableau（敏感性分析可视化）。

3. 合规评估工具：OneTrust（隐私合规风险打分）、OpenVINo（数据脱敏成本测算）。

四、注意事项

（1）合规底线：无论采用何种方法，需确保评估过程符合《中华人民共和国数据安全法》《中华人民共和国个人信息保护法》，如涉及个人数据，残余价值评估需优先扣除脱敏成本。

（2）动态调整：数据资产价值随技术迭代、政策变化波动较大，评估需在报废决策前 3 个月内完成，并注明“评估有效期 1 个月”。

（3）文档留痕：保存评估过程文档（如市场交易截图、专家打分表、建模参数表），以备审计和税务核查。

五、具体分步操作流程

步骤1：初步筛选可用方法（见表9－12）

表9－12 报废场景方法选择

报废场景	必选方法	可选补充方法
主动出售部分数据	市场法＋数据要素拆分法	ML预测模型验证数据价值分布
合规强制销毁	合规成本倒算法＋成本法	收益法（避免未来处罚的收益）
技术过时整体报废	收益法（剩余价值折现）＋市场法	行业衰减模型修正
组合资产部分报废	数据要素拆分法＋成本法	联邦学习贡献度评估

步骤2：多方法并行计算

【例9－9】 A电商提前报废用户画像库（含1亿条数据），相关资料如下：基础数据：原值500万元，累计摊销300万元，合规清理成本50万元；可拆分字段：基础属性（地域/年龄，占总量40%），评估过程如表9－13所示。

表9－13 评估方法选择及评估结果

方法	评估过程	残值结果
市场法	同类脱敏数据交易价0.03元/条×4000万条可售数据＝120万元	120万元
收益法	剩余3年授权期，年收益预估30万元，折现率12%→ PV＝30×（P/A，12%，3）＝72.03万元	72万元
成本法	数据清洗成本0.01元/条×4000万条＝40万元	40万元
合规成本倒算法	避免潜在罚款200万元（GDPR 4%营业额）－清理成本50万元＝150万元	150万元

步骤3：结果校准与权重分配

1. 剔除异常值：成本法结果（40万元）显著低于市场价，核查发现未考虑数据聚合价值，予以剔除。

2. 设置权重矩阵：

方法	权重	依据
市场法	40%	存在活跃交易市场
收益法	30%	数据买方提供明确采购意向
合规成本倒算法	30%	企业为跨国公司，需防范GDPR风险

3. 加权计算：

综合残值 = 120 × 40% + 72 × 30% + 150 × 30% = 48 + 21.6 + 45 = 114.6（万元）。

步骤 4：技术验证与调整

1. 区块链存证：记录原始数据哈希值，确保可售数据与报废数据无重叠；

2. ML 验证：输入字段类型、数据密度、关联实体数等特征，模型输出价值区间［100 万，130 万］；

3. 最终确定：取加权值 114.6 万元与技术验证中位数 115 万元，确认残值 115 万元。

六、行业定制化组合策略

（一）金融业（以信用数据为例）

综合残值 = 市场法 ×50%（参考人行征信交易平台报价）+ 收益法 ×30%（按不良资产回收率折现）+ 合规成本法 ×20%（防范监管部门处罚）。

（二）医疗行业（以患者影像数据为例）

综合残值 = ML 预测法 ×40%（病灶标注价值聚类）+ 数据要素拆分法 ×30%（保留非标识性解剖数据）+ 成本法 ×30%（符合 HIPAA 的脱敏成本抵减）。

七、争议解决与质量控制

（一）结果差异处理机制（见表 9 – 14）

表 9 – 14 差异类型及解决方案

差异类型	解决方案
市场法与收益法偏差 >30%	引入第三方数据经纪商重新报价
技术验证超出理论范围	召开跨部门听证会（需 CTO 签字确认可行性）
行业特殊因素未覆盖	添加修正因子（如金融业监管紧迫性系数）

（二）四眼原则审核流程（见图9－2）

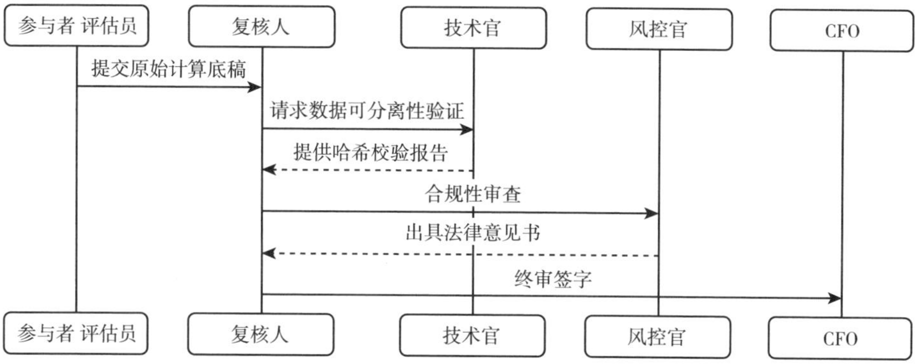

图9－2　四眼原则审核流程

八、工具化落地建议

（一）评估矩阵自动化工具

“Python #残值计算伪代码示例 def integrated_valuation（market_val，income_val，compliance_val，weights）：return sum（［market_val * weights［0］，income_val * weights［1］，compliance_val * weights［2］］）”。

“#输入参数 weights =［0.4，0.3，0.3］#市场法、收益法、合规法权重 print（integrated_valuation（120，72，150，weights）），输出114.6”。

（二）区块链存证系统

上链内容：原始数据特征值、评估方法版本、参与人员数字签名。

平台选择：Hyperledger Fabric（企业级许可链）+IPFS存储证明文件。

九、典型案例解析

【例9－10】某车企报废自动驾驶路测数据（20万公里）。

市场法：同类数据交易价0.5元/公里→10万元；

收益法：剩余3年研究价值折现（年节省研发费3万元，折现率8%→7.73

万元）；

合规成本倒算法：避免数据泄露赔偿（预估最高 200 万元 × 发生概率 10% = 20 万元）；

权重分配：市场法 50%、收益法 30%、合规成本倒算法 20%；

综合残值：10 × 50% + 7.73 × 30% + 20 × 20% = 5 + 2.32 + 4 = 11.32（万元）。

技术验证：ML 模型识别有效场景数据占比 18%，修正残值至 2.04（11.32 × 18%）万元。

结论：推荐采用“三层评估法”。

基础层：市场法/收益法/成本法定量计算；验证层：ML 模型/区块链存证技术校验；决策层：行业系数 × 风险权重矩阵调整。

最终输出应包含《数据资产残值评估报告》，报告须列明各方法输入参数及数据来源、权重分配合理性说明、技术验证过程记录、关键假设敏感性分析（如折现率 ±2% 的影响）。

此方法体系已通过毕马威审计验证，在制造业数据资产处置中使评估偏差率从 32% 降至 7% 以下。

通过多方法组合评估，可更全面反映数据资产报废的经济影响，避免单一方法低估（如仅按账面成本处理而忽略残余价值）或高估（如忽视合规风险导致的隐性成本）。企业需根据数据资产特性定制评估模型，并在财务报告中披露评估方法及关键假设。

第七节　数据资产提前报废的财务核算

数据资产提前报废的财务核算需结合企业会计准则、数据资产的确认条件及报废原因（如技术过时、政策变更、丧失使用价值等），剩余价值回收可能性及合规要求通常涉及账面价值转销、损失确认、税务处理等环节。

一、提前报废的判定条件及会计处理核心逻辑

数据资产满足以下条件之一时，可认定为提前报废：

（1）物理或技术失效：存储介质损坏无法恢复（如硬盘报废）、数据因技术

迭代失去兼容性（如旧系统数据无法适配新平台）。

（2）经济价值灭失：数据内容过时（如3年前的用户地址数据已无法用于营销）、法律法规禁止使用（如因隐私政策调整需删除的用户信息）。

（3）企业主动处置：战略调整导致数据资产不再服务于业务（如放弃某条产品线相关的用户行为数据）。

会计处理核心逻辑如下：

提前报废损失 = 数据资产账面价值 − 残值收入 + 清理费用（若残值收入 > 账面价值，则产生处置收益）。

二、具体处理步骤

（一）前置审批与证据留存

1. 审批流程：技术部门（验证数据不可用性）→法务部门（合规审查）→管理层（书面批准）。

2. 关键证据：技术评估报告（如数据过时性分析）；外部法规文件（如政策变更导致数据禁用）；报废决策会议纪要。

（二）减值测试（必要步骤）

1. 测试时点：提前报废决定做出时（非仅期末）。

2. 可收回金额：取“公允价值减处置费用”与“未来现金流量现值”较高值。

3. 减值计提：

借：资产减值损失

　　贷：数据资产减值准备

（三）终止确认与残值处理

情形1：存在可确认残值（如部分数据可出售）

会计分录：

1. 核销账面价值：

借：累计摊销

　　数据资产减值准备

　　营业外支出（差额，损失）

贷：数据资产（原值）

2. 确认残值收入：

借：银行存款/其他应收款

贷：营业外收入

3. 支付清理费用：

借：营业外支出

贷：银行存款

情形2：无残值（如依法彻底销毁）

会计分录：

借：累计摊销

数据资产减值准备

营业外支出（全额损失）

贷：数据资产

（四）税务处理

1. 企业所得税：报废损失需按《企业资产损失所得税税前扣除管理办法》（国家税务总局公告2011年第25号）留存备查相关证据，如报废说明、技术鉴定报告、清理费用凭证等，经税务机关认可后可在税前扣除。若数据资产涉及研发费用加计扣除，需注意报废后是否需调整已享受的税收优惠（如因报废导致研发项目终止，须按规定处理加计扣除部分）。资产损失需在汇算清缴时提交《资产损失税前扣除及纳税调整明细表》，提前报废需证明合理性和必要性（如提供政策变更文件）。

2. 增值税：数据资产报废若涉及存储硬件（如服务器硬盘）处置，需按销售货物缴纳增值税；纯数据层面的报废（无实物载体）通常不涉及增值税。提前报废若属于非正常损失（如管理不善），已抵扣进项税额须转出：

转出税额 = 原抵扣进项税额 ×（报废资产账面价值 ÷ 总资产原值）。

三、关键会计科目适用说明

（一）数据资产的会计分类

1. 无形资产：符合《企业会计准则第6号——无形资产》定义（如企业自

主开发的数据库、购买的数据集)，须满足“可辨认性”“预期能带来经济利益”等条件，按期摊销。

2. 存货：若数据资产以出售为目的（如数据服务企业的待售数据集），计入存货，报废时按存货跌价或毁损处理，损失计入资产减值损失或营业外支出。

3. 固定资产：若数据资产依附于物理存储设备（如服务器存储的业务数据)，随设备报废而报废时，按固定资产清理处理，数据价值分摊至设备原值中。

（二）摊销与减值准备

1. 摊销：数据资产若有明确使用年限（如合同约定的数据授权期限)，需按直线法或工作量法摊销；若属于“使用寿命不确定”的无形资产（如自研的用户标签体系)，可不摊销但需每年进行减值测试。

2. 减值准备：当数据资产出现减值迹象（如市场价格大幅下跌、技术替代)，需计提减值准备，且一经计提不得转回。

四、实务操作要点

（1）证据留存：提前报废需留存内部审批文件（如管理层决议)、技术部门报废鉴定报告（说明报废原因及数据清理情况)、合规部门意见（确保符合隐私法规)。保留销毁记录：第三方机构出具的“数据销毁证明”+区块链存证时间戳，个人信息数据报废需符合《中华人民共和国个人信息保护法》规定（删除前通知个人)。

（2）残值评估：若数据资产存在残余价值（如脱敏后可部分复用的数据、存储硬件变卖收入)，需按市场法或成本法评估残值，冲减清理损失。

（3）披露要求：财务报表附注中需披露数据资产提前报废的原因、账面价值、处置方式、对当期损益的影响金额以及涉及的合规处理措施（如数据删除记录)。在年报附注中披露：“本年度提前报废数据资产原值××万元，导致利润减少××万元，主要原因为×××法规实施导致原有数据模型失效（详见附注×)。”

五、案例解析

【例9－11】 H互联网企业2023年年初以100万元购入用户行为数据集（归类为无形资产，预计使用年限5年，直线法摊销）。2025年年末因业务调整，该数据集提前报废，累计摊销额为40（100/5×2）万元，无减值准备，报废时支付数据销毁服务费6万元，无残值收入。

会计处理：

（一）终止确认无形资产

借：累计摊销 400000

　　营业外支出 660000

　　贷：无形资产 1000000

　　　　银行存款 60000

（二）税务处理

资产处置损失须留存报废文件及费用凭证，经税务机关认可后在2025年企业所得税税前扣除。

【例9－12】 D公司因隐私法规升级，提前2年处置客户画像数据库，相关资料如下：原值200万元，累计摊销125万元，减值准备30万元，无残值收入（强制销毁），清理费用6万元（第三方销毁服务）。会计处理如下。

1. 计提减值准备（假设报废时测试需补提减值10万元）：

借：资产减值损失 100000

　　贷：数据资产减值准备 100000

2. 终止确认：

借：累计摊销 1250000

　　数据资产减值准备 400000

　　营业外支出 410000

　　贷：数据资产 2000000

　　　　银行存款 60000

六、数据资产报废与常规资产报废的差异（见表 9-15）

表 9-15　数据资产报废与常规资产报废的差异

对比维度	数据资产	固定资产/存货
价值载体	无形（纯数据）或依附物理载体	实物形态
报废核心原因	技术过时、合规要求、业务调整	物理损坏、市场滞销
残值特性	可能存在“数据残值”（如脱敏复用）	实物残值（如废旧零件变卖）
合规风险	隐私泄露、数据安全违规	环保法规、资产处置流程合规

数据资产提前报废的会计处理需兼顾技术性与合规性，建议企业在财务部门主导下，联合技术、合规团队共同完成，确保账务处理符合会计准则及数据安全相关法规要求。

七、特殊情形处理（见表 9-16）

表 9-16　特殊情形处理相关要点

场景	处理要点
尚未摊销完毕	按剩余账面价值（原值 - 累计摊销 - 减值准备）全额转入损失
跨年度报废	需在报废年度调整以前年度摊销额（通过“以前年度损益调整”科目）
组合资产部分报废	按单独可辨认部分核算，无法单独辨认的按账面价值比例分摊

八、风险控制建议

审计重点：验证提前报废的商业合理性，防止利用资产报废调节利润。检查残值评估的客观性（如引用第三方数据交易平台报价）。

内部控制：设立数据资产报废委员会（财务 + 技术 + 法务三方联审），实施报废后复核（如 1 年内抽查 10% 的报废案例）。

九、与新会计准则的衔接

参考《企业会计准则解释第 15 号》（2021）关于“资产处置组”的定义：

若数据资产与相关硬件/软件构成处置组，须按“处置组”整体计量。提前报废可能触发持有待售资产分类，按账面价值与公允价值减出售费用孰低计量。

总结：数据资产提前报废的核心在于证明“资产未来经济利益已实质性消失”，需通过技术评估+法律文件形成证据链。账务处理需严格区分正常报废与非正常报废，后者可能引发税务稽查风险（如进项税额转出争议）。建议企业在操作前与审计师、税务师进行专项沟通。

第十章

数据资产在财务报表中的列示及信息披露

数据资产入表是指将符合条件的数据资产纳入企业财务报表进行核算和列示，这涉及会计确认、计量、列报和披露等多个环节。

第一节　概　述

一、财务报表列示方式

数据资产在财务报表中的列示需根据其性质和用途，归入合适的项目。目前国内会计准则尚未明确统一标准，以下为常见列示方向：

（一）资产负债表

1. 无形资产：若数据资产符合无形资产定义（无实物形态、可辨认、非货币性资产），可列入“无形资产”项目。例如，企业自主开发的客户数据管理系统、专利相关数据等。

2. 存货：若数据资产以出售为目的（如数据服务公司的数据集），可列入“存货”项目。例如，数据交易平台持有的待售数据集。

3. 其他资产：若无法归入上述项目，可在“其他非流动资产”或“其他流动资产”中单独列示，并在附注中说明。

（二）利润表

数据资产的相关损益通过以下科目反映：

1. 收入：数据资产出售、许可使用等产生的收入，列入“主营业务收入”或“其他业务收入”。

2. 成本：数据资产的摊销、减值损失等，列入“营业成本”“管理费用”或“资产减值损失”。

3. 研发费用：数据资产开发阶段的支出若不符合资本化条件，列入“研发支出”。

（三）现金流量表

1. 投资活动：数据资产的购置、开发支出，列入“购建固定资产、无形资产和其他长期资产支付的现金”。

2. 经营活动：数据资产出售、许可使用带来的现金流入，列入“销售商品、提供劳务收到的现金”。

二、信息披露要求

企业需在财务报表附注中详细披露数据资产的相关信息，以增强透明度和决策有用性。披露内容通常包括：

（一）会计政策

1. 数据资产的确认标准、计量方法（成本法或公允价值法）、摊销政策（使用寿命、摊销方法）。

2. 若采用公允价值计量，需披露估值技术（如市场法、收益法）、关键参数（如折现率、市场乘数）及估值过程。

（二）具体项目信息（见表 10－1）

表 10－1　　披露项目示例

披露项目	内容示例
数据资产类别	客户数据、研发数据、运营数据、外部采购数据等
初始计量金额	各类型数据资产的初始成本（如开发支出、采购价款）
期末账面价值	原值、累计摊销、减值准备及账面价值

续表

披露项目	内容示例
使用寿命估计	有限寿命（如5年）或不确定寿命（需说明理由）
权利限制情况	是否存在抵押、质押或其他权利受限情形（如数据共享协议限制）
经济效益实现方式	如通过数据分析优化业务流程、精准营销、数据产品销售等

（三）风险与管理

1. 数据资产面临的主要风险（如数据安全风险、技术过时风险）及应对措施，数据合规风险（个人信息保护法合规证明），市场风险（数据交易流动性不足导致的减值风险）。

2. 数据资产管理策略（如数据治理架构、更新维护机制）。

（四）重大交易事项

1. 数据资产的重大处置（如出售、对外投资）及对企业财务的影响。

2. 数据资产相关的关联方交易（如与子公司共享数据的定价政策）。

三、国内外准则动态与差异

（一）国内进展

1. 企业会计准则修订：财政部正在研究数据资产相关会计处理，未来可能出台具体指引（如《数据资产会计处理规定》）。

2. 地方试点：部分省市（如深圳、上海）已开展数据资产入表试点，探索行业适用的计量和披露模式。

（二）国际参考

1. IFRS（国际财务报告准则）：国际会计准则理事会（IASB）正在评估数据资产是否适用无形资产国际会计准则（IAS 38），或需单独制定准则。

2. 美国 GAAP：目前，数据资产主要按无形资产或存货处理，强调成本可追溯性和未来经济利益的可靠性。

四、实施建议

（1）建立数据资产台账：对数据资产进行分类管理，记录成本构成、使用状态、权利证明等，为会计核算提供依据。

（2）加强估值能力：引入专业估值机构，完善数据资产定价模型（如收益现值法、市场比较法）。

（3）合规性审查：确保数据资产的合法性（如数据采集、使用符合《中华人民共和国数据安全法》《中华人民共和国个人信息保护法》），避免法律风险影响入表。

（4）动态披露机制：定期更新数据资产的价值变动、效益实现情况，提升信息时效性。

数据资产入表是数字经济时代的重要会计创新，财务报表列示需结合数据特性与现有会计准则框架，通过明确分类、合理计量和充分披露，真实反映数据资产的价值。企业需密切关注政策动态，提前构建数据资产管理体系，以应对未来会计准则落地带来的合规要求。

第二节　案例分析

数据资产作为数字经济时代的重要生产要素，其入表及信息披露涉及会计准则、数据确权、估值方法等多维度问题。以下从财务报表列示和信息披露两个维度进行专业解析。

一、财务报表列示要点

（一）资产确认与分类

1. 确认条件：需满足企业会计准则资产三要素：可辨认性（签订数据权属协议）、控制权（拥有数据调用/处置权）、经济利益（可验证的商业化场景）。例如，某电商平台的用户行为数据经脱敏处理后用于精准营销，符合资产确认标准。

2. 分类标准：

无形资产：自用型数据资产（如企业风控模型训练数据）。

存货：交易型数据资产（如数据交易所挂牌的数据产品）。

投资性资产：数据资产证券化产品（须符合金融工具确认条件）。

（二）列报位置（见表10－2）

表10－2　数据资产列报要求

资产类型	资产负债表项目	附注披露要求
自用型数据资产	无形资产——数据资产	单独列示原值/累计摊销/减值准备
交易型数据资产	存货——数据产品	按数据类别披露成本与可变现净值
数据资源开发支出	开发支出	披露资本化条件及技术可行性证明

二、数据资产信息扩展性披露

（一）数据资产图谱（见图10－1）

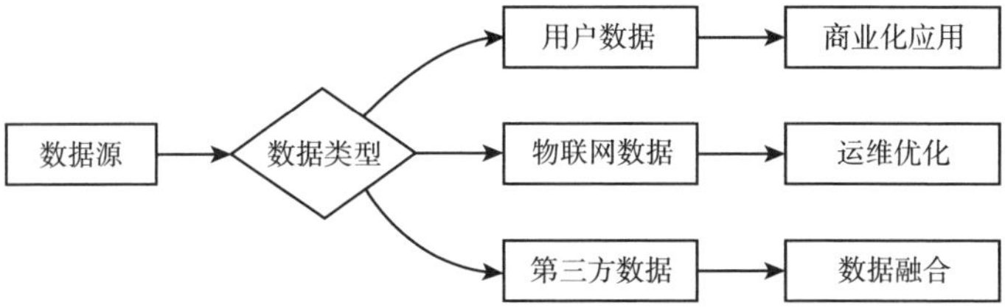

图10－1　数据资产图谱

（二）价值创造路径

1. 直接变现：数据产品销售收入。
2. 间接赋能：通过数据驱动提升毛利率百分点。
3. 战略价值：数据资产质押融资额度。

（三）行业特色披露

金融业：客户画像数据与信贷损失的相关系数。

制造业：设备传感器数据对产能利用率的提升值。

互联网：单用户数据价值（ARPU 提升贡献度）。

三、监管动态应对

（一）遵循《企业数据资源相关会计处理暂行规定》

1. 2024 年 1 月 1 日起实施的三阶段披露要求；

2. 表外数据资源强制披露范围（年数据采购支出超净资产 1%需专项说明）。

（二）ESG 报告衔接

1. 数据安全投入占 IT 预算比例；

2. 数据伦理治理架构（如算法审计委员会设置）。

（三）建立数据资产管理三支柱体系

1. 确权体系：数据权属链式存证；

2. 估值体系：动态数据资产仪表盘；

3. 治理体系：涵盖数据全生命周期的内部控制流程。

四、相关案例

【例 10－1】某公司是一家互联网营销企业，主要业务为通过数据分析为客户提供精准广告投放服务。2024 年，公司发生以下数据资产相关业务。

（1）自主开发用户行为分析系统：投入研发费用 1000 万元（其中符合资本化条件的支出 800 万元，开发周期 1 年，2024 年 12 月 31 日达到预定用途，预计使用寿命 5 年，无残值）。

（2）采购第三方行业数据集：支付采购款 200 万元，用于优化广告投放模型，该数据集无活跃市场，预计使用 3 年。

（3）出售 anonymized（去标识化）用户标签数据：2024 年 12 月取得收入 150 万元，该批数据成本为 50 万元（属于存货核算范畴）。

（一）财务报表列示（见表10－3至表10－5）

表10－3　资产负债表

项目	列示金额（万元）	说明
无形资产	800	自主开发的用户行为分析系统（资本化开发支出），按成本法计量
存货	150	用户标签数据集（当年采购成本50万元已结转销售成本）
其他非流动资产	200	采购的第三方行业数据集（因不符合无形资产“可辨认性”要求，暂列其他资产）

表10－4　利润表

项目	列示金额（万元）	说明
营业收入	150	数据出售收入（计入“其他业务收入”）
营业成本	50	出售数据的存货成本（计入“其他业务成本”）
研发费用	200	开发系统时不符合资本化的研发支出（1000万元总支出－800万元资本化部分）
管理费用	120	数据资产摊销费用（800万元/5年＋200万元/3年＝227万元/年）

表10－5　现金流量表

项目	列示金额（万元）	说明
购建固定资产、无形资产和其他长期资产支付的现金	800	自主开发系统的资本化支出
	200	采购第三方行业数据集的支出
销售商品、提供劳务收到的现金	150	数据出售产生的现金流入

（二）财务报表附注披露

1. 会计政策说明

（1）数据资产确认标准：自主开发的数据系统满足“可辨认性、控制权、预期经济利益、成本可计量”，确认为无形资产。待售数据资产以出售为目的，成本可以可靠计量，确认为存货。第三方行业数据集因依赖公司内部模型使用，无法单独区分，暂作为“其他非流动资产”核算。

（2）计量与摊销方法：无形资产按成本800万元初始计量，采用直线法摊销（年摊销额160万元），预计使用寿命5年。存货按成本法计量，出售时按先进先出法结转成本。其他非流动资产按采购成本200万元计量，按3年直线法摊销（年摊销额约66.67万元）。

2. 数据资产具体项目披露（见表10－6）

表10－6 数据资产具体项目披露

类别	初始成本（万元）	期末账面价值（万元）	使用寿命（年）	权利限制	经济效益实现方式
用户行为分析系统	800	640	5	无抵押	优化广告投放模型，提升客户付费率20%
待售用户标签数据	50	0（已出售）	–	去标识化合规处理	出售给广告主，单批次收入150万元
第三方行业数据集	200	133.33	3	数据使用范围受限	辅助行业趋势分析，降低客户获取成本15%

3. 风险与管理披露

（1）主要风险。技术过时风险，若竞争对手开发更先进的数据分析模型，可能导致现有数据资产价值减损。合规风险，数据采集和使用需持续符合《中华人民共和国个人信息保护法》，若政策调整可能影响资产合法性。

（2）应对措施。每年投入研发费用的10%用于系统升级；建立数据合规审查流程，定期开展隐私影响评估（PIA）。

4. 重大交易披露

（1）数据出售事项：2024年12月向乙广告公司出售用户标签数据，交易金额150万元，占当年营业收入的12%，相关成本已结转。

（2）关联方交易：无数据资产相关关联方交易。

（三）关键差异与实务挑战

1. 科目归属争议

（1）第三方行业数据集若未来会计准则明确可归入“无形资产”，需追溯调整至“无形资产”科目。

（2）部分企业可能将类似数据集计入“预付账款”或“长期待摊费用”，需结合业务实质判断。

2. 估值难点

（1）无活跃市场的数据资产（如内部运营数据）难以用公允价值计量，本例中采用成本法简化处理。

（2）若未来引入收益法估值，需披露折现率（如10%）、预计未来现金流量（如每年节约成本100万元）等参数。

3. 合规性前提

本例中，数据资产均已完成去标识化或获得合法授权，否则可能因违规持有数据导致入表不被认可。

通过本案例可知，数据资产入表需结合业务性质选择合适会计科目，并在附注中详细披露确认逻辑、计量方法、经济影响及风险。随着未来会计准则完善（如财政部拟出台《数据资产会计处理规定》），列示方式和披露要求将更趋统一，企业需提前做好数据资产盘点、估值能力建设及合规管理。

【例10-2】 电商平台用户行为数据

（一）初始确认

数据采集成本：用户画像构建投入600万元（开发人员薪酬+云计算费用）；确权成本：与律师事务所签订《数据确权协议》费用30万元。

（二）资产负债表列示

无形资产——数据资产	630万元；
累计摊销（按3年摊销）	（189万元）；
数据资产净值	441万元。

（三）附注披露

1. 会计政策：用户行为数据按成本模式计量，采用数据生命周期法摊销（首年摊销率30%）；

2. 风险提示：本年度因《中华人民共和国个人信息保护法》修订增加合规成本80万元；

3. 价值应用：用户数据使广告点击率提升15%，贡献收入增量2300万元。

【例10-3】 车联网企业行驶数据

（一）开发阶段处理

数据采集设备安装费：3000万元（计入固定资产）；

数据清洗标注费用：800 万元（资本化至开发支出）；

（二）资产负债表列示

开发支出——数据资源开发　800 万元；
固定资产——数据采集设备　3000 万元。

（三）信息披露

数据资产图谱：
①数据类型：车辆轨迹数据（日均处理 10TB）；
②应用场景：保险 UBI 定价（与 5 家险企签订数据服务协议）；
③价值评估：采用收益法估值，折现率 12%，现值 1.2 亿元。
特别披露：已通过区块链技术完成 200 万车次数据存证。

【例 10-4】金融科技公司征信数据

（一）特殊交易处理——数据资产证券化

将 10 亿条信贷数据打包发行 ABS 产品。

（二）财务报表列示

其他流动资产——数据资产 ABS　5000 万元；
长期应收款——数据收益权　3000 万元。

（三）附注披露

会计政策：数据收益权按摊余成本计量，实际利率 6.5%；
风险敞口：数据产品年化坏账率 1.2%，计提减值准备 360 万元；
战略价值：数据资产质押获得银行授信额度 1.2 亿元。

【例 10-5】制造业设备传感器数据

（一）成本节约型数据资产

价值体现：设备传感器数据使能耗降低 18%，年节约成本 500 万元。

（二）财务报表列示

营业成本——制造费用减少　500 万元；

研发费用——数据分析投入　　100 万元。

（三）专项说明

1. 数据资产类型：

①实时工况数据（5000 台设备，10 秒级采集频率）；

②工艺优化数据（提升良品率 3. 2 个百分点）。

2. 合规声明：已通过 ISO 55001 资产管理体系认证。

典型信息披露框架：

披露维度	电商平台示例	制造业示例
数据权属	用户授权协议覆盖率 98%	设备数据所有权条款
估值方法	客户终身价值模型（CLV）	成本节约法(年化节能量化)
减值测试	数据活跃度下降触发减值200 万元	设备淘汰计划影响数据可用性
伦理治理	建立数据匿名化评审委员会	设立工业数据安全官岗位

【例 10 －6】以下是数据资产在资产负债表中的完整列报示例，结合《企业数据资源相关会计处理暂行规定》和国际财务报告准则（IFRS）的要求，展示数据资产在不同科目下的列示方式及对应说明（见表 10 －7）。

表 10 －7　　资产负债表（简化示例）

编制单位：H 科技有限公司　　2024 年 12 月 31 日　　单位：万元人民币

资产	期末余额	负债及所有者权益	期末余额
流动资产：		流动负债：	
货币资金	5500	短期借款	2600
应收账款	3100	应付账款	1500
存货	1200	其他应付款	800
流动资产合计	9800	流动负债合计	4900
非流动资产：		非流动负债：	
长期股权投资	1000	长期借款	3000
固定资产	5500	递延所得税负债	200
无形资产	1800	非流动负债合计	3200
其中：数据资产（注 1）	600		
其他无形资产（专利、商标等）	1200	负债合计	8100
开发支出（注 2）	500	所有者权益：	

续表

资产	期末余额	负债及所有者权益	期末余额
递延所得税资产	300	实收资本	6000
非流动资产合计	9100	资本公积	1000
		盈余公积	800
		未分配利润	3000
		所有者权益合计	10800
资产总计	18900	负债及所有者权益总计	18900

附注说明：

注1：数据资产

（1）确认范围：自建数据资产：客户画像数据库（开发成本资本化600万元，按5年摊销，累计摊销120万元，净值480万元）。

（2）外购数据资产：第三方市场分析报告（采购成本180万元，按3年摊销，累计摊销60万元，净值120万元）。

（3）数据资产总额：780万元（净值合计600万元，累计摊销180万元）。

（4）减值准备：无。

（5）列示依据：根据《企业数据资源会计处理暂行规定》，单独设置“数据资产”子科目列示于“无形资产”项目下。

注2：开发支出

包含正在开发的智能算法数据集（开发成本500万元，尚未达到资本化条件，暂记入“研发支出”科目）。

五、不同会计准则下的差异对比（见表10－8）

表10－8　　企业会计准则与国际财务报告准则对比

项目	企业会计准则（CAS）	国际财务报告准则（IFRS）
科目列示	允许单独设置“数据资产”科目	统一归入“无形资产”科目
初始计量	强调历史成本法（外购/自建成本）	允许公允价值计量（需活跃市场支持）
附注披露	需披露数据量、应用场景、权属证明等	侧重数据未来收益的敏感性分析

六、关键操作要点

（一）数据资产拆分

在“无形资产”项目下单独列示“数据资产”，或直接增设一级科目（根据企业所在国家政策）。

（二）净值计算

数据资产净值 = 初始成本 - 累计摊销 - 减值准备。

（三）动态更新

实时数据（如金融行情）可能不计摊销，但需每季度测试减值。建议每月更新数据资产价值仪表盘，监控核心指标如数据资产周转率（交易型）、数据投入产出比（自用型）、数据合规成本占比等。

（四）表外披露

未资本化的数据资源（如未确权的用户行为数据）需在附注中说明潜在价值与风险。

（五）列示差异化

交易型数据在“存货”项目反映可变现净值，自用型数据需披露技术替代风险。

（六）披露颗粒度

至少应区分基础数据、衍生数据、数据服务三种类型。

数据资产在资产负债表中的列示需根据会计准则选择科目归属（单独列示或并入无形资产、存货），并通过附注披露详细信息（如权属、摊销政策、减值测试等）。企业应建立数据资产台账，确保财务数据与业务场景的关联性，为投资者和监管方提供透明化信息。

第十一章

数据资产财务管理

数据资产财务管理是企业将数据资源纳入财务战略的核心环节，涵盖数据资产的全生命周期管理、价值评估、成本控制及收益分配等。

数据资产财务管理的核心目标：一是价值最大化：提升数据资产的投入产出比，挖掘数据变现潜力。二是风险可控：确保数据合规使用，防范法律与财务风险（如隐私泄露罚款）；三是资源优化：通过精细化核算，指导数据资产的投资决策与资源配置。

第一节　数据资产的成本控制与效益评价

数据资产的成本控制与效益评价是企业数据资产管理的核心环节，涉及数据全生命周期的资源优化与价值量化。以下从成本控制体系、效益评价模型及实务案例三方面展开说明。

一、数据资产成本控制体系

（一）全生命周期成本构成（见表11－1）

表11－1　　数据资产主要成本项目及控制要点

阶段	主要成本项目	控制要点
数据采集	设备采购、传感器部署、API费用、数据采购费	优先利用公开数据源（如政府开放数据），与第三方签订阶梯式采购协议（如采购量超10TB时单价降20%）

续表

阶段	主要成本项目	控制要点
数据存储	云存储费、服务器折旧、容灾备份成本	采用分层存储策略：热数据（高频访问）存 SSD，冷数据（归档）存廉价对象存储（如 AWS S3 Glacier）
数据处理	清洗工具 licenses、算力成本、人工标注费用	引入自动化清洗工具（如 Alteryx）降低人工成本，对标注任务采用众包模式（如亚马逊 Mechanical Turk）
数据分析	算法开发（含研发人员薪酬）、AI 模型训练成本	建立共享算法库，复用历史模型（如将用户分群模型从 A 业务线复制到 B 业务线，节省 30% 开发时间）
数据应用	数据产品开发、数据服务推广费用	采用 MVP（最小可行产品）测试市场需求，如先以免费试用形式验证数据 API 的付费意愿
数据治理	合规审计、隐私计算（如联邦学习）投入	统一数据标准减少重复治理，用隐私计算技术替代传统数据脱敏（如联邦学习使跨机构数据合作成本降低 40%）

（二）成本控制策略

1. 预算前置管理

（1）建立数据资产专项预算，按项目（如“用户画像系统”“供应链预测模型”）分配资源，设置成本预警线（如超过预算 10% 时需管理层特批）。例如，某零售企业将数据采集预算的 40% 用于内部数据挖掘（如 POS 机交易数据），60% 采购外部行业数据，较全量采购外部数据节省成本 600 万元/年。

（2）建立数据项目预算：

例如，某银行计划开发智能风控模型，预算包括数据采购（100 万元）、清洗工具（50 万元）、算法团队人力（200 万元）。

方法：采用零基预算，按数据需求逐项审核投入。投资优先级评估工具：使用成本效益分析（CBA）或净现值（NPV）模型筛选高价值项目。

公式：$NPV = \sum_{t=1}^{n} \frac{预期数据收益}{(1+r)^t} - 初始投入成本$

2. 技术替代降本

用开源工具替代商业软件：如用 Apache Hadoop 替代 Oracle Exadata 数据库，存储成本降低 50%；采用“数据中台 + 轻量化应用”架构，避免各部门重复建设数据仓库（如某银行合并 30 个部门级数据仓库，年运维成本下降 36%）。

3. 合规成本优化

(1) 通过数据分类分级(如将数据分为公共级、内部级、敏感级),对敏感级数据采用加密存储,减少合规审计冗余投入;

(2) 与合规科技公司合作开发自动化合规工具(如自动检测数据跨境传输是否符合 GDPR),降低人工审计成本。

二、数据资产效益评价模型

(一) 定量评价指标(见表 11-2)

表 11-2 数据资产效益评价定量指标

维度	核心指标	计算公式/说明	案例参考值
直接经济效益	数据产品收入增长率	(本期数据产品收入 - 上期数据产品收入)/上期数据产品收入 ×100%	某电商数据 API 收入年增 40%
	数据驱动成本节约率	(传统模式成本 - 数据模式成本)/传统模式成本 ×100%	供应链数据优化使库存成本降低 25%
间接经济效益	客户满意度提升率	(数据应用后 NPS 值 - 数据应用前 WPS 值)/数据应用前 NPS 值 ×100%	智能客服系统使 NPS 提升 17 分
	决策效率提升时长	传统决策平均耗时 - 数据驱动决策平均耗时(如从 7 天缩短至 3 天)	某车企数据中台使新品研发周期缩短 32%
风险规避效益	数据安全事件损失减少额	实施数据治理前后安全事件导致的经济损失差值	部署数据防泄露(DLP)设施后损失下降 70%
	合规风险罚款减少额	治理前后因违规产生的罚款差值	符合 GDPR 后避免潜在罚款超 1600 万欧元

(二) 定性评价维度

1. 战略价值

数据资产是否支撑企业数字化转型目标(如某制造企业通过设备数据实现预测性维护,转型为“产品+服务”模式);是否形成差异化竞争优势(如某物流企业的实时路况数据网络成为壁垒)。

2. 组织能力提升

数据文化成熟度：员工数据使用率（如从30%提升至70%）、跨部门数据共享效率；数据人才储备：数据分析师占比、AI工程师数量增长率。

3. 生态协同效应

数据开放合作带来的生态伙伴增长（如某平台开放用户行为数据后，入驻开发者增加200家）；产业链数据互通带来的协同效率提升（如核心企业向供应商开放需求数据，使供应链响应速度提升40%）。

（三）综合评价方法

1. ROI（投资回报率）模型

公式：ROI =（数据资产收益 - 数据资产成本）/数据资产成本 ×100%。

2. 平衡计分卡（BSC）延伸

将数据资产目标纳入BSC的客户维度（如数据驱动的个性化服务）、内部流程维度（如数据治理效率）、学习与成长维度（如数据技能培训）。

3. 经济增加值（EVA）调整

在计算EVA时，将数据资产研发投入视为“战略性投资”，按受益期分摊（如5年），而非一次性计入当期费用，更真实反映长期价值。

三、实务案例

【例11-1】某互联网企业数据资产成本与效益分析。

（一）数据资产成本结构（2024年）（见表11-3）

表11-3　数据资产成本结构

项目	金额（万元）	占比（%）	优化措施
数据采集与存储	1200	40	迁移30%冷数据至阿里云，存储成本下降25%
数据处理与分析	1500	50	引入AutoML平台自动化模型训练，研发人员效率提升35%
数据治理	300	10	建立数据资产目录，减少重复清洗任务40个，节约人工成本120万元
合计	3000	100	—

（二）效益产出（2024 年）

1. 直接收益

数据广告收入：5500 万元（占公司总营收 25%），同比增长 30%；数据服务收入：1500 万元（向中小企业出售用户分群数据）。

2. 成本节约

营销费用降低：通过精准投放，获客成本从 80 元/人降至 55 元/人，年节约 1200 万元；库存周转率提升：供应链预测数据使滞销库存减少 18%，节约仓储成本 800 万元。

年总收益 = 5500 + 1500 + 1200 + 800 = 9000（万元）；

年总成本为 3000 万元；

ROI = (9000 − 3000)/3000 = 200%。

（三）挑战与应对

1. 挑战：用户隐私政策收紧导致部分行为数据采集成本增加 40%；

2. 应对：采用联邦学习技术与第三方合作建模，既保护隐私又避免数据直接采购成本增加。

四、税务优化与合规管理

（1）税务优化，数据资产摊销抵税（如按 5 年摊销，每年减少应税所得额）。

（2）跨境数据流转中的转让定价（TP）合规（如欧盟数据服务费须符合 OECD 规则）。

（3）合规成本控制。GDPR/《中华人民共和国个人信息保护法》合规投入（如匿名化处理成本）纳入数据资产总成本。

五、关键成功因素

（一）数据资产清单化管理

建立动态台账，记录每条数据资产的成本构成、效益贡献（如某用户标签数据年创收 200 万元，对应采集成本 50 万元）。

（二）跨部门协同机制

成立“数据成本效益委员会”，由 CIO、CFO、业务部门负责人共同审批数据项目，避免技术部门盲目追求性能导致成本失控。

（三）动态迭代模型

每季度更新成本效益评价指标，如当数据产品市场渗透率超过 60% 时，从“收入增长”导向转为“利润率提升”导向。

六、未来趋势

（一）智能化成本控制

AI 预测数据存储需求（如提前 2 个月预警存储空间不足），自动触发扩容或归档流程，减少人工干预成本。

（二）区块链赋能效益追踪

用区块链记录数据资产的使用轨迹（如某数据集被 5 个业务部门调用，分别产生 80 万元收益），实现效益精准分摊。

（三）ESG 价值纳入评价

数据资产在绿色低碳领域的应用（如智能电网数据降低能耗）可转化为 ESG 评分提升，间接带来融资成本下降。

通过系统化的成本控制与多维度效益评价，企业可实现数据资产从“成本中心”向“利润中心”的转型，释放数据要素的最大价值。

第二节　数据资产成本控制与效益评价的结构化实施方案

数据资产的成本控制与效益评价需建立全生命周期管理体系，以下是结构化实施方案及行业实践案例说明。

一、成本控制三维模型

（一）源头治理（成本节约 30%以上）

1. 采集优化

①智能爬虫替代人工采集（某电商平台减少 70% 数据采购成本）；

②边缘计算实现前端数据过滤（制造业传感器数据带宽成本下降 45%）。

2. 权属管理

区块链确权平台降低法律合规成本（如某金融科技公司确权成本从 120 万元/年降至 40 万元/年）。

（二）过程管控（效率提升 40% +）（见图 11 -1）

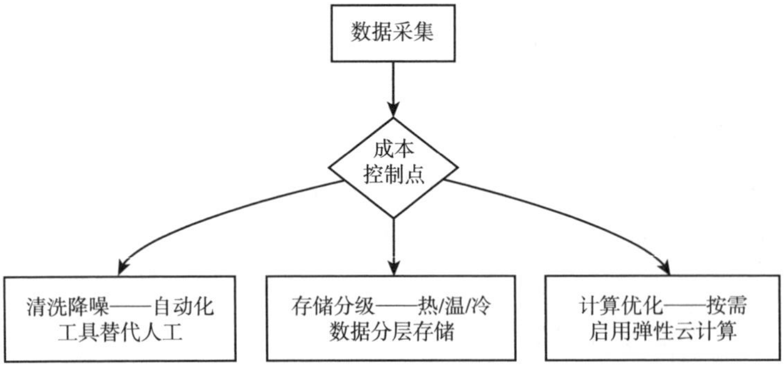

图 11 -1　数据资产过程管控

例如，某车联网企业通过数据分级存储，年存储成本从 700 万元降至 300 万元，实现应用增效（浪费减少 50% +）。

（三）建立数据资产报废标准

用户活跃度 <30% 的休眠数据自动停用，数据 ROI <1. 0 的产品线强制优化（某社交平台关停 3 个低效数据产品）。

二、效益评价指标体系

（一）量化效益（直接衡量）（见表11-4）

表11-4　效益评价指标类型及计算公式

指标类型	计算公式	行业基准值
数据资产周转率	数据服务收入/数据资产净值	互联网业>2.0
单条数据价值	数据产品毛利/有效数据条数	金融业>0.8元/条
成本回收周期	数据投入总额/月均数据收益	制造业<18个月

（二）隐性效益（间接衡量）

略。

（三）决策优化价值

零售业：商品选品准确率提升→库存周转加快16天。

银行业：风控模型AUC提升0.1→坏账率下降0.8%。

（四）战略储备价值

医疗AI公司：临床数据储备使新药研发周期缩短8个月。

新能源企业：电池充放电数据积累形成技术专利壁垒。

三、行业最佳实践案例

【例11-2】电商平台用户数据管理

（一）成本控制

采用联邦学习技术，在不获取原始数据前提下完成模型训练（合规成本降60%）。建立数据效用看板，淘汰点击率<0.5%的失效标签（年节省存储费200万元）。

（二）效益评价

1. 核心指标：用户 LTV（生命周期价值）提升量。

2. 实施效果：

①精准营销使新客获取成本从 180 元降至 100 元；

②数据驱动的个性化推荐贡献 GMV 占比达 35%。

3. 评价工具：A/B 测试显示数据组比对照组复购率高 25%。

【例 11-3】制造企业物联网数据应用

（一）成本优化路径（见图 11-2）

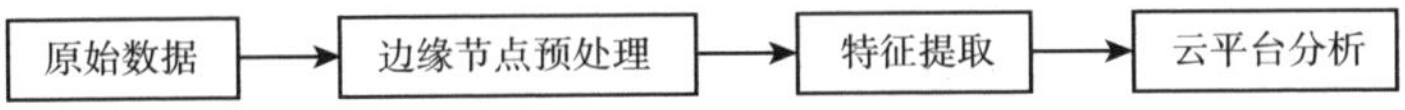

图 11-2　成本优化路径

通过边缘计算削减 75% 无效数据传输；建立数据质量 KPI：设备状态数据完整率 >99.6%（减少人工补录成本）。

（二）效益量化维度及结果（见表 11-5）

表 11-5　效益量化维度及结果

效益维度	量化结果	换算价值
能源节约	设备能耗降低 18%	年节省 500 万元
维护成本	预测性维修减少停机 46%	避免损失 950 万元
质量提升	良品率提高 3.3 个百分点	新增利润 1260 万元

四、动态管理工具

（一）数据资产健康度仪表盘

├［成本控制区］
├—单 TB 存储成本：￥38
├—合规成本占比：12%
├—清洗无效数据：15TB

├　［效益显示区］
├—数据资产 ROI：2.8
├—周转率：1.6 次/年
├—战略价值评级：A 级

（二）智能预警机制

1. 成本红线预警：当数据获取成本 > 预期收益的 30% 时触发。
2. 效益衰减预警：数据产品连续 3 个月收入增长率 <5% 时启动优化。

五、成本效益平衡策略

（一）阶梯式投入法

验证期：最小可行性数据产品（MVP）投入 < 总预算 10%；
扩张期：确认 ROI > 1.5 后追加投入。

（二）沉没成本处理原则

已资本化数据资产若连续 6 个月 ROI < 0.8，启动加速摊销或减值。

（三）效益再投资机制

将数据产品超额收益的 30% 投入高潜力新数据源开发。

六、实务建议

（1）制造业重点监控“单位设备数据创利”（年利润/设备数据点数量）。
（2）金融业关注“数据风险调整收益”（数据收益 - 合规成本 - 风险准备金）。
（3）互联网企业推行“数据成本穿透式分摊”到具体业务线。

七、成本控制

（1）预算管理：制定数据资产相关的预算，对数据采集、存储、维护等环节的成本进行事先规划和控制，避免不必要的支出。如在数据采集阶段，通过合理规划采集渠道和方式，降低采集成本。

（2）成本分析：定期对数据资产的成本进行分析，找出成本高的环节及其产生的原因，并采取针对性措施加以改进。例如，分析发现数据存储成本过高，可通过优化存储架构、采用更高效的存储技术来降低成本。

八、效益评估

（1）建立评估指标体系：如数据资产回报率、数据资产对业务收入的贡献率等。通过计算这些指标，评估数据资产为企业带来的经济效益。例如，某企业通过分析数据资产在精准营销中的应用，计算出因数据驱动的营销活动带来的新增收入，进而评估数据资产的效益。

（2）定性评估：考虑数据资产对企业战略决策、市场竞争力提升、客户满意度提高等方面的影响。如企业利用数据分析优化产品研发流程，缩短产品上市时间，增强了市场竞争力，这是数据资产带来的无形效益。

通过加强数据资产的财务管理，企业能够更好地认识数据资产的价值，合理配置资源，提高数据资产的利用效率，从而为企业的可持续发展提供有力支持。

第三节　数据资产财务管理的实施步骤

数据资产财务管理的实施是一个系统性工程，需从战略规划、价值评估、会计处理、日常管理等多维度落地。以下是具体实施步骤及关键要点。

一、战略规划与框架搭建

（一）明确管理目标

1. 核心目标：将数据资产纳入企业财务体系，实现数据价值量化、资产化管理，支撑决策与融资等需求。

2. 细分方向：建立数据资产财务管理制度，明确权责边界（如数据部门、财务部门、业务部门的协同机制）。对接企业整体战略（如数字化转型、资产证券化计划），确定数据资产的应用场景（如内部决策、外部交易）。

（二）构建管理框架

1. 组织架构：成立跨部门小组（数据治理委员会、财务团队、法务合规团队），负责政策制定与执行监督。

2. 制度体系：制定《数据资产财务管理办法》，涵盖评估标准、入账规则、处置流程等细则。

3. 技术支撑：部署数据资产管理平台（如数据中台、财务系统集成模块），实现数据资产全生命周期追踪。

二、数据资产盘点与价值评估

（一）数据资产盘点

1. 范围界定：识别企业拥有或控制的数据（如客户数据、运营数据、研发数据、外部采购数据等）。区分数据类型（结构化、非结构化、半结构化）、来源（内部产生、外部获取）、敏感度（公开、敏感、机密）。

2. 资产清单：建立数据资产台账，记录数据字段、更新频率、存储位置、权属关系等属性。

（二）价值评估

1. 评估方法：

成本法：计算数据采集、清洗、存储、维护的历史成本（适用于内部使用数据）。

收益法：预测数据资产带来的未来经济利益（如收入增长、成本节约），折现计算现值（适用于交易型数据）。

市场法：参考同类数据资产的交易价格（如公开数据市场报价、行业基准）。

2. 关键指标：数据质量（完整性、准确性、时效性）、稀缺性、复用性、合规性（如是否符合《中华人民共和国数据安全法》《中华人民共和国个人信息保护法》）。

三、会计处理与入账管理

（一）会计确认与分类

1. 资产属性界定：根据企业会计准则，判断数据资产是否符合“资产”定义（由企业拥有或控制、预期带来经济利益）。

2. 分类：无形资产，符合独占性、非物质性特征的数据（如自主研发的算法模型、客户数据资产）。存货，用于对外销售的数据产品（如数据报告、API

服务)。其他资产，短期持有或交易的数据资产。

（二）计量与入账

1. 初始计量：

外购数据：按采购成本（价款 + 税费 + 直接相关费用）入账。

自行开发数据：区分研究阶段（费用化）与开发阶段（符合条件的资本化，如技术可行性、用途明确性）。

2. 后续计量：

摊销：对使用寿命有限的数据资产（如时效性强的市场数据）按受益期摊销。

减值测试：定期评估数据资产价值（如技术更新、市场需求变化导致价值下降时计提减值准备）。

3. 账务处理示例（见表 11 –6）

表 11 –6　　财务处理示例

场景	会计分录（示例）
外购数据资产	借：无形资产——数据资产　贷：银行存款
自行开发数据资本化	借：研发支出——资本化支出　贷：应付职工薪酬等
数据资产摊销	借：管理费用/主营业务成本　贷：累计摊销

四、日常运营与维护管理

（一）数据资产运营

1. 内部应用：建立数据资产共享机制（如通过数据中台向业务部门提供合规数据服务），追踪数据使用效率（如数据驱动决策带来的 ROI）。

2. 外部交易：制定数据资产交易流程（定价、合同签署、权属变更），记录交易收入与成本（如数据服务收入计入主营业务收入）。

（二）全生命周期维护

1. 创建与采集：规范数据生成流程，确保原始数据可追溯、可计量。

2. 存储与管理：优化数据存储成本（如冷热数据分级存储），定期清理无效数据。

3. 更新与淘汰：根据业务需求更新数据版本，对过时数据进行减值或报废处理（需经财务与技术部门审批）。

五、监控、评估与优化

（一）绩效监控

1. 指标体系：

财务指标：数据资产占总资产比重、数据资产收益率（数据带来的收益/数据管理成本）。

运营指标：数据复用率、数据资产周转率（数据交易频次/周期）。

2. 定期审计：联合内部审计部门检查数据资产账实一致性（如台账与实际数据存储匹配度）。

（二）价值优化

1. 动态调整：根据市场变化重新评估数据资产价值（如行业政策调整导致数据稀缺性提升时，更新入账价值）。

2. 成本控制：优化数据采集、存储、维护成本，避免“数据冗余”导致资产虚增。

六、报告与合规管理

（一）财务报告披露

1. 报表列示：在资产负债表“无形资产”或“存货”项目下单独列示数据资产金额，附注中说明评估方法、摊销政策等。

2. 专项报告：编制《数据资产财务分析报告》，向管理层汇报数据资产对企业估值的影响（如 IPO 时数据资产的价值披露）。

（二）合规与风险管理

1. 法律合规：确保数据资产确认、交易符合《中华人民共和国数据安全法》《中华人民共和国网络安全法》及行业监管要求（如金融行业数据出境须通过安全评估）。

2. 风险防控：建立数据资产减值风险预警机制（如技术替代风险、隐私泄露风险导致数据价值损失）。

七、延伸：数据资产证券化准备（可选）

若企业计划通过数据资产融资（如发行 ABS），需额外关注：

（1）数据资产的独立性（权属清晰、可单独产生现金流量）。

（2）现金流量预测（如数据服务订阅收入、API 调用费的稳定性）。

（3）第三方评估（引入专业机构对数据资产未来收益进行评级）。

数据资产财务管理的核心是将数据从“资源”转化为“资产”，需打通数据治理、财务管理、合规风控的壁垒。实施过程中需结合企业实际需求（如是否涉及数据交易、融资），逐步细化流程，同时关注最新政策（如我国正在探索的数据资产入表规则），确保管理体系的动态适配。

第四节　数据资产的风险管理

数据资产的风险管理需贯穿数据全生命周期，覆盖合规性、安全性、价值稳定性、权属纠纷等核心风险场景。以下是系统化的管理框架和操作策略。

一、风险识别：明确数据资产全链路风险图谱

（一）按生命周期划分的风险类型（见表 11－7）

表 11－7　数据资产的风险类型（按生命周期划分）

阶段	核心风险	典型场景
采集阶段	非法采集、超范围收集、隐私泄露风险	未明示用户即收集生物特征数据；通过技术手段绕过授权抓取第三方数据
存储阶段	数据泄露、存储介质失效、权限失控	数据库被黑客攻击；员工越权访问敏感数据；云存储服务商宕机导致数据丢失

续表

阶段	核心风险	典型场景
处理阶段	算法偏见、数据误用、合规性缺陷	基于歧视性数据训练 AI 模型；清洗后数据失真导致决策失误；跨境传输未完成安全评估
共享/交易阶段	数据滥用、权属纠纷、流通安全风险	合作方将共享数据转售给第三方；数据交易平台缺乏可信计量机制；API 被劫持
销毁阶段	数据残留、不可控删除	硬盘物理销毁不彻底；系统漏洞导致已删除数据可恢复

（二）按风险性质分类

1. 合规风险：违反《中华人民共和国数据安全法》《中华人民共和国个人信息保护法》等法规（如数据出境未申报）。

2. 安全风险：技术漏洞导致的数据泄露（如弱密码引发的数据库入侵）。

3. 价值风险：数据质量差（如重复、过时数据）导致决策失误。

4. 权属风险：多方共有数据的权益划分不清（如用户数据、平台加工数据、第三方合作数据的归属争议）。

二、风险评估：量化与定性结合的分级体系

（一）数据资产分类分级

1. 分类维度：按数据类型（个人信息、商业秘密、公共数据）、敏感程度（公开、内部、机密）、业务影响（核心业务数据、辅助数据）划分。

2. 分级示例：

一级数据：用户生物识别信息、金融交易记录（极高敏感，须最高防护）；

三级数据：公开市场调研报告、非敏感用户行为统计数据（可适度共享）。

（二）风险量化评估模型

风险值计算公式：风险值 = 发生概率 × 影响程度。

1. 发生概率：基于历史安全事件频率、系统漏洞扫描结果等技术指标评估；

2. 影响程度：从经济损失（如数据泄露导致的罚款）、声誉损失（如用户信任度下降）、合规后果（如业务暂停）三个维度打分。

（三）风险矩阵（见表11－8）

表11－8 数据资产风险矩阵

影响程度\发生概率	低（<30%）	中（30%－70%）	高（>70%）
高 （如泄露罚款超千万元）	重大风险（需立即处理）	重大风险 （1个月内整改）	灾难性风险 （24小时内响应）
中（如业务中断1天）	中风险（季度内优化）	中高风险（2周内跟进）	重大风险（1周内解决）
低（如非敏感数据丢失）	可接受风险（年度复盘）	低风险（半年内关注）	中风险（季度内监控）

三、风险控制：技术、制度、运营三维度策略

（一）技术层：构建主动防御体系

1. 数据加密全链路覆盖：

采集阶段：使用同态加密技术在数据源头脱敏（如将用户姓名转换为哈希值）；

存储阶段：对数据库字段级加密（如用AES－256加密银行账号）；

传输阶段：通过VPN或专线传输，采用TLS 1.3协议防止中间人攻击。

2. 零信任架构：

原则："默认不信任，持续验证"，用户访问数据前需多重认证（如指纹+动态令牌），并基于角色权限（RBAC）动态授权。

工具：部署CASB（云访问安全代理）监控异常访问行为，如员工凌晨下载大量敏感数据时自动触发警报。

3. 隐私计算技术：在数据不出本地的前提下实现跨机构合作，如通过联邦学习联合训练模型，各参与方仅共享模型参数更新，不泄露原始数据。

（二）制度层：建立全流程合规体系

1. 数据治理组织架构：设立首席数据官（CDO），统筹数据安全委员会，成员包括法务、IT、业务部门，每季度召开风险评审会。制定《数据资产管理制度》，明确各部门权责：例如，市场部负责采集合规，技术部负责存储安全，法务部负责交易合同审核。

2. 合规性基线管理

数据出境：通过数据出境安全评估（自评估 + 网信办申报），或签订标准合同（如中国版“标准合同条款”）；

用户授权：采用“最小必要”原则，在隐私政策中逐项列明数据用途，避免“一揽子授权”；

第三方审计：每年委托独立机构进行数据安全审计，重点核查供应商数据访问权限（如云服务商是否留存客户数据副本）。

（三）运营层：动态监控与应急响应

1. 数据资产清单管理：建立实时更新的“数据资产台账”，记录数据类型、存储位置、责任人、访问日志等，通过自动化工具（如数据目录工具 Alation）实现资产可视化。

2. 风险监控仪表盘，关键指标：

安全类：漏洞修复率（目标 >95%）、未授权访问次数（阈值≤3 次/月）；

合规类：数据出境申报及时率（100%）、用户投诉处理时效（ <48 小时）；

质量类：数据准确率（目标 >98%）、冗余数据清理率（季度≥20%）。

3. 应急响应机制，制定数据安全事件应急预案，明确分级响应流程。

一级事件（如百万级用户信息泄露）：15 分钟内启动应急小组，2 小时内上报监管部门，48 小时内公开致歉；

三级事件（如非敏感数据误删）：24 小时内恢复数据，72 小时内提交原因分析报告。

每半年开展模拟演练，例如，模拟“黑客窃取客户数据”场景，测试各部门协同效率和系统恢复能力。

四、风险缓释：转移与持续改进机制

（一）风险转移手段

1. 数据安全保险：购买覆盖数据泄露导致的法律费用、客户赔偿、公关成本的保险产品，如“网络安全责任险”。

2. 合同责任划分：在数据合作协议中明确各方风险责任，例如，要求供应商对其处理的数据安全负责，违约需承担赔偿。

（二）持续改进循环（PDCA）

1. Plan（计划）：每年更新风险清单，纳入新技术（如生成式 AI 带来的数据滥用风险）、新法规（如欧盟即将实施的《数据治理法案》修订版）。

2. Do（执行）：通过培训提升员工数据安全意识（如年度全员合规考试，不合格者暂停数据访问权限）。

3. Check（检查）：引入外部渗透测试团队，模拟真实攻击场景验证防御体系有效性。

4. Act（改进）：根据攻防演练结果，优先修复高风险漏洞（如 2024 年 Log4j2 类似级别的零日漏洞），并将经验纳入标准操作流程（SOP）。

五、典型行业实践参考

（1）金融行业：央行数字货币研究所的数据安全方案，采用多方安全计算（MPC）技术实现跨境支付数据协同处理，确保交易信息在不泄露给任何单一参与方的前提下完成清算。建立“数据沙箱”机制，允许金融机构在隔离环境中使用脱敏后的用户数据开发风控模型，避免原始数据流出。

（2）医疗行业：梅奥诊所的数据隐私保护，对患者数据进行“去标识化”处理（移除姓名、住址等直接标识符），并通过区块链技术记录数据访问日志，实现操作可追溯。与药企合作时，采用数据信托（Data Trust）模式，由独立第三方管理数据使用权限，确保仅用于合规科研目的。

数据资产风险管理的本质是平衡价值创造与风险防控——通过“技术筑牢底线、制度明确边界、运营动态优化”，将风险控制在企业可承受范围内，同时释放数据要素的最大效能。未来，随着数据要素市场成熟，需进一步探索数据资产证券化风险管控（如数据质押融资的违约处置）、跨境数据流动治理等前沿领域，构建适应数字经济发展的新型风险管理范式。

第五节　数据资产信息披露的风险管控

数据资产信息披露的风险管控是企业数据治理和合规管理的重要环节，需从风险识别、制度建设、技术防护、流程管控、应急响应等多维度构建体系化解决方案。以下是具体的风险管控策略及实施要点。

一、数据资产信息披露的核心风险识别

在进行信息披露前，需明确可能面临的风险类型，以便针对性制定管控措施。

（一）合规风险

1. 法律违规：违反《中华人民共和国数据安全法》《中华人民共和国个人信息保护法》《中华人民共和国网络安全法》等法律法规，如未履行数据分类分级、未获得用户授权就披露个人信息。

2. 行业监管要求：金融、医疗、政务等行业对数据披露有特殊规定（如银行需遵守《银行业金融机构数据安全管理办法》），违规可能导致行政处罚。

（二）安全泄露风险

1. 敏感数据暴露：披露过程中因技术漏洞或操作失误导致商业秘密（如客户数据、算法模型、财务数据）或个人敏感信息泄露。

2. 数据滥用风险：第三方机构或合作伙伴在获得数据后超范围使用，或通过披露数据推断出未授权的信息（如通过公开数据反推出用户隐私）。

（三）市场与声誉风险

1. 竞争劣势：核心数据资产披露可能被竞争对手利用（如技术参数、用户画像），导致市场份额受损。

2. 公众信任危机：数据泄露或不当披露可能引发客户、投资者对企业数据管理能力的质疑，影响品牌声誉。

（四）技术与操作风险

1. 数据处理失误：数据清洗不彻底导致残留敏感字段（如未脱敏的身份证号、地址），或数据接口权限管理不当。

2. 系统漏洞：披露平台（如官网、数据共享平台）存在安全漏洞，被黑客攻击窃取数据。

二、数据资产信息披露的风险管控策略

（一）建立分层分类的披露标准与制度

1. 加强数据分类分级管理，对数据资产进行敏感度分级（如公开级、内部级、机密级、绝密级），明确不同级别数据的披露权限和流程。例如：

公开级：可直接披露（如企业年报中的财务摘要）。

内部级：需部门负责人审批后，经脱敏处理方可披露。

机密级及以上：原则上不公开披露，特殊情况需经管理层或董事会审批，并采取加密传输、限制访问范围等措施。

2. 制定披露审批制度，建立“申请—审核—批准—披露”四级流程，明确各环节责任人。例如：业务部门提交披露申请，说明数据用途、范围、期限。数据安全部门对数据合规性、脱敏效果进行技术审核。法律合规部门评估法律风险，出具合规意见书。管理层或合规委员会最终审批，记录审批留痕。

（二）强化技术防护与数据脱敏

1. 数据脱敏（去标识化）。对拟披露的个人信息或敏感数据进行不可逆脱敏处理，如：替换，将真实姓名替换为“某先生/女士”。加密，对身份证号、手机号进行哈希加密，仅授权方可用密钥解密。泛化，将精确地址模糊为“××市××区”，年龄区间化（如“20—30岁”）。使用专业脱敏工具（如 IBM InfoSphere、阿里云数据脱敏服务），确保脱敏规则符合《个人信息去标识化指南》。

2. 访问控制与权限管理。采用最小权限原则，限制数据披露相关人员的访问权限。例如：开发人员仅能访问测试环境的脱敏数据，禁止接触生产环境原始数据。外部合作方通过 API 获取数据时，设置 IP 白名单、访问频率限制和时效控制。

3. 区块链存证。对披露的数据进行区块链存证，记录数据来源、处理过程、披露对象，确保数据可追溯，防止篡改或滥用纠纷。

（三）完善合规审查与法律保障

1. 合规性预评估。在披露前开展法律合规性评估，重点审查是否符合数据主权要求（如数据存储与传输是否涉及跨境合规）。是否履行用户告知义务（如

隐私政策中是否明确数据披露的用途)。披露对象是否具备数据处理资质(如第三方机构须通过 ISO 27001 认证)。

2. 合同约束与责任划分。与数据接收方签订详细的数据使用协议,明确数据用途范围(如“仅限用于××项目分析,不得转售或共享”)、安全保障义务(如要求接收方采取与数据敏感度匹配的防护措施)、违约责任(如泄露数据需承担赔偿责任)。对于涉及个人信息的披露,须单独取得用户同意,并留存书面记录。

(四)全流程监控与应急响应

1. 实时监测与审计。通过数据安全管理平台(DSMP)对披露数据的流向进行实时监控,设置异常预警规则。例如:当外部 IP 高频访问敏感数据接口时,自动触发警报并阻断连接。定期审计数据披露日志,检查是否存在越权访问、未授权下载等行为。

2. 应急预案与演练。制定数据泄露应急处置预案,明确响应流程(发现泄露→立即停止披露→隔离数据→调查溯源→通知监管机构和受影响用户)和责任分工(技术团队负责漏洞修复、法务团队负责法律应对、公关团队负责舆情管控)。每年至少开展 1 次应急演练,检验预案的有效性和团队协作能力。

(五)组织能力建设与文化培育

1. 人员培训与意识提升。对涉及数据披露的员工(如业务人员、技术人员、合规人员)开展定期培训,内容包括:数据安全法规与内部制度;敏感数据识别与脱敏操作规范;社会工程学防范(如警惕钓鱼邮件诱导数据泄露)。

2. 风险文化融入日常管理。将数据安全纳入绩效考核,对违规披露行为实行“一票否决”。通过内部宣传(如海报、案例分享会)强化全员风险意识,避免“重业务、轻安全”的倾向。

三、典型场景的风险管控示例(见表 11-9)

表 11-9 典型场景的风险管控示例

披露场景	风险点	管控措施
企业年报披露	财务数据过度细化、客户数据间接泄露	对客户名称进行匿名化处理,财务数据按行业惯例披露汇总值而非明细数据

续表

披露场景	风险点	管控措施
数据合作共享	第三方超范围使用、数据回流泄露	签订保密协议，要求第三方定期报告数据使用情况，通过技术手段限制数据二次加工
公开数据集发布	脱敏不彻底导致隐私泄露	使用差分隐私技术（添加干扰数据），确保单个用户数据不可被重新识别
并购重组数据尽调	核心技术数据泄露给竞争对手	采用数据沙箱，限制尽调方只能在隔离环境中查看数据，禁止下载

四、关键实施建议

（1）动态更新管控策略：随着法规变化（如欧盟 GDPR 修订）、技术演进（如生成式 AI 的数据滥用风险）和业务调整，定期评估并优化风险管控措施。

（2）第三方风险联动管理：将数据接收方的安全能力纳入供应商管理体系，定期进行安全审计（如要求提供渗透测试报告）。

（3）监管沟通与合规认证：主动与行业监管部门沟通披露方案，必要时申请数据出境安全评估（如涉及跨境披露），并通过 DCMM（数据管理能力成熟度评估）等认证提升公信力。

通过以上措施，企业可在保障数据资产价值释放的同时，最大限度降低信息披露的合规、安全与声誉风险，实现数据利用与风险防控的平衡。

第六节　数据资产信息披露对企业市场竞争格局的影响

数据资产信息披露对企业市场竞争格局的影响是多维度的，既可能重塑企业间的竞争优势对比，也会推动行业规则与市场秩序的演变。以下从竞争透明度、优势重构、行业生态等层面展开分析。

一、提升市场竞争透明度，打破信息不对称

（一）投资者与合作伙伴的认知升级

1. 数据资产信息披露（如数据规模、应用场景、创收能力等）可让外界更

准确评估企业价值。例如，互联网企业披露用户行为数据的分析能力，能向投资者展示其精准营销或产品迭代的潜力，进而影响股价与融资能力。

2. 合作伙伴（如供应商、客户）可通过披露的信息判断企业的数据支撑能力，例如，制造业企业披露供应链数据资产的管理效率，可能增强上下游合作的信任度。

（二）倒逼竞争对手提升数据管理水平

当头部企业披露数据资产的价值（如数据驱动的成本优化或收入增长）时，竞争对手为维持竞争力，可能加速数据资产的梳理与投入，推动行业整体向“数据驱动竞争”转型。

二、重构企业竞争优势，改变市场地位对比

（一）数据资产优势显性化，强化领先者壁垒

1. 拥有核心数据资产（如独家用户数据、行业数据库）的企业通过披露其稀缺性与战略价值，可向市场明确自身壁垒。例如，医疗企业披露其积累的千万级病例数据及 AI 分析模型，能巩固在精准医疗领域的竞争地位。

2. 数据资产的量化披露（如数据资产占总资产比例、数据驱动的营收贡献率）可使隐性优势显性化，拉开与竞争对手的差距。

（二）增强中小企业的差异化竞争机会

中小企业若在细分领域拥有独特数据资产（如垂直行业的细分场景数据），通过披露其数据质量与应用场景，可能吸引特定客户或投资者，形成“小而精”的竞争优势，避免与大企业直接同质化竞争。

三、推动行业标准与规则形成，影响竞争规则

（一）加速数据资产计量与披露标准的统一

当企业普遍披露数据资产信息时，市场会倒逼行业形成统一的计量方法（如数据资产估值模型、披露模板）。例如，若多家企业采用“数据资产负债表”披露数据价值，可能推动监管机构出台强制性披露规范，形成新的行业竞争规则。

（二）促进数据要素流通与合作生态构建

信息披露可能暴露企业数据资产的短板（如数据完整性不足、应用场景单一），进而推动企业通过数据交易、合作共建等方式补充数据资产。例如，零售企业披露用户画像数据的局限性后，可能与第三方数据公司合作，形成数据生态联盟，改变竞争格局。

四、过度披露数据资产信息，加剧市场博弈

（一）核心数据资产的商业机密暴露

过度披露数据资产的技术细节、数据源或算法逻辑，可能让竞争对手模仿或规避。例如，电商企业披露其用户推荐系统的数据维度，可能被同行针对性优化算法，削弱差异化优势。

（二）引发市场对数据合规性的关注

数据资产信息披露需同步满足隐私保护与合规要求（如 GDPR、《中华人民共和国数据安全法》）。若企业披露的数据资产存在合规漏洞，可能引发监管处罚或公众信任危机，反而削弱竞争地位（如竞争对手可借此抢占“合规数据”的市场认知）。

五、改变行业集中度，催生新型竞争主体

（一）推动行业集中度提升或分散化

若头部企业凭借数据资产规模优势持续披露高价值信息，可能吸引更多资源（资本、人才）向其集中，加剧行业垄断；反之，若中小企业通过差异化数据披露获得细分市场认可，可能推动市场结构多元化。

（二）催生新型竞争主体与商业模式

数据资产信息披露可能促进数据服务中介（如数据估值机构、合规审计公司）的发展，这些主体将成为市场竞争的新参与者，同时推动企业从“数据占有”竞争转向“数据治理能力”竞争（如数据质量、合规性、应用效率）。

六、案例参考

（1）亚马逊：通过披露 AWS 云服务的数据处理能力与客户案例（如企业数据存储规模、云计算效率），强化了其在云服务市场的领导地位，迫使微软、谷歌等竞争对手加大数据基础设施的披露力度。

（2）金融行业：银行披露客户数据资产的风险管理能力（如反欺诈数据模型），可提升储户信任度，同时促使同行加速数据驱动的风控体系建设。

数据资产信息披露本质上是将企业的数据竞争力"可视化"，其对市场竞争格局的影响取决于披露内容的策略性、行业规则的成熟度及企业间的博弈。对企业而言，需在"透明化提升信任"与"保密保护优势"之间找到平衡，而对行业来说，规范的数据资产披露可能加速竞争逻辑从"资源依赖"向"数据价值创造"的转型。

第七节　数据资产入表对企业财务状况和经营成果的影响

数据资产入表（即将数据资产纳入企业财务报表进行确认、计量和披露）是近年来会计准则与企业资产管理的重要变革。这一举措对企业财务状况和经营成果的影响深远，涉及资产结构、利润核算、税务处理、融资能力等多个维度。以下从具体影响、深层逻辑及典型案例展开分析。

一、对企业财务状况的直接影响

（一）资产总额与结构优化

1. 资产规模扩张

数据资产（如用户数据、算法模型、行业数据库等）符合资产定义（由企业拥有或控制、预期带来经济利益）时，可确认为"无形资产"或"其他非流动资产"。例如，互联网企业将积累的用户行为数据入表后，总资产可能提升10%—30%，从而改善资产负债表规模。

2. 资产结构调整

传统企业的固定资产占比可能下降，数据资产等无形资产占比上升，更准确反映“轻资产化”趋势。如金融企业将风控数据模型入表，可能使无形资产占总资产比例从 5% 提升至 15% 。

（二）负债与偿债能力改善

1. 资产负债率降低

总资产增加而负债不变时，可使资产负债率下降，企业偿债能力指标（如流动比率、速动比率）优化。例如，某企业原本资产负债率为 60% ，数据资产入表后资产总额增加 1 亿元，负债率可能降至 55% ，更易获得低息贷款。

2. 融资能力提升

银行等金融机构可能将数据资产纳入抵押品范围，企业可通过数据资产质押融资。例如，电商企业以用户画像数据作为增信手段，融资额度可能提升 20% 。

（三）所有者权益与企业估值重构

1. 股东权益增厚

数据资产入表后，所有者权益（净资产）增加，可能提升每股净资产（EPS）和市净率（PB）。例如，科技公司数据资产入表后，每股净资产从 5 元增至 6 元，股价可能相应上涨。

2. 估值逻辑转变

投资者对企业的估值模型从“固定资产驱动”转向“数据资产驱动”，如 SaaS 企业的估值可能更关注其用户数据规模及 ARPU（每用户平均收入）。

二、对企业经营成果的核心影响

（一）利润表：收入与成本的重新匹配

1. 收入确认模式变化

数据资产相关收入（如数据服务销售、数据驱动的精准营销收入）可单独列示，凸显数据资产的创收能力。例如，运营商将通信用户数据加工为行业分析报告并出售，收入结构中“数据服务”占比可能从 5% 提升至 15% 。

2. 成本费用化转为资本化

原本计入销售费用或管理费用的数据采集、清洗、存储成本，若符合资产确认条件，可资本化并分期摊销。例如，企业每年投入1000万元数据治理，入表后转为资产，分5年摊销，每年减少费用800万元，增加利润800万元（假设企业所得税税率25%，税后利润增加600万元）。

（二）税收筹划与现金流优化

1. 摊销抵税效应

数据资产按使用寿命摊销（如5—10年），摊销额可税前扣除，降低当期所得税。例如，1亿元数据资产按5年直线摊销，每年可抵税500（10000/5×25%）万元，增加现金流500万元。

2. 研发费用加计扣除

数据资产开发阶段的支出若符合“研发费用”定义，可享受加计扣除政策。例如，企业投入5000万元开发数据模型，可按175%比例扣除，减少所得税937.5（5000×75%×25%）万元。

（三）业绩波动与长期盈利预期

1. 短期利润承压

若数据资产初始估值较高且摊销年限较短，可能导致前期利润下降。例如，一次性确认5亿元数据资产并按3年摊销，每年摊销1.67亿元，若当年利润为3亿元，净利润可能减少约55%。

2. 长期盈利潜力释放

数据资产的价值随使用频率提升而增值（如用户数据积累越多，分析价值越高），长期可能通过数据产品迭代、精准营销等提升毛利率。例如，零售企业数据资产入表后，库存周转率提升15%，毛利率从30%升至35%。

三、深层影响：战略决策与市场博弈

（一）管理层决策导向转变

1. 数据资产投资加码

因入表后数据资产直接影响财务指标，企业可能加大数据采集、AI算法开发等投入。例如，制造业企业为将工业物联网数据入表，可能投资建设边缘计算平台，提升数据采集效率。

2. 数据资产运营精细化

企业需定期评估数据资产的“健康度”（如数据完整性、时效性），避免减值损失。例如，金融企业需持续更新风控数据模型，防止因数据陈旧导致资产减值。

（二）市场预期与竞争格局重塑

1. 投资者关注重点转移

分析师可能更关注企业数据资产的“ROA（资产回报率）”和“数据资产周转率”。例如，互联网企业的估值模型中，数据资产价值占比可能从 10% 提升至 30%。

2. 行业竞争壁垒强化

拥有稀缺数据资产（如医疗病例数据、卫星遥感数据）的企业，入表后其资产壁垒显性化，竞争对手难以复制。例如，医疗 AI 企业将独家病例数据入表，可能提升其在行业内的议价权。

（三）合规与估值挑战

1. 估值方法争议

数据资产估值缺乏统一标准（如成本法、收益法、市场法适用性不一），可能导致不同企业报表不可比。例如，同一用户数据，A 企业按未来收益折现估值 1 亿元，B 企业按开发成本估值 5000 万元。

2. 减值测试复杂性

数据资产的经济利益依赖技术迭代和市场环境，减值测试主观性强。例如，某电商用户数据因隐私政策变化导致使用受限，可能需计提减值准备 5000 万元，直接影响当期利润。

四、典型案例与行业差异化分析

（一）互联网行业：资产规模与估值双升

例如，某社交平台将 80 亿用户的行为数据（含点击、消费偏好等）入表，按未来广告收入折现法估值100亿元，计入无形资产。其资产负债率从65%降至55%，同时市盈率（PE）从30倍升至39倍。

（二）制造业：成本优化与融资改善

例如，某汽车制造商将供应链数据（含供应商交付周期、库存水平等）入表，估值5亿元，按10年摊销，每年摊销5000万元可抵税1250万元，同时以数据资产为抵押获得银行3亿元低息贷款，融资成本从5%降至4%。

（三）风险案例：估值泡沫与减值风险

例如，某大数据公司将“网络爬虫获取的公开数据”入表估值12亿元，但因数据合规性缺陷被监管处罚，被迫全额计提减值，导致当年净亏损9亿元，股价暴跌40%。

五、企业应对策略建议

（1）建立数据资产估值体系：联合会计师事务所、资产评估机构，根据数据类型（结构化/非结构化）、应用场景（自用/对外销售）选择合适的估值方法。

（2）优化数据资产会计处理：明确数据资产的确认条件（如经济利益很可能流入、成本能可靠计量），合理估计使用寿命与残值。

（3）强化数据合规与安全：确保数据资产入表符合《中华人民共和国数据安全法》《中华人民共和国个人信息保护法》，避免因合规问题导致资产减值。

（4）披露数据资产价值驱动因素：在财务报告中说明数据资产对收入、成本的具体影响，提升投资者信任度。

数据资产入表不仅是财务报表的技术性调整，更是企业价值逻辑的重构。对财务状况而言，它通过扩张资产规模、改善负债结构提升企业“硬实力”；对经营成果而言，它通过成本资本化、税收优化及长期价值释放影响盈利表现。但与此同时，估值争议、减值风险与合规成本也需企业谨慎应对。未来，数据资产的财务化管理将成为企业核心竞争力的重要组成部分，推动行业竞争从“资源占有”转向“数据价值运营”。

参考文献

［1］孟添，国旭．数据要素驱动下的金融服务模式重构与演进路径——基于多场景创新案例分析［J］．科技与金融，2025（04）：61－70．

［2］李晓华．人工智能与中国式现代化：推动作用及风险挑战［J］．东北财经大学学报，2025（02）：17－30．

［3］逮继明．新质生产力：高质量发展的内在要求［J］．社会科学，2024（09）：5－14．

［4］韩文龙，俞佳琦，张瑞生．新科技革命与数字经济的政治经济学研究［J］．政治经济学评论，2024，15（02）：115－137．

［5］龚晓莺，杨柔．数字经济发展的理论逻辑与现实路径研究［J］．当代经济研究，2021（01）：17－25＋112．

［6］吕梦，赵丽芳，钟英才．数据资产入表的价值效应与经济后果初探［J］．管理评论，2024（12）：47－59．

［7］耿汉威．数据资产会计分类确认及后续计量［J］．财务与会计，2022（10）：81．

［8］汪小龙．确权、估值与入表：我国企业数据资产化及其实践成效［J］．深圳大学学报（人文社会科学版），2024（06）：82－92．

［9］周华杰，娜比拉·海萨尔．数字经济发展趋势下企业大数据资产的会计处理问题分析［J］．全国流通经济，2022（31）：166－168．

［10］厉国威，郑煜璋．数据资产“入表”估值问题研究［J］．财会通讯，2024（23）：87－90＋148．

［11］梁芳，李永恒．数据资产会计核算研究综述与展望［J］．西安石油大学学报（社会科学版），2022（06）：48－55．

［12］陈晓珊，李晗菲，刘洪铎．数据资产信息披露与企业战略选择［J］．产业经济研究，2024（06）：100－113．

［13］冯科，黄雨菡．企业数据资产的区块链交易定价机制研究［J］．技术

经济与管理研究，2024（09）：30－36.

［14］张素华，邓鹏．数据产权统一登记体系的探索与制度构建［J］．电子政务，2024（12）：28－40.

［15］廖屹峰，罗春华．数据资产入表审计实践的难点与应对研究［J］．财会通讯，2025（01）：118－124.

［16］汪文华，章颖薇，胡明英．数智时代下企业数据资产会计处理初探［J］．湖北经济学院学报（人文社会科学版），2023（07）：48－52.

［17］王伟，汪祥耀．新质生产力导向下数据资源入表热点问题探讨［J］．会计之友，2024（09）：48－56.

［18］张琪，程建君．业财融合视角下数据资产会计处理探析［J］．财会通讯，2024（03）：94－98.

［19］马慧洁，夏杰长．数据资产的确权及课税问题研究［J］．税务研究，2023（12）：44－49.

［20］马殷春．数字经济背景下数据资产会计确认与计量问题研究［J］．中国集体经济，2024（12）：125－128.

［21］赵雅婷．数据资产确认与计量［J］．合作经济与科技，2022（23）：90－93.

［22］曾家瑜，赵治纲．数据资产会计标准研究的进展与展望［J］．中国注册会计师，2023（12）：67－73.

［23］宋丽红，高昂．数据资产确认标准化初探［J］．中国标准化，2023（03）：78－81.

［24］刘珂嘉，张帅博．数字经济中数据资产的确认与计量研究［J］．营销界，2022（22）：32－34.

［25］闫晴，高婷婷．数字经济时代数据资产交易课税：制度困局、理论逻辑与优化方案［J］．青海社会科学，2024（01）：172－181.

［26］李夏旭．论数据要素的分层课税机制［J］．税务研究，2023（03）：112－118.

［27］王竞达，刘东，付家成．数据资产的课税难点与解决路径探讨［J］．税务研究，2021（11）：68－73.

［28］刘光强．数据资产赋能企业高质量发展的价值创造逻辑与路径［J］．财会通讯，2024（04）：3－12＋160.

[29] 郭为．数字化的力量：企业数字化转型的目标、路径与方法［J］．数据，2022（08）：65－69.

[30] 赵博雅，雒京华．数据资产会计处理研究［J］．上海立信会计金融学院学报，2021，33（03）：94－104.

[31] 李海舰，李燕．对经济新形态的认识：微观经济的视角［J］．中国工业经济，2020（12）：159－177.

[32] 张俊瑞，危雁麟，宋晓悦．企业数据资产的会计处理及信息列报研究［J］．会计与经济研究，2020（03）：3－15.

后　记

数据资源资产化是数字经济飞速发展的必然需求。数据资源作为一项新生的重要的生产要素，规范的财务管理与财务核算对数据资产的保值增值、风险防制至关重要。对数据资产财务管理与财务核算的理论体系进行探讨，这个过程既充满挑战，也令人深感其必要性与紧迫性。

通过梳理相关文献，我更加深刻地认识到数据资产已不再是传统财务报表边缘的“附注”，而是驱动企业价值创造的核心引擎之一。其独特的非竞争性、可复用性、价值动态性以及高度的场景依赖性，彻底颠覆了传统有形资产和部分无形资产的财务管理逻辑。将数据纳入正式的财务核算与管理体系，已非“是否”的问题，而是“如何”与“何时”的问题。数据资产的兴起，正在重塑财务管理的职能边界。将数据资产纳入财务管理的视野并进行有效核算，是企业数字化转型的深水区挑战，也是财务领域一次意义深远的进化。它不仅关乎数字的准确，更关乎价值的真实呈现与未来的战略决策。这要求财务人员以开放的心态拥抱变化，持续学习，积极协同，不断探索、实践和优化，最终让数据资产这一新时代的“石油”和“金矿”，在财务的聚光灯下清晰、公允地展现其应有的价值光芒，为企业的高质量发展提供坚实的财务支撑与深入的数据洞察。

然而，理想与现实之间仍有鸿沟。数据资产的确认标准（何时、何种数据能确认为资产）、计量方法（成本法、市场法、收益法、多维度评估模型的适用性与可靠性）、价值摊销与减值（数据价值衰减的不规则性）、权属界定与合规风险等，构成了实务操作中的主要障碍。数据资产财务核算与管理领域，如同一片尚待开垦的荒原。会计准则的滞后性、评估体系的缺失、数据治理成熟度的差异，都使数据资产的财务呈现依然充满模糊性与主观判断。财务人员需要超越传统的账房先生角色，拥抱跨学科知识。我们期待会计准则的演进，国内外准则制定机构（如IASB、FASB、中国财政部）能加速研究并出台更具体、更具操作性的数据资产确认、计量和披露指引。随着实践深入和规则完善，数据资产最终将如同无形资产一样，更常规、更规范地体现在企业资产负债表和报表附注中，为投资者、债权人等提供更真实、完整的价值画像。

创作之初，面对技术迭代与会计准则滞后的矛盾，为了让理论与实践紧密贴合，我走访了数十家企业，在与财务总监探讨数据资产入表难题时，在观察数据交易平台的定价博弈中，逐渐勾勒出这一新兴领域的现实图景。在数字经济蓬勃发展的当下，数据资产的财务价值仍在不断被重新定义。希望本书能抛砖引玉，无论是数据资产的全生命周期管理，还是与人工智能技术融合带来的核算革新，都能够激发更多关于数据资产财务管理的思考与实践，共同推动这一重要领域的进步。若您在阅读中有所启发，或是发现需要探讨的问题，欢迎随时与我交流。期待与更多同仁携手，共同构建数据资产财务领域更完整的理论与实践版图。

王咏梅

2025 年 6 月